集成与分享释义

金融组织发展，一般性企业管理应用

张继胜◎著

中信出版集团 · 北京

图书在版编目（CIP）数据

集成与分享释义 / 张继胜著 . -- 北京：中信出版
社，2017.2 （2017.10重印）
ISBN 978-7-5086-5880-3

I.①集… II.①张… III.①企业组织－组织管理学
－研究 IV.① F272.9

中国版本图书馆 CIP 数据核字〔2017〕第 009701 号

集成与分享释义

著　　者：张继胜
出版发行：中信出版集团股份有限公司
　　　　　（北京市朝阳区惠新东街甲 4 号富盛大厦 2 座　邮编　100029）
承 印 者：中国电影出版社印刷厂

开　　本：787mm×1092mm　1/16　　印　张：27　　字　数：350 千字
版　　次：2017 年 2 月第 1 版　　印　次：2017 年 10 月第 2 次印刷
广告经营许可证：京朝工商广字第 8087 号
书　　号：ISBN 978-7-5086-5880- 3
定　　价：68.00 元

目录

第四章
独特视角中的金融和组织

第五章
实践是思想成熟的砥砺石

第六章

专题分析报告

作为张继胜的出站报告的指导老师，对于他将博士后研究期间的成果辑书出版，我表示祝贺，并赞赏这种把理论视野和实践经验相结合的做法。我和作者曾在不同的场合对这个课题进行交流，在中国经济发展方式转型的背景下，作者的研究方向很有意义。

序

《集成与分享释义》一书围绕企业组织优化资源配置的问题，从广阔的自然、社会、经济历史进程出发，提出集成与分享原理，构建相关模型，阐述方法论，结合若干企业组织和商业模式的示范案例分析与研究，验证了集成与分享原理在管理学范畴的普遍性和适用性。在此基础上，作者认为集成与分享原理及其方法论能够适应新时期企业组织竞争和发展的需要，并引导企业组织认识一种新的管理方法，进入一个新的管理理念境界。

我们处在知识经济迅猛发展的时代，知识经济的基本特征之一就是共享性，共享是社会文明的一个重要标志。共享发展是经济发展的一次深刻变革。从某种角度看，现阶段我国实施共享经济是具备一定条件的，但需要注意的是，共享经济中的分享过程目前仍存在目的、理念不明晰的情况。分享过程的前提是借助平台效应进行有效集成，通过市场需求对集成资源进行选择后，再由分享者或受益者共同形成新的受益状态。在这里，一定要充分理解集成与分享之间的关系，用比较简单的方式来讲，集成与分享互为基础，两者相辅相成。发展共享经济绝不是否定或削弱市场在资源配置过程中的决定作用，不是追求平均主义，而是经济社会发展到一定阶段之后提升资源利用效率的新逻辑，道德和责任在资源配置过程中发挥调节作用的新视角。

企业的可持续发展，管理是首要问题。我国经济的总量和创造能力在不断发展壮大，但企业在管理上存在理念滞后、效率低下、规范程度不高、资源浪费等诸多问题，阻碍着企业素质和竞争能力的提高。我国企业组织的建设与成长，需要有关集成与分享的思辨性话题，需要相关理论的创新和指导。当前，我国的很多企业业绩不错，但持续发展有局限，后劲和张力明显不足，关键问题就是对管理方面缺少更深层次的思考。

本书除了对集成与分享原理及其方法论进行论述外，还对华为、阿里巴巴等企业在管理实践中体现集成与分享理念的案例进行了分析，这些企业的许多做法和思路等值得其他企业虚心学习，具有普遍性的借鉴意义。

作者在多年的企业管理工作中积累了很多经验，进行了系统化的思考，并将这些经验和思想进行归纳和升华，从某种意义上说，这个过程本身就是一种个体与群体之间的集成与分享。

探索企业组织乃至社会经济领域的管理战略和管理路径，是一件长久而有意义的事情，希望作者能够一如既往，坚持实践、学习和思考，按照本书所确立的框架做进一步研究，呈现更好、更有价值的成果。

潘水章

2016.12.6

思考的过程比思考的结果更加重要

在实践中，集成与分享是一个感性的话题或概念，人们很容易进入其中的语境，但是要把一个感性的话题或概念上升为理论层面的表达，的确是一项较为艰难的工作。

自序

我的内心还是很忐忑，一方面纠结于集成与分享能否在一个理论框架下形成具有理论特征的原理，另一方面为实践活动所给予的佐证而兴奋并充满自信。

我把这个课题定位在管理学范畴，不仅是因为自己多年从事管理学的实践与研究工作，更重要的原因是管理学是一门交叉学科，集成与分享的很多理论要素比较容易在特定的架构下融合，为理论体系的最终形成提供有力支撑。

其实，集成与分享的理念并不新鲜，自然、社会、文化处处渗透着这个理念。把一种理念上升为原理的高度，我并不是简单追求原创性，而是希望在逻辑上为管理的理念和行动找到一种方法，这种方法是对经验的审视和总结。当然，将过程性的思考定型为理论还需要检验和完善的过程，但我坚信，思考的过程比思考的结果更加重要。

我们应该看到，作为一个有效率的经济组织，集成与分享本身就是组织存在的理由。同时，作为组织的中介和桥梁，集成与分享既是企业组织发展和完善的目标，也是评价该组织发展程度的标准。从集成与分享的手段来看，它还是一种适应性极强的组织形式。

这是最好的时代，也是最坏的时代。人类一直站在选择的十字路口：能源和生态能否承载人类不断发展的文明和人口的增加；人类经济活动是否存在秩序性，并能够可持续地利用地球的存量资源；人类的智慧能否管控发展中冲动和利益、文化的冲突，进而避免灾难。实践中，我们亟待找到有效的方法和便捷的路径。

就人们所能预见的未来，我是乐观的，尽管这个过程将充满艰辛甚至苦难，我坚信人们最终会依靠自身的理性拯救自己的命运。

本书分为六章，第一章揭示集成与分享原理的客观存在，第二章阐述集成与分享原理的形成，第三章论述集成与分享原理的方法论，第四章解析集成与分享原理在金融组织领域的应用，第五章分析集成与分享原理在一般性企业管理中的应用与实践，第六章引入若干专题分析案例。

第一章 现象背后的逻辑

集成与分享首先是一个感性概念，沉淀在人们的思想深处；作为一个原理，它深藏于大自然和经济社会发展诸多现象的背后。人们在改变自身处境争取福祉的活动中，在运用管理手段配置资源和积累知识的过程中，都在有意无意地运用这个理念、这个原理。

第一节　集成与分享的存在

进化论在纷争中走向完善

目前，对于生物种类，科学家已达成一定的共识：地球上现存的有记载的生物种类大约有 200 万种，还有许多种生物没有被人类发现，还有许多生物已经灭绝；曾在地球上生活的生物种数很有可能多达 5 亿~10 亿。各种各样的生物从无到有，从简单到复杂，从低等到高等，究竟走的是一条怎样的进化道路？

在众多的进化理论中，有两种时空相距较远的理论值得我们关注，一是英国博物学家达尔文（Charles Robert Darwin）于 1859 年创立的自然选择进化论，一是美国生态学家埃利希（P. R. Ehrlich）和雷文（P. H. Raven）于 1964 年创立的协同进化论。

达尔文的自然选择进化论诞生于初现科学曙光的 19 世纪中后期的欧洲，这在客观上为达尔文进化论的产生和传播创造了条件。达尔文进化论中有两个学说体系非常重要：进化学说和自然选择学说，前者强调物种是可变的，现有的物种是从别的物种进化来的，一个物种可以进化成新的物种；后者强调自然选择是进化的主要机制，自然选择的方式主要有生存斗争和适者生存。

协同进化论最早由埃利希和雷文在讨论植物和植食昆虫（蝴蝶）之间的进化影响时提出。后来持有共同观点的学者们给出的原则性概念是：在自然生态系统中，在长期进化过程中，相互作用的种群间从单方的依赖性发展为双方的依赖关系；种群间互为不可缺少的生存条件；种群在长期进化过程中相互依赖、相互调节，从而协同进化。物种间的相互作用引起协同适应，在一定的条件下可导致协同物种的形成。物种间协同适应引起的物种形成是普遍存在的现象。

自达尔文进化论创立 150 多年来，对其论点、论据、论证的争论从来没有间断过，有些实验得出的结论是矛盾的，甚至完全是对立的。有中国科学家参加的人类基因组计划（Human Genome Project，HGP）的研究成果表明，人类有其自身独立的遗传进化密码体系；1972 年出土的编号为 KNM-ER-1470（简称"1470 号人"）的类人动物的头骨化石，按分类特征其类似于现代人，属于人属（Homo Genus），比进化论者公认的人类始祖南方古猿早 90 万年，比直立猿人早 200 万年；世界各地发现的各类史前文明遗迹，比如 10 万年前的铁锅、25 万年前的壁画、40 万年前的现代人牙齿化石等，不断改变着人们对人类起源、文明进化的判断。生存斗争是不是实现自然对变异选择，乃至生物进化的唯一途径？自然选择到底是一种动因、过程，还是过程的结果？

达尔文及其学说是伟大的，伟大之处不在于它的完美而在于它的高度。进化论可以比肩日心说，日心说否定了人类位于宇宙中心，进化论则把人类放到了与普通生物同样的层面。我们可以批判甚至怀疑进化论，但不可否定物种及人类进化的事实，不论这种事实是渐进的还是突变的。其实，在达尔文的生命后期，他还投入了很多精力研究生物的社会性，认为适者生存的意义不仅是生存斗争，还有合作和互利，生存能力最强的物种可能是接纳能力最强的。

人类的天性不满足于"知其然"，还要"知其所以然"。任何科学理论不可能静止在对经验事实的描述上。人类对自然和自身的探索永远都在路上。当今世界有达尔文时代所望尘莫及的技术条件和环境，科学成果一定会不断揭示或越来越接近事物真实的成因。现阶段，进化论呈现出异常丰富和活跃的态势，无论是自然选择进化论还是协同进化论，它们只是反映了同一领域的局部和侧面，各有其成立的依据和积极意义。更有意义的是，把两种理论并列，暂时抛开进化方式的争论，就会给人们的理念提供一个重要启示。我们所在的自然界，包括人类自身，是一个密切关联、进化发展、复杂的生态系统，这个庞大的系统多彩纷呈，既有竞争性的自然选择进化，也有互益性的协同进化，还有其他人类尚未认知的进化方式，生存竞争、优胜劣汰不是物种演化的全部内容和绝对方式，物种之间、物种与环境之间，相互受益和相互制约的集成与分享机制是物种演化、大自然进化的总趋势。

另一种视角看历史变迁

美国著名思想家杰里米·里夫金（Jeremy Rifkin）说过，"人类是一个具有同理心的物种"，人在理性层面具有集成与分享的天性。但在人类社会的初始时期，集成与分享的愿望更多来自对家庭的保护，共同抵御自然灾害和外部力量的侵占与掠夺。剩余产品、分工和交易的出现，在客观上，既为人类社会基本结构的形成创造了条件，也塑造了集成与分享愿景的雏形。

不论是以占有人身自由为特征的奴隶社会，还是以封建土地所有制、君主专制制度为特征的封建社会，从时间轴上纵向看历史，社会结构越来越复杂，社会成员有条件接触多元化的信息、事物和人群，自我意识、自我认识正在逐步提升。城市、港口的出现，使人口高度集中，经济联系广泛而密切，社会分工进一步细化，市场交易、产品制造、交通运输、生活消费的外延不断扩大，城市文明为打破文化边界、地域边界起到了重要作用。

文字的出现和印刷技术的发展，使文化的传播找到了最初、最有效的载体，人类的各种传承超越时空界限，以留痕的方式延续下来，把不同的人联结在一起。北宋庆历年间（1041～1048年），毕昇（约970～1051年）发明的泥活字标志着活字印刷术的诞生，比德国人约翰内斯·古腾堡发明活字印刷术早了约400年。文字和印刷术的发展不仅丰富了人类交流的介质方式，促进了以契约为基础的商业文化发展，更为重要的是，使人类建立起科学的方法论，从而更好地认知、分享知识和世界。

14世纪中叶至17世纪初的欧洲文艺复兴运动，是人文主义划时代的开端，它肯定了人性和人的价值，要求人的个性解放和自由平等，推崇人的感性经验和理性思维，从社会层面丰富了人与人之间的认同感，增强了人们社会角色转换和体验他人困境的能力。在人文主义的影响下，1688年英国发生"光荣革命"，1787年美国制定联邦宪法，1789年法国爆发大革命，这些标志性事件为西方民主政治架构的形成奠定了基础。1922年，世界上第一个奉行社会主义制度的苏维埃社会主义共和国联盟成立，并实行计划经济主导的社会主义管理模式。1949 年中华人民共和国成立，开启了以公有制为基础的社会主义国家治理模式。社会治理模式既是历史问题也是现实问题，其多样化恰好反映了其过程的复杂性。社会治理模式的选择标准关注集成与分享的社会范畴和统筹资源力度，以及这个模式对历史的适应性。中国改革开放的实践与崛起就充分说明了这个问题。

人类历史发展有 3 条脉络很重要——宗教、教育和技术，分别反映了人的精神特征、知识传播和社会进步。

宗教。无论哪一种宗教，都离不开创始者的艰苦修行和境界的超越，然后形成组织性信仰、教义、礼仪体系，著名学者休斯顿·史密斯（Huston Smith）提出，宗教的宽泛定义是，"环绕着一群人的终极关怀所编制成的一种生活方式"，无论是东方还是西方，信仰者因其信仰的共同性而形成相对独立的社会群体并发挥作用，这是一种典型的精神上的集成与分享。近几年，一份世界性的调查报告表明，世界范围内的青年对个人意义上的精神探索意识正在上升，对传统宗教的关注趋于减弱，说明未来有更多的人将不为排他性的限制所困，更加包容对外部环境的探索和追寻。

教育。公元前 387 年，柏拉图在雅典创办的最早的西方高等学府阿卡德米（Academy）传播几何学和逻辑学。公元前 300 年，孔子在临淄的稷下学宫传播礼学。今天，斯坦福大学附近的硅谷、北京海淀的中关村，都是在一个有限的区域聚集人力资本，但这个有限区域的外延影响是划时代的。

技术。以煤炭能源的开发利用和蒸汽机的发明使用为标志的第一次工业革命，空前加快了城市化步伐，带来了前所未有的人口增长，促进了新农业技术的发展，提高了人与人之间的交流效率。以电力应用和石油开发利用为标志的第二次工业革命，极大提高了劳动生产率，降低了企业生产成本，促进了集团化企业的形成，为经济全球化的发展奠定了基础。两次工业革命给人类创造了舒适的物质条件和高效的交流交换方式，同时给这个星球留下了巨大的熵，人类站在文明的新高度，面对的却是气温上升、物种灭绝和环境恶化。人类已经觉醒并开启新的征程。始于20世纪四五十年代的第三次工业革命，以信息和通信技术、新能源利用为主要标志，为人类展现了一个全新的图景，资源以民主化的方式得到更加广泛的分配，合作和分享成为治理和活动的主要方式，生产方式、消费方式迎来革命性变化。

令人费解乃至痛苦的是，人类在集成与分享的总趋势中，在文明不断升级的进程中，并没有摆脱同类之间冲突所造成的苦难，不同范围和各种形式的冲突自古至今没有间歇过，在这个过程中充斥着正义和邪恶的抗争，资源利益的博弈，文化宗教的冲突。第一次世界大战持续4年多，伤亡人数超过3 000万，直接经济损失近2 700亿美元。第二次世界大战导致近1.9亿人伤亡，直接经济损失近4万亿美元。1994年发生在卢旺达近3个月的种族暴力冲突，造成近100万人死亡。人类一次次站在自己制造的废墟上，历史在人性和道德的撕裂和重构中延续，尽管正义终归战胜邪恶，但过程需要付出巨大的代价，合作和分享是拯救命运的正途，而进入这个正途，人类要不断对生命和生存的认知重构，创建共存共融的利益观和治理规则，选择具有普惠意义的思维模式和行为模式。

东风和西风

中国古代的哲学体系可以说是以"和"为中心。"和"简洁而明确地诠释了集成与分享的理念。集成与分享以差异的存在为基础，又以差异的消融为目标，其实质和精神本源就是"和"。

作为中华文化源头的《周易》也阐释了"和"之本意，它把世界视作一个由基本矛盾关系所决定的多层次的集合整体和动态的循环演化系统，并用阴阳两端的二进制数位化符号构造出一种描述世间万物的数位结构图。老子和孔子诠释"和"的方式有所不同。老子比较偏重对形而上的问题和人与自然之间关系的思考，由此建立了本体论和宇宙论；孔子则偏重对人与人的关系的思考，由此建立了伦理学。老子说，"上善若水，水善利万物而不争"，强调顺乎自然，无为而治。孔子强调，"中庸之为德也，其至矣乎"，指出道德要保持均衡状态，不偏重一个方面，兼有中正中和的意思。

当然，与二元论的辩证以及"和"的包容差异相对应，中国古代哲学也提倡"集大成"和"大一统"思想，强调主体的统一性、归一性。孟子主张法先王、行仁政，即强调仁德对于治理价值的"统一性"。致力于公羊学研究的汉代思想家董仲舒提倡"独尊儒术"，为汉武帝所采纳，使儒学成为影响中国两千多年的社会正统思想。古代哲学的"集大成"和"大一统"思想含有片面的集成性，完全丧失了真正意义上的分享性。

"和"是中国人际关系的最高原则，是中国传统文化的基本世界观、价值观，中国文化对"和"的重视渗透在哲学、政治、道德等方方面面。孔子提倡"息争"，并在处世方式上用"和合"的方式来获得平衡。"和"不只是应然的理念，也是对实然和必然的认识。"和实生物"是对世界的根本看法，是一种宇宙观。"和为贵"是由上述宇宙观而派生的体现中国文化的基本价值观，"和而不同"是由此而引申的处世的基本原则。

集成与分享理念还体现在"天人合一"的思想中，认为"天人不相胜"。老子在《道德经》中提到，"万物负阴而抱阳，冲气以为和"。荀子提出，"积善成德，而神明自得，圣心备焉"。董仲舒在《五行相生》中指出，"天地之气，合而为一，分为阴阳，判为四时，列为五行"，强调世界是具有五行统一的自然集成系统。程朱理学选择二元观，用理、气二元论来描述世界。朱熹认为，宇宙万物都是由理、气两方面构成的，其中气是构成万物的材料，理是万物的本质和规律。二元论是认识世界的基础，也是集成与分享的理论源泉和方法论基础。没有二元的分立，也就没有集成与分享的区分；没有二元的相辅相成，也就没有集成与分享的融合。

与东方圣贤善于抽象思维或者感性思维，重视思考人和人之间、人和自然界之间、人的精神和肉体之间的关系不同，西方的先知们擅于逻辑思维或者理性思维，注重从物质世界入手探索问题的本源。苏格拉底强调"知识就是美德"，德行意味着履行一个人的功能，一个人的功能就是理性地行事，"使灵魂尽可能地善"，每个人都不可避免地为其灵魂追求美好生活，只有通过恰当的行为才能达到。

苏格拉底的学生柏拉图在其《理想国》中将人的灵魂分为3个部分，理性、精神和欲望，试图说明所有人都有内心困惑和冲突的共同经验，理性反映在人们存在一种对目的或价值的意识，精神反映在人们有激发行动的驱动力，欲望反映在人们对物质的占有。柏拉图还在《斐德若篇》中提出折中性意见，他列举了一个驭手驾驭两匹不同的马（好马、坏马）的事例，强调驭手有责任、权利和能力控制马，喻示灵魂的理性有权利支配精神和欲望。

柏拉图的学生亚里士多德同样强调人的理性，指出"人的功能就是灵魂的活动，这种活动遵循或反映一个理性原则，人类的善当然就是与德行相一致的灵魂活动"。亚里士多德在《尼各马可伦理学》开篇即说道："一切技术、一切研究，以及一切实践和选择，都以某种善为目标。"他还提出，"根据正当的理性去行动""灵魂的理性部分应该控制非理性部分"。

很明显，虽然东西方都承认二元论，但东西方的价值观有明显的不同，东方强调矛盾双方的转换，西方强调物质和意识的差异。梁簌溟先生将其概括为：西方文化所走的是征服自然、改造环境的路向，中国文化是以意欲自为调和、持中为其根本精神的，印度文化是以意欲反身向后要求为其根本精神的。东西方价值观的不同在当下仍留有很多痕迹：东方提倡群体本位，西方强调个体本位；东方重人伦，西方重契约。值得我们关注的是，儒学的包容性主张契合了经济和知识的全球一体化趋势，被越来越多的群体接受。价值观也是在集成与分享过程中确立和变化的。儒学尽管经历了两千多年的历史演变，其基本宗旨却始终是主张个人与他人、与自然、与社会的和谐发展，并且在这方面积累了很多富有人文关怀的深刻见解。其实，东西方的理念难以绝对地隔离，原因是两者都以"人"为关切的出发点和落脚点。东方圣贤的"仁爱"和西方先知的"理性"有多维度重合的地方。孔子的"忠恕之道""己欲立而立人，己欲达而达人"的思想，与亚里士多德的"恰当的行为方式就是符合德行的行为方式，是过度和不足之间的中间状态或叫中道""我们通过灵魂的理性力量来控制我们的激情，形成各种能够符合德行的习惯，这些习惯自动地引导我们遵从中间路线"的见解，亦有异曲同工之妙。

广义上的主体与客体渗透

主体和客体是客观存在的抽象概括。集成与分享过程在广义上是主体和客体的关系。集成与分享的主体可以是人、生物、事物、知识、社会关系和自然生态，这是集成与分享哲学思想与其他哲学思想、管理思想的不同之处。哲学思想和管理思想的主体必然是人，也只能由人担当，而集成与分享由于其思想的特殊性，能把动植物、细菌等生物，社会上发生的事情，人的各种知识，人各个层面的社会关系，以及自然生态都纳为主体。

当然，由于人是唯一具有灵魂、自我意识和主动精神的主体，在人与生物、事物、知识、社会关系和自然生态等多个主体的主动被动关系中，人的能动性和主动性，对生物、事物、知识、社会关系和自然生态具有主导和决定性的影响。也就是说，人自身的集成与分享对生物、事物、知识、社会关系和自然生态的集成与分享具有决定性的影响；反之，生物、事物、知识、社会关系和自然生态的集成与分享也会影响人的集成与分享。集成与分享主体的广泛性首先决定了集成与分享客体的广泛性，同时它以主体和客体相叠加的方式决定了集成与分享具有广泛适用性。

集成与分享的客体同样是人、生物、事物、知识、社会关系和自然生态。用哲学语言来描述，就是物质和精神，它们是软与硬、虚与实、前与后、新与旧、大与小、快与慢的集成。集成与分享的东西可以是物质，或者物质标志物或替代物，如货币等，还可以是知识、荣誉和社会地位。可以说，凡物可集成、凡物可分享。依据对主体和客体关注点的不同，集成与分享可以分别表述为哲学思想、经济思想、政治思想、社会思想和管理思想等。

集成与分享主体和客体是对称关系和非对称关系的结合体，这种主客体的同一性和差异性恰恰是集成与分享具有广泛适用性的根源所在。集成与分享主体和客体的对称性指主体和客体是同一的，即集成与分享的虽然都是人、生物、事物、知识、社会关系和自然生态，分享的还是人、生物、事物、知识、社会关系和自然生态，两者只是在前与后、新与旧、大与小、快与慢等方面存在程度和数量的差别，而不是质的变异。集成与分享主体和客体的非对称性指主体和客体是异化的，即集成与分享的虽然都是人、生物、事物、知识、社会关系和自然生态，但它们在性质上存在差别和变异。集成与分享的非对称性可以表现为：集成的是物质，分享的可能是精神；集成的是精神，分享的可能是物质。

集成与分享分为微观、中观和宏观 3 个层次。微观是指个人、个体层面；中观是指组织，包括企业层面；宏观则是指国家、阶层、生态系统等层面。宏观、中观、微观 3 个层次的存在还决定了集成与分享具有混合性的特性。这种混合性表现为：宏观、中观和微观 3 个层次的集成与分享可以同时存在，小层次的集成可以属于更高层次的分享，而更高层次的集成却属于另外一个层次的分享。

集成与分享主体和客体的对称/非对称性和混合性使得集成与分享原理具有广泛的适用性和工具性，这又恰恰决定了人们对其使用的便利性和成果的不可限量性。套用现代信托法之父斯考特的话，集成与分享的应用范围只有人类的想象力才可以媲美。集成与分享的对称/非对称性和混合性使得集成与分享被赋予工具性，使我们能够主动地适应世界和自我，能动地改变世界和调整自我。

第二节　集成与分享的驱动力

理性与道德

理性

希腊德尔斐神庙门前石刻铭文中有一句名言是"认识你自己"，苏格拉底经常用这句格言教导他的学生，黑格尔在《哲学史讲演录》中也通过这句话阐述人的认知活动，解析人的本质。"人"之所以在自然界中卓尔不群地成为"人"，是因为"人"具有参与独特认知活动的"人性"，而这种人性的核心就是人的理性，理性最终决定人的选择、人的发展。老子讲"无为而无不为"，其中"无为"不是指避世的不作为，而是强调理性的不妄为。亚里士多德的阐述更为直接：人类还有着能进行感觉的生命，但是很明显牛及任何动物也一样，现在就只剩下属于某个要素的一种主动的生命，这个要素具有一个理性的原则。

"我思故我在"或许是当今影响最为深刻的一个哲学命题，语出欧陆理性主义哲学代表笛卡儿（René Descartes），他认为，尽管人的身体和世界保持着联系，思维却是一个单独的领域，独立起作用。对人类理性特质的揭示使笛卡儿称得上伟大，但是如果我们压制人的实体的存在，单纯强调脱离实体的理性，剪断以实体方式联系外部世界的纽带，就将失去理性存在的真正意义。

理性存在的意义在于实践。正如对近代西方哲学产生深远影响的德国古典哲学创始人康德（Immanuel Kant）所指出的，人类不仅注视着事物的世界，而且是行为世界中的参与者。理性在其运用中有一点需要区分：理性的对象首先是理论性的理性知识，其次是实践性的理性知识。从"我思故我在"到"我参与故我在"是一个极具价值的转变，它首先确认社会存在的意义，同时确认我们生活在一个参与式的社会里，社会是大众之社会，社会的形成是众多参与者集成与分享的结果，同样地，集成与分享是参与者步入社会便捷而又必然的选择。

理性存在的意义还在于实践的另外一层含义，即人们对知识的渴望和获取。人的理性使人有能力理解事物的真正本性。人的思维是一种可能性，而不是一种连续不断的现实性，也就是说，人类思想有可能获得知识，也有可能得不到知识。人类思想就在现实的知道和潜在的知道之间交替往复，运用集成与分享的方法运行的。而世界的连续性又反映了知识的连续性，人们在分享中寻找集成的知识，在集成的知识中凝练出真理。积极理智就是人的主观能动性，人依据自身发展的规律，不断获取连续的知识，在知识分享的过程中进一步集成，在集成过程中进一步实现知识的分享。

道德

老子讲，"道生之，德畜之"，意思是说，道生育万物，而德蓄养万物。孔子讲，"为政以德"，强调道德对政治生活的决定作用，主张以道德教化为治国的原则，这是孔子学说中较有价值的部分，表明儒家治国的基本原则是德治。柏拉图认为，道德对于每一个人都是不可或缺的，道德是幸福的源泉。柏拉图指出，只有具备正义的德行才能灵魂和谐，而只有灵魂和谐才可能享有幸福。亚里士多德指出，道德需要引导，"没有什么道德上的品性是一生下来就出现在我们身上的；因为没有什么天生就有的东西可以形成一个与它的天性相反的习惯"。亚当·斯密在《道德情操论》一书中用同情的原理来解释人类正义感和其他一切道德情感的根源，认为同情心使得利他行为存在，这也正是社会得以维系的基础。

人的理性成分与非理性成分的冲突导致了道德问题的产生。人类的道德分为两个方面：个人道德情感和社会道德规范。社会层面的道德规范是个人层面的道德情感在个人意识中的对应物，是利他行为的微观基础。人是生物进化和社会发展的综合产物，人类的利他倾向或者说利他行为的根源是道德。人类的利他行为归根结底是在同情、内疚、正义感等道德情感驱使下做出的。

道德是理性的一个方面，它与行动规则或规律有关，这些规则或规律既是普遍的又是必然的，除了"头顶的星空"之外，还有"心中的道德律"。道德的任务是发现我们如何能够遵循那些约束人的行为的原则。"人人为我，我为人人"可以说是对个人道德情感和社会道德规范的通俗阐述，同样深入浅出地说明了集成与分享理念的社会存在意义。从哲学角度看，所有道德行为的最终指向都是审慎的，道德行为本质上是一种自我利益和利他利益的调整。在人类关系的情景中，实践理性不仅能够断定"在这个时候"应该"如何行动"，而且能够断定"在任何时候"的"行动原则"是什么。从经济学角度看，利他之所以成为人的一种偏好或者说行为倾向，是由于利他行为能够通过道德情感给个人带来心理上的满足。按照宿命的说法，道德情感是有其进化根源的，即天选自助者，凡有自助天性的人都有遗传优势。

道德和理性既存在于人的身上，也表现在社会活动当中。马克思在《关于费尔巴哈的提纲》中指出："人的本质不是单个人所固有的抽象物，在其现实性上，它是一切社会关系的总和。"马克思认为，凡是有某种关系存在的地方，这种关系都是为我而存在的；动物不对什么东西发生"关系"，而且根本没有"关系"。人类社会存在两种关系：自然关系和社会关系。人的本质离不开与自然的关系，但更重要的是社会关系，一切现实的人都是"一切社会关系的总和"。在一切社会关系中，生产关系是主要的社会关系，是"决定其余一切关系的基本的原始的关系"。在生产关系的基础上，人们进一步在政治、法律、道德、宗教以及其他领域产生复杂的社会交往，并从不同侧面、不同层次映现人的本质。

理性与道德既对立又统一。理性追求效能，在一定程度上阻碍分享，而道德更强调公平，提倡分享理念。现实中，社会在知识的集成与分享中不断进步，同时因为理性和道德的存在，客观上要求兼顾公平与效率。纯粹超然的理性会使人类的品质出现空洞，只有当理性和道德有机结合，才能实现价值观和社会运行机制的民主意义。具有广泛参与度的现代社会的理性基础是人与人之间的信任与开放。集成与分享背后的实质是理性和道德，集成是理性的表现，分享是道德的表现。理性和道德殊途同归并最终归结于理性，其道理如同集成与分享平衡发展的最终结果是社会的和谐和人类的普遍幸福感。道德是理性在情感层次的表现，理性是更高层次的道德。

人兼有知识性、社会性和物质性，三者的内涵和相互之间的比例关系是不同的。正是这种内涵和相互比例关系的变化构成了集成与分享的驱动力。犹如冷热不均的温度差异能形成风，物质性和知识性的势能落差构成了集成与分享的驱动力。物质性具有边际效益递减的特征，当人们的物质占有达到一个阈值以后，其边际效益是递减的，而且递减的速度越来越快。而人的知识的边际效益是递增的，它并不随着占有人的增多而减少。物质性和知识性边际效益的相向而行使人有集成与分享的需要。而人的社会性特征又为物质性和知识性势能落差的缩小提供了桥梁。正是人的物质性、社会性和知识性三性耦合，推动了人作为个体和人类社会整体的集成与分享。

发展的极限

不同种族、信仰、文化的人都面临一个共同的危机，那就是生存环境的危机，这个共同危机所引发的对发展极限的忧虑，也促使人们摒弃偏见和分歧，选择一条集成与分享式的发展道路。

2002 年 5 月 22 日，联合国环境规划署发布了《全球环境展望》，这份报告由 1 000 多名科学家联合撰写。报告的基本结论是：全球环境状况在过去 30 年里持续恶化，如果国际社会不迅速采取有效措施，人类未来的发展与生存将面临巨大威胁。报告描述了上述结论的成因：（1）人类无节制地开发和破坏自然资源是导致全球环境恶化的重要原因，其中包括温室气体和污染物的排放、乱砍滥伐森林、对湿地和滩涂的过度开发以及缺乏规划的城市建设等；（2）全球气候变暖导致洪水、旱灾等自然灾害频发，20 世纪 80 年代全球每年受灾害影响的人数为 1.47 亿，而到 90 年代上升为 2.11 亿；（3）人类的淡水供应也面临巨大压力，全球一半的河流水量大幅减少或被严重污染，世界上 80 个国家或 40% 的人口严重缺水，在未来 30 年内全球将有 55% 以上的人口面临水荒；（4）自然环境的恶化也严重威胁着地球上的野生物种，全球 12% 的鸟类和 1/4 的哺乳动物濒临灭绝，而过度捕捞已导致 1/3 的鱼类资源枯竭；（5）其他严重的环境问题，如土地沙化、物种变异、大气臭氧层空洞的增大等。报告郑重指出，目前人类正面临重要的抉择：是走单纯发展经济的道路，还是走可持续发展的道路。

知识界的醒悟并不晚。早在 1972 年，美国学者德内拉·梅多思（Donella Meadows）在其著作《增长的极限》中指出，地球上人口和实物经济的增长会使人类面临带有潜在灾难性的过冲①。1981 年，美国科学家布朗（Lester R. Brown）在其著作《建设一个可持续发展的社会》中强调，人与自然之间的矛盾日趋紧张，人口与财富的激增已经使地球上的许多资源无法满足人类的需要，"我们不是继承父辈的地球，而是借用了儿孙的地球"。联合国环境规划署《全球环境展望》所展现的全景就是系统的过冲现象。有学者预测，世界各国如果都按照发达国家的现有标准去发展、生活，一百年以后需要 4 个地球才够维持人类的生存。科学家还告诫我们，原本预测发生在未来一百年内的全球变暖趋势可能会毫无征兆地加速到来，进而改变地球的气候体系，使人类和共存的其他动植物猝不及防。地球经济已经大大超出了可持续的水平，地球上的资源并非取之不尽、用之不竭。生存

---

① 过冲，意思是走过头了，意外而不是有意地超出了界限。

环境恶化、全球变暖的残酷现实是人类为实现工业化、城市化的生活方式所支付的昂贵的"熵"账单。

人们同样会问，人类文明是否会被人类自身所谓的发展行动所毁灭？人类社会是否存在发展的极限？受大系统复杂性因素的影响，我们很难给出资源枯竭、发展停滞的准确模型，但我们可以肯定地讲，如果人类不及时在一个广泛的领域进行反思，做出选择并采取行动进行矫正，人类将越来越靠近发展的极限。在一个有限的世界里盲目追求物质增长最终会使人类陷入困境。人类需要一场和农业革命、工业革命具有同样意义的革命，改变片面依赖经济增长谋求发展的策略。

幸运的是，人类已经认识到问题的严重性，并开启反思和行动的程序。从旨在"将大气中的温室气体含量稳定在一个适当的水平，进而防止剧烈的气候改变对人类造成伤害"的《京都议定书》（1997年12月），到为控制各国二氧化碳的排放量，但未获通过的《哥本哈根协议》（2009年12月），再到旨在为2020年以后全球应对气候变化行动做出安排，人类史上第一份覆盖近200个国家和地区的全球减排协定《巴黎协定》（2015年12月），人类艰难地迈出了跨越性的一步。

《巴黎协定》最终能够被利益诉求完全不同的各缔约方接受，其中一个重要的原因是，在处理各方对"共同但有区别的责任"的理解分歧时，既充分考虑到不同发展阶段国家应对气候变化能力水平的不同，也充分意识到只让发达国家承担责任的"一刀切"行为的不合理性，从而得以达成一种最大限度照顾各方关切的微妙平衡。以此为基础，《巴黎协定》序言和第二条都明确提出公平原则、共同但有区别的责任及各自能力原则，并依据不同的国情，最终使巴黎气候大会取得了相对公平、平衡、全面的成果。

在乐观派和悲观派之间，人类努力寻求一种集成与分享式的平衡性办法，通过全球性治理政策以及技术和制度的发展，对世界难以持续的发展模式进行理性调整。从社会的角度来看，一个均衡的社会有所波动是正常的，或是由于有意的选择，或是由于不可预见的困难，人们只有在这样的波动中才有可能获取新知识，使自身的生产过程更有效率，资源的分配更加公平。

集成与分享式的发展理念给我们开出了 3 剂遏制发展极限到来的药方：

其一，高效利用可再生能源。太阳能、风能、地热能、潮汐能、生物能等可再生能源，获取便利，甚至无处不在，获取成本低，甚至是零成本，碳排放少，有利于建立公平分享式的市场环境，政府部门要旗帜鲜明地制定相关的政策和标准，建立基础环境，推动技术创新，促进可再生能源进入生产和消费领域，让更多的人获得资源共享带来的成就感和社会归属感。市场和政府都需要不断地注入责任感，精简市场和社会治理模式，适应能源结构的变化。一份《全球可再生能源投资趋势》报告指出，2015 年发展中国家可再生能源投资额同比增长 19%，达到 1 560 亿美元。这些投资大部分来自中国。中国 2015 年可再生能源投资额为 1 029 亿美元，同比增长 17%，在世界可再生能源总投资额中占 36%。

其二，建立过剩资源分享模式。当今世界资源虽然稀缺，但产能过剩、资源浪费的现象比比皆是，要大力借助网络信息技术，创建各种共享模式，化解过剩产能和资源，整合个人和组织（平台）的最佳能力，形成"资源（产能）过剩＋组织（平台）＋个体参与"模式，有效挖掘利用有形资产、技术、网络、设备、数据、经验和制度的多样化潜能，建立包容性绿色经济的解决方案。传统的财产权是以知识产权和不动产的形式存在的，而在分享式的经济中，人们更加注重使用权，即享有机会的权力。

其三，转变发展方式和消费方式。在工业经济时代，大部分价值是由专利、产权、商业机密创造的，并形成工业经济时代特有的世界观；在知识经济时代，新能源和信息技术带来新的生产潜力和市场机会，大部分价值是由资源的集成与分享创造的，而且商业经营模式更具弹性和效率。因此，要把结构战略性调整作为经济发展的一个主导方向，实施科技进步和技术创新，设立资源节约型、环境友好型社会共同愿景，重塑生产文化和消费价值观，采取协作的方式谋求社会福祉。

增强创造力、消除资源和信息冗余，是集成与分享式合作的本质特征。我们可以快速地在这个合作平台上试错、迭代和进化，把组织的很多外部问题通过组织本地化的方案加以解决，保持可持续的生态系统同样能够带来切实的经济利益，依靠燃烧化石燃料、以消费为基础的工业经济将终结，依靠集成与分享而发展起来的共享经济则会逐渐发展，为不断加大的贫富差距，不断恶化的生态环境，不断加剧的能源危机提供有效的解决方案。

历史会记录下当今世界面临的环境困境，把经济发展与环境保护的两难平衡问题呈现在每个世界成员面前，环境保护论、发展优先论等各种观点各抒己见、针锋相对。经济发展与环境保护背后的逻辑还是集成与分享，即个人、组织、国家乃至世界如何在实现资源集成效率提高的同时，做好成果分享，并提高集成的普惠度，为二次集成打造更好的基础条件。经济发展背后是集成，环境保护背后是分享；经济发展和环境保护本身就是边界相互包容、成果相互支持但又互为矛盾的两个方面。这种远期互为目标和基础，而近期又存在矛盾的关系，正是集成与分享的真实写照。

跨界与融合

柏拉图对知识有一个经典定义，他说，一条陈述能称得上是知识必须满足 3 个条件，它一定是被验证过的，正确的，而且被人们相信的。知识的一般性定义是，知识是人类在实践中认识客观世界（包括人类自身）的成果，它包括事实、信息的描述，以及在教育和实践中获得的技能。有学者把知识的演进分为 5 个层次：从噪声到数据，再转化为信息，再升级为知识，再升华为智慧。知识的一个重要特性就是它的延展生长特性，即知识在应用、交流的过程中，可以被不断丰富和拓展。

卡尔·马克思（Karl Heinrich Marx）在 1848 年的《共产党宣言》中提到："资产阶级在它的不到一百年的阶级统治中所创造的生产力，比过去一切世代创造的全部生产力还要多，还要大。"时至今日，远不止于此，随着技术特别是互联网、大数据、人工智能技术的迅猛发展，知识的延展效应呈几何级数放大，知识爆发的临界点大量涌现，历史在此刻全景展现出知识跨界与融合的大趋势，交叉领域、学科、理论、技术、专利、业态令人应接不暇，界限越来越模糊。对此，我们也有一些参考数据。1998 年，中国科研人员共发表了约 2 万篇科研论文，到 2008 年，这一数字剧增至 11.2 万篇，同期美国科研人员的论文数量由 26.5 万篇增至 34 万篇。

被誉为引领未来制造业的 3D 打印技术，其本质是材料技术和数字成像技术的融合，它运用粉末状金属或塑料等可黏合材料，通过逐层打印方式构造物体，常在模具制造、工业设计等领域被用于制造模型，形成"直接数字化制造"，已经在人体关节或牙齿、飞机零部件等高价值应用中展现魅力。增强现实技术（Augmented Reality，AR）是一种全新的人机交互技术，这种技术可以模拟真实的现场景观，它是以交互性和构想为基本特征的计算机高级人机界面。使用者不仅能够通过虚拟现实系统感受在客观物理世界中所经历的"身临其境"的逼真性，而且能够突破空间、时间以及其他客观限制，获得在真实世界中无法亲身经历的体验。美国一家公司将芯片技术、人体药理反应技术、移动智能技术整合，创造了颠覆性的用药理念和方式。

虽然否定学科之间的界限是不适宜的。但事实上，科学发展的趋势已经明确反对画地为牢，而把研究的任务放在更大、更多维度的架构中。爱因斯坦曾经指出，"能从直接观测时看似不相干的事件中，体认到这些复杂现象之间具有统一性，真是令人欣慰"，在生命后期，爱因斯坦曾试图把所有事件结合成一个简约的系统，包括把空间与时间、物理运动相结合，以及把重力与电磁场、宇宙论相结合。正如爱因斯坦所说，科学体系是人为划分的，是被人的受限思维控制的，既然人的认知是有限的，那么真实科学体系的存在还有很多未知的领域等待我们去探索。也许我们自以为熟悉的环境却隐藏着不为人知的秘密。

对知识跨界与融合提供支持的理论是复杂理论，哈佛学者爱德华·威尔逊（Edward O. Wilson）给出了复杂理论的精简概念：找寻自然界用来展现众多组织层次共同特征的演算法。复杂理论可以指引我们穿越现实世界的迷宫，从简单的线性系统进入复杂的非线性系统，找到体现共同特征的演算法甚至数学模型，解释生态系统、微观生物系统、社会系统共生的复杂现象。在复杂理论视角下，各领域与学科在一个更为广阔的认知基础上，在碰撞中重新调整某些要素关键特征的优先次序，创造新的知识。人的活动也可以纳入复杂系统，所有的人类活动都是实体的体验，也就是与其他人共同参与的活动，而与他人融合并做出反应，便是人类接触世界的主要方式。

就人这一个体来说，知识意味着存在的经验，知识性是人类有别于动物的特性，是人和动物的最本质区别，是"人之所以为人"的有效例证。人只有以"不知"的态度才能深入理解"可知"的事物，只有承认"不知道"才能真正体会内在的"道理"，知识的跨界与融合的重要表现是，通过初始知识的应用，将隐藏在自然和社会中的事实和基本规律以符号的形式展现出来。人发挥知识性并依靠知识性，通过实践进行对象化活动，实现自我创造的主体性存在。

知识必须和客观实在相符，不论这些客观实在是具体的还是抽象的，是事实还是原则，否则就会陷入矛盾之中。知识的不断丰富和拓展是集成与分享的过程，在这个过程中，科学的方法论就是批判，批判精神是集成与分享的精髓。也就是说，新知识的产生是建立在对传统的批判基础上的，是通过集成与分享的过程形成的，是扬弃的结果。人对世界的认知在不断地被批判和证伪的过程中进化。

知识的跨界与融合是知识的重建，重建于更高的预期和更高的水平，重建过程是渐进的，在新的水平上被改变的那部分知识是通过平衡和分享的方式实现的。知识的成长是知识本身时间价值的积累，是知识延展生长特征的内在要求，是人类思想和实践不断集成与分享的结果。

　　人在征服和改造自然的基础上，协调自身与自然、社会之间的关系，从自然获取维持生存所必需的物质资料，形成物质形态、精神形态和规范形态等相应的知识，这是与历史发展同步的过程。知识积累的益处是可以发现和理解事物，但习惯于固定知识和显性知识会使人的思想陷入僵化，通过知识的集成与分享，可以增强知识的概括性和超越性，有效认识事物的本质。

　　就社会来说，知识意味着结构和模式，针对各目标功能组织不同的要素和资源，知识跨界与融合为社会的结构和模式设计提供了支持，这毫无疑问也是人类集成与分享式的创造性劳动。知识的延展性是指知识的融会贯通，这需要想象力、构建方案能力、决断力等，是人对事物整体的包容、连续的思考和行动。从知识的形成角度来看，从构思到实现的过程包括分析、规划、推理和决策，知识的延展性就是在此基础上，跳出已有知识的束缚，提出新方案，探求新方法。

第三节　集成与分享的新时代

知识经济新形态

　　知识经济曾经不是一个严格的经济学概念，它的缘起应该与新经济增长理论有关。在世界经济增长主要依赖知识的生产、传播和应用的背景下，美国经济学家保罗·罗默（Paul M. Romer）和罗伯特·卢卡斯（Robert E. Lucas, Jr.）提出了新经济增长理论。罗默把知识积累看作经济增长一个内生的独立因素，认为知识可以提高投资效益，知识积累是现代经济增长的源泉。卢卡斯的新经济增长理论则将技术进步和知识积累重点投射到人力资本上，认为特殊的、专业化的、表现为劳动者技能的人力资本才是经济增长的真正源泉。相关数据表明，美、英、法等 14 个工业国家在 20 世纪 80 年代，知识对经济增长的贡献率达到了 60% ~ 80%。可见，知识这种无形资本正在成为经济发展的第一资本，成为创造财富的主要推动力，是一种有效的新型战略资源和生产要素。

1990 年，联合国有关研究机构首次使用"知识经济"这一概念。1996 年，经济合作与发展组织（OECD）在《以知识为基础的经济》的报告中认为，一个区别于农业经济、工业经济的新"知识经济"形态正在兴起。经济合作与发展组织对"知识经济"的定义是，"知识经济是建立在知识和信息的生产、分配和使用之上的经济"，知识经济是与农业经济、工业经济相对应的一个概念，是人类社会进入计算机信息时代出现的一种新型的、富有生命力的经济形态，它的出现将对人类社会的发展产生极为深远的影响。

伴随着社会形态的更替，知识的内涵得到了充分的拓展，知识的逻辑产生了"革命性的突破"。在农业社会，知识是人类认识的结果；到了工业社会，知识成为生产的物质手段，是经济增长的外生变量；到了现在，知识不仅成为"生产要素"，而且成为"决定性的生产要素"，在此基础上，知识已经成为"共同占有"和"个人占有"的对立统一，为新型经济形态所有制的形成和发展提供了可能。

知识经济时代，知识价值成为价格和收入分配的重要因素，决定了在面向知识经济的企业管理理念中分享的重要性。企业除了物质资本以外，还有比物质资本更重要的知识（或智力）资本，掌握知识资本的智力型劳动者的产出增加，除得到更多的报酬外，还应当分享企业的经营成果，把知识作为收入分配的重要因素。管理者有了这样的认识，才能善于调动和利用企业的智力资源，把"知识就是力量"变为现实。

米尔顿·弗里德曼（Milton Friedman）认为，经济实体是在寻求效用最大化，更确切地说是预期效用最大化。效用最大化已经不是一个隐含的考量因素，而是成为公开的判断经济成功与否的标准。效用最大化的过程本质上是知识延展的过程。我们现在面临的形势是，资源和环境逐渐呈现"发展极限"，如何节约稀缺资源已成为经济效用的重要标准，知识的延展性就是要帮助人们认识到自身因欲望而形成的自负，正确对待和应用知识的成果，实现群体内部以及群体和自然之间的平衡。

知识经济具有信息性，信息技术的发展是知识经济的基础，使传统经济增长方式发生颠覆性变化；知识经济具有创新性，技术创新主导经济转型，成为经济增长最主要的推动力；知识经济具有轻资产性，文化成为知识经济的竞争力和竞争焦点；知识经济具有智力性，智力、知识、信息等无形资产的投入及占有，成为经济发展的决定性因素；知识经济具有可持续性，经济增长摆脱了对自然资源的依赖，寻求可再生资源支持的路径。

知识经济是生态经济，在生态系统承载能力范围内，运用生态经济学原理和系统工程方法改变生产和消费方式，挖掘一切可以利用的资源潜力，发展一些生态高效的产业，建设体制合理、社会和谐的文化以及生态健康、景观适宜的环境，建立"社会—经济—自然"复合生态系统。

知识经济也是共享经济，网络化时代，信息被高效利用，社会范围内的信息趋于对称，信息交换几乎是零成本，交易行为、决策行为、技术开发行为等都可以通过众筹、众包的形式开展，共享精神感受和经济红利。共享经济可以激活闲置资源的使用权并实现转移，整合闲散物资、劳动力、教育医疗资源为社会所共享。共享经济涉及三大主体，即商品或服务的需求方、供给方和共享平台。共享平台作为连接供需双方的纽带，通过移动位置服务（Location Based Services，LBS）应用、动态算法与定价、双方互评体系等一系列机制，使得供给方与需求方达成交易。

知识经济时代改变了原有的知识分享模式，构建了新型的知识集成与分享模式。知识的丰富性决定了每个人可以依据自己的核心知识，集成与分享相关知识，降低知识获取的成本，提高知识获取的重要性，延长现代组织的知识链条。同时，源于知识集成与分享平台的多样性，人们实现了知识在多领域之间的流通，实现了知识的几何式增长和分布式存储，改变了资源利用的效率，推动了社会的变革。

知识经济时代，知识的边际效益超越了传统物质产品，生产知识比生产其他产品更有利可图。在这样的大背景下，知识也就逐渐演变成一种新型的产业，取代了大工业的地位，成为社会生产最基本的生产内容和生产方式。此外，人们也加大了对知识的使用力度，创新物质资源，提高生产效率，满足人们日益增长的物质需要。对企业组织来说，在个体知识变为群体知识的螺旋式上升过程中，企业实际已逐渐形成自身的知识库，即知识集成。开展知识集成就是把企业现有的知识分门别类进行加工和提炼，形成企业系统性的、不断发展的知识资产。任何一个企业组织，如果没有一定的知识集成和储备，就无法实现整体的跃进和成功。

基于知识的集成与分享，在知识经济时代的任何组织中，知识的各个方面都与其他事物紧密联系，无法简单地将任何事物的"知识"成分割裂开来。知识是自组织的，每时每刻，知识都在组织中产生、保存、消亡和更新，知识有自己的生命，是自组织的实体。知识处于不断地寻求融合、进行融合的过程当中。知识的特性决定了知识经济时代集成管理的重要性和必要性。集成管理是知识经济时代管理理念的重要组成部分。而在集成管理中，又以组织集成和知识集成最为关键。

随着传统的组织结构在知识经济时代纷纷落伍，企业必须彻底实施转型，方能适应集成的要求。汇报线不能像对流水线工人那样对知识工作者发号施令；从重复性的任务到创新创造的转变，彻底打破了直线制组织的一些规则，使企业的动力建立在以人为本的基础之上；而当企业以团队智慧代替个人智慧之时，企业的"组织"的内涵及其表现就必须做出相应的调整。

经济的关联性覆盖全球

以时空理论研究著称的哲学家安东尼·吉登斯（Anthony Giddens）和戴维·哈维（David Harvey）赋予全球化的含义是，全球化是一个普遍的过程，它们产生了组成现代世界体系的国家和社会相互联系的多样性。因此，这个概念具有空间性内涵，指社会、政治和经济活动能够覆盖全球。也就是说，世界某地发生的事件和活动，会给另一地区的个人和共同体带来直接的影响。此外，全球化也意味着构成现代世界共同体的国家和社会之间的互动、相互联系和相互依赖不断加强。

石油输出国组织（OPEC）小幅调整产量就会立即影响国际石油价格；澳大利亚铁矿石的价格波动一夜之间就会影响全球钢材市场的供求；美元汇率细微的波动将直接导致全球外贸交易出现变化；一个操作系统的革新可以在短时间内改变全球的智能手机制造业；一场球赛可以把全球几亿人拉到电视或手机屏幕前；你只需动动手指，一本书就会漂洋过海摆在你面前。不知不觉，你就是全球经济网络中的一个节点。

经济的关联性扩展至全球已成为一种必然趋势，其表现为经济全球化和区域经济一体化。经济关联性如此广泛的原因，从根本上讲，是需求和供给市场在全球范围平衡的客观需要，也可以说是世界范围内资源优化配置的客观需要。对于经济全球化，越来越多的经济体在推动商品、服务和资本的自由流动方面取得共识。国际化的多边贸易体系从关贸总协定发展到世界贸易组织，不断调整改进各种全球性机制以减少贸易和投资壁垒。

经济全球化的趋势打破了单一的地方产业组织体系，弥补了原有的区域产业分工体系带来的资源无效使用和开放型经济之间的矛盾，实现了经济要素在全球范围内的重组，最大限度地集成与分享一切可以运用的经济要素，推动经济的发展。这也就带来了地区间的联合，构建了新型的经济体系，突破了原有的单一地方优势，打破了单一经济体的发展边界，实现了整体优势。经济全球化趋势将分散的地区优势（平面优势）整合成整体优势（立体优势），在国内竞争中形成分工协作的产业格局，并在不同的地区分享整合资源的优势。因此，伴随着经济全球化的到来，在经济要素的集成与分享的推动下，逐渐建立起统一开放的市场体系，这有助于区域协作提升到产业整合的高度，打破割据的局面，均衡区域分工与竞争，形成产业集成发展的新格局。

在集成各产业之间纵向或横向联系的基础上，经济全球化实现了技术创新、产品创新和市场创新，并在产业整合的推动下，实现了产业间、区域间的进一步分享，以及核心产业、相关产业与支持产业的协同发展。同时，经济全球化趋势通过集成各产业间的资源，实现了产业创新，形成了新的集成性系统能力，从而使产业具有较强的竞争力。

知识经济助推经济全球化发展，使国际产业竞争日益呈现出系统集成与分享的特点，很难有某个传统产业甚至高新技术产业能独立产生竞争优势，而是产业间互相渗透、能力整合与资源分享，形成新的产业竞争力。因此，从某种意义上说，在当今经济全球化的背景下，市场上真正的竞争不再是单一企业或任意区域之间的竞争，而是经济要素整合能力的竞争，是经济要素集成与分享能力的竞争。

经济全球化趋势实现了知识的集成与分享，创新了技术，改变了原有的文化环境。在集成与分享的基础上，通过获得、创造、分享、整合、记录、存取、更新、创新等过程，知识被不断地集成与分享到知识系统，形成累积个人与组织的知识成为组织智慧的循环体，在经济社会中成为管理与应用的智慧资本，有助于个人与社会做出正确的决策，以适应市场的变迁。

经济全球化的到来为集成与分享提供了物质基础，让集成的空间范围、内容种类和速度急剧扩大，同时让分享的人口数量和传播渠道大量增加，促使集成与分享在更高层次、更多内容和更大范围内实现。互联网时代的到来又为集成与分享，尤其是知识的集成与分享提供了更好的信息平台和技术基础。2015 年腾讯推出的微信抢红包瞬间让移动金融走入千家万户，这种技术渗透速度在以前是不可想象的。而互联网技术、物联网技术、智能移动技术、人工智能技术的发展让知识和物质的集成与分享的速度变得越来越快、过程越来越直接，也越来越经济。

经济全球化趋势对企业提出了强烈的转型要求：把企业建设置于国际化的视角下，着眼于国际化的竞争、市场、标准，进行企业的组织再造、流程再造、观念再造。开放型企业转型的特征是资源约束条件更大、技术依赖性更强，其成员的自我意识也绝对复苏，传统的管理理论和手段已无法适应经济全球化形势的需求。资源约束条件的增大要求企业扩大集成的内容和范围，同时把自己主动纳入社会大生产体系，提高分享水平，实现企业与社会和生态体系的和谐发展；而技术依赖性的加强，要求企业加强技术集成，技术集成对象包括企业的产品、客户体系和管理系统等，没有这种技术集成，企业很快就会被日新月异的技术更新淘汰；把集合与分享理念贯彻到企业的人力资源管理和知识管理当中，不仅能提高自我决策能力和风险控制意识，而且能降低管理成本，提高企业的知识共享水平。

建设开放性的国际化企业组织必须扩大视野，跳出企业组织本身的局限，研究企业的组织问题，并将关注的范围前移或后置，把视角分为低和高两个层次，才能解决企业在全球社会体系中的角色和定位问题，才能解决企业可持续发展的动力支持和资源支撑问题。我们还应该看到，经济全球化趋势倒逼企业转型，实际上就是一个集成与分享的过程。企业转型的范本不管产生于企业外部还是内部，其模仿和学习的过程首先是一个集成的过程，而其应用和推广必然表现为分享的过程。企业内部的集成与分享更多的是物质和知识，而企业外部的集成与分享更多的是产品和货币。企业内部的集成与分享形成绝对优势，而企业外部的集成与分享形成相对优势和良好的发展环境。企业的绝对优势是形成社会竞争相对优势的基础，而相对优势的存在反过来会促进绝对优势的形成。企业与外界的能量和信息交换决定了企业必须做好集成与分享的联结和平衡工作。

网络和大数据时代

互联网开启了一个新时代。"Internet"的含义就是穿越（inter）与结网（net）行为的结合。互联网精神就是开放、平等、协作、分享。在互联网时代，网络和信息技术改变了时间价值的分配，进而形成了新的社会互动规则。在人类历史上，我们正身处符号世界的又一次革命中，这就是计算机与互联网的发明与应用。

在计算机与互联网技术融合发展的基础上，大数据浪潮应运而生，大数据是指回避随机抽样分析法而对所有数据进行分析处理的技术。大数据的特点可以概括地用"4V"来形容，即 Volume（大量）、Velocity（高速）、Variety（多样）、Value（价值）。大数据的意义并不在于分析数据的技术，而在于我们如何应用大数据所揭示的规律。

互联网的开放精神既体现在物理时空又体现在思维空间；互联网的水平存在方式决定了网络是一个平等的世界；互联网的实时互动、协作改变信息的出入关系使接收者也是传播者；技术开放并无成本地被大多数人分享使新的应用模式应运而生。大数据改变了人们探索世界的方法。量化一切是数据化的核心。大数据把规律从繁杂的信息中，以及最不可能的地方挖掘出来。正如维克托·迈尔－舍恩伯格（Viktor Mayer-Schönberger）在《大数据时代》中指出的，"大数据时代将要释放的巨大价值使得我们选择大数据的理念和方法不再是一种权衡，而是通往未来的必然改变"。

　　互联网模式使大量的通信、金融、交易等数据在网络系统流动。互联网通过集成数据，形成了数据和社会结构的映射关系，实现了信息的自由流动，最终形成了一个信息和社会的循环互动。互联网精神提高和改变了知识被发现和证明的速度，加大了创新的力度，这一切都源于集成与分享。

　　互联网依据事物集成与分享的动态发展，寻找新节点，加深了事物间的联系，构建了事物发展的规则，减少了信息获取成本。同时，互联网改变了人们的思维方式和企业管理方式。大数据规模以及存储容量正在迅速增长，大数据的集成与分享已经渗透到各个行业和领域，成为重要的生产要素。

　　在互联网大数据时代，企业组织必须解决两方面的问题：一是整合问题。企业中的信息、知识与大数据不仅类型多样，且存储媒介丰富，相互作用，相互影响，其中大多属于非结构化数据或半结构化数据，需要对其进行有效整合达到结构化的利用要求。二是孤岛问题。在企业中，不同业务模块的数据往往分布在不同的信息系统、不同的业务平台，非关键数据得不到分析利用，数据被割裂于单一业务平台，不同业务模块间无法分享数据，因此需要进行系统化设计，消除信息孤岛。

　　集成与分享是信息、知识与大数据获取、整合、分析及使用的重要措施，是一种"从分到合"，又"从合到分"的循环往复、螺旋上升的过程。信息、知识与大数据的有效利用可以激发巨大的潜在价值，许多组织可以利用信息、知识与大数据，提高人力、物力的分配和协调能力，减少浪费，增加透明度，并促进新想法和新见解的产生。集成过程可以有效进行信息、知识与大数据的整合，将分布于不同模块的不同类型数据整合到一起；分享过程可以有效提高企业信息的透明度，让原本相互分离的模块之间更加容易地获取相关数据，降低搜索和处理时间。

在集成与分享过程中，组织自身也处于相互影响的作用中，集成过程要求组织内部各环节开放数据窗口，如果封闭信息出口或者提供失真信息，大数据的集成或是无源之水，或是南辕北辙；分享过程建立在集成的成果之上，没有经过集成，没有进行整合、分析、处理的数据"分享"是一种低水平的数据复制，在一定程度上将会导致宝贵数据资源的浪费和数据垃圾的泛滥。

互联网时代，计算机信息网络和社会关系网络交融，模糊了互联网社区与实际组织的边界，改变了个人、组织和社会的层级构成，实现了社会化组织层级的开放与集成，改变了社会效率和社会关系。同时，互联网时代带来组织形态的变化，组织出现去中心化、扁平化、分散化等适应现象，对管理的理念和方式提出新要求。对大数据和信息的集成与分享，消除了城市和乡村之间的界限，关联起人们空间与时间的体验，其影响渗透到宗教、文化、教育、政治等各个社会层面，社会组织的成长受到突破分层界限、融合演化的影响。

互联网时代，人们可以低成本（甚至零成本）、平等地获得影响相关社区的资格，数据与信息在纵横交错的网络中可以不断地被高速复制与处理，人的大数据世界实现实时连接。一旦整个网络形成一台超级计算机，新的互动规则将会形成，社会的组织形态还会进一步裂变。

互联网时代所代表的思维创新、技术创新和商业模式创新正在全方位地改变着整个社会的价值取向、道德观念、生产模式、消费习惯和生活方式，以大数据、物联网、人工智能、虚拟现实、移动互联和云计算为代表的新技术、新应用既创造着新的机遇，也带来了新挑战，无论怎样，"共建、共有、共治、共享、共赢"将成为互联网时代社会治理、经济发展的理念基础。

效应成为重要标准

在资源稀缺的时代，人们越来越重视效应的结果，效应将成为衡量事物变化程度的主要标准。效应，是指物理或化学的作用所产生的效果，如光电效应、热效应、化学效应等，或是对初始条件敏感的一种依赖现象，如蝴蝶效应。经济学上的效用（Utility）是指商品或者行为满足人的欲望的能力评价，或者说消费者消费商品时所获得的满足程度。

作为一种概念或理念，集成与分享具有一定的抽象性，其对应的结果可能是一个新产品、一项新服务、一个决策、一个制度体系、一种组织形态，不论是具象的还是抽象的，都具有体验性、检验性的效应。集成与分享的效应在于它所创造的时间效应和空间效应，以及由时间效应和空间效应带来的价值效应。集成与分享的实现条件尽管千变万化，但万变不离其宗，事物的整体性、稳定性及信息传递的及时性、真实性是集成与分享实现的基本条件。

集成与分享的时间效应、空间效应和价值效应较直观地体现在贸易行业和金融行业。以社会经济系统为例，贸易行业通过商品的集中和流通实现商品的时空位移，创造商品流通的时空效应；金融行业则通过货币的集中和分散，创造各种财富效应，期货、期权、信用违约互换（CDS）等金融衍生品是集成与分享的典型体现。贸易和金融通过时空效应和财富效应，客观上提升了人的财富拥有水平以及幸福感，创造了价值效应。

集成与分享的实现难在其执行上。造成执行难的原因就在于集成与分享主体和客体的非对称性和系统的复杂性。基于这些特性，造成集成与分享执行难的因素包括集成的范围、时间、强度、方式、途径以及分享的对象、内容、数量、速度、渠道等。因此，对人和组织集体来说，集成与分享将是一个大考验，各种参数的组合构成了千差万别的世界。

集成与分享的效应是多层次的，首先体现在整体性上。整体性放在宇宙宏观层面就是生态的思想，放在国家、社会组织这个中观层面就是集体的思想，放在个人微观层面就是成长的思想。考虑整体性，实际上就是要考虑整体的能量交换，不能以牺牲整体来换取局部，导致不能实现长远发展，或者不能实现整体的发展，最终影响集成与分享的效果。整体性要求集成与分享要放在一个更大的闭环中实现，要考虑人的能力和影响因素的综合影响。也就是说，随着人类能力的提升，集成与分享的范围将越来越大，其约束性也将变得更强。

其次是稳定性。整体性是从空间角度考虑集成与分享的效应问题，而稳定性是从时间角度考虑集成与分享的效应问题。稳定性的核心要义就是不能牺牲未来利益换取当前利益，或者放弃当前利益只注重长期利益。就社会组织这个中观层次来说，没有稳定的环境只能促成短期行为，在短期行为下，人不可能有分享思想而只关注集成，即只关注"收"而不注意"放"，因为分享的预期收益根本获取不到。同样地，在非稳定的环境下，人坚守理性和道德面临困境，缺乏理性和道德，也就没有集成与分享理念生存和发展的土壤。实现集成与分享的效应，还要有信息渠道的完备和通畅，稳定性和整体性以事实为基础，但其中各节点的联系和反应需要流程和机制通道，这是形成集成与分享的效应的必要条件。

企业组织是集成与分享效应最直观的反映，企业本身就是社会集成与分享的产物，企业的价值就是产生目标效应。企业的生产体系、人力资源组织、组织架构设计、流程设计等都是集成的表现；而企业的销售体系、培训体系和薪酬制度都是分享的表现。在更大程度上，集成表现为投入和成本，分享表现为收入和利润。企业管理的目的之一是平衡集成与分享的关系。一是实现整体利益最大化，二是实现发展的可持续化。整体利益最大化强调各方面利益都要平衡照顾到，这也是外部集成的表现；而发展的持续性则要求企业不能涸泽而渔，而应该适度分享，营造有利于自身发展的良好外部环境。

企业是与自然系统和其他组织进行资源、货币和知识交换的社会组织，它能实现集成与分享微系统与巨系统的联系，是集成与分享的中介系统。从企业内部发展的动力和机制而言，创新和协同是企业发展的永恒主题，它能在同样的资源约束条件下，实现企业资源利用的最大化，并为企业未来的发展赢得技术先机和市场先机。创新本来就是一个知识集成和知识分享的过程；协同是企业有形资产和无形资产的集成与分享，只有协同成果分享，才能增加企业各部门集成的动力。

　　企业效应的动力机制是以企业内部管理制度的存在和高效运行为前提的，其主要的内部管理制度包括公司的治理结构和内控机制。企业的内部管理制度首先是企业集成的结果，但分享程度的高低、范围的大小和内容的多少决定了集成的基础。企业内部管理制度的集成与分享决定了企业是一个生命力组织还是程序性组织，由此也决定了企业不同的发展道路和最终命运。

第二章 在历史的进程中创新

理论的发展是连续的，我们一直行进在历史的进程中，站在前人的肩膀上眺望未来。在一个新的历史时点，所有对未来的预见都是在传承的基础上完成的。寻求现象背后的规律，推动着我们不断创新理论。

第一节　既有复杂系统理论

除了自然、社会、人文的现象为集成与分享理念的形成提供了实证基础，经济学、管理学领域已有的理论也为集成与分享理念的确立提供了思想指导和方法论支持。

我们始终处在复杂多变的世界中

复杂系统理论

我们始终处在复杂多变的世界中，世界的复杂与多变决定了集成与分享的必要性：系统理论对世界的复杂性进行了勾勒。现代系统科学是在 20 世纪下半叶人类对传统的分析、还原方法的批判中应运而生的。这场学术运动陆续形成了 20 世纪 40 年代的一般系统论、信息论、控制论，20 世纪 70 年代的耗散结构论、协同学、突变论，以及 20 世纪 80 年代的混沌理论、分形理论等。我国学者钱学森将这些新涌现的科学和理论统一命名为"系统科学"。

与传统的科学研究方法不同，系统科学把事物看作系统，从系的结构、功能、演化的角度出发，探索从物理系统、化学系统、生物系统到经济系统和社会系统的共性规律。现代系统思想经历了 3 个重要的发展阶段，并最终出现了更加适用于经济、社会等复杂系统的系统思想。

20 世纪 80 年代后期，随着计算机时代的到来，复杂性科学成为新兴的研究方向。贝塔朗菲（Von Bertalanfy）认为，现代的技术和社会变得十分复杂，传统的研究方式已不再满足需要，人们被迫在一切知识领域应用"整体"和"系统"的概念来处理复杂性问题，复杂系统的概念因此产生。美国从事复杂性研究的机构中最具代表性的圣菲研究所（Santa Fe Institute，SFI）的科学家认为，复杂系统是由大量相互作用的单元构成的，其主要研究内容是复杂系统在一定规则下产生的有组织的行为。

目前科学界尚没有给复杂系统下一个统一的定义，对于期刊和图书中出现的"复杂系统"，可以归纳为以下几种具有代表性的认识：（1）复杂系统就是混沌系统；（2）复杂系统是具有自适应能力的演化系统；（3）复杂系统是包含多个行为主体且具有层次结构的系统；（4）复杂系统是包含反馈环的系统；（5）复杂系统是任何人不能用传统理论与方法解释其行为的系统；（6）复杂系统是动态非线性系统。在此基础上，复杂系统的基本特征可以归纳为：非线性和非平衡、多样性、多层（多重）性、多变性、整体性、统计性、自相似性、非对称性—对称性破缺等。

随着复杂性科学研究的深入，"突现"成为当代复杂性科学和哲学研究的一个前沿和热点问题。美籍苏俄物理学家、计算机科学家图琴（V Turchin）提出了元系统跃迁理论。他认为，突现就是新的行动者以及新的行为方式的出现。图琴说："一个元系统跃迁是新控制层级的突现，常常伴随着先前存在的许多系统的整合。"他还指出，元系统跃迁是一个能够创造新的行动者的特殊行动，属于物理过程。在《科学的现象》一书中，图琴揭示了生物与文化进化最重要的事件是元系统跃迁，它是"进化的量子"，而进化是元系统跃迁的"量子阶梯"。可见，元系统跃迁既在结构上说明了系统的等级层次性，又在功能上凸显了高层次对低层次的一种控制关系。

复杂性是复杂系统理论的首要概念，现代社会中几乎每个领域都会涉及复杂性问题、复杂性概念和复杂性系统。复杂系统理论已经广泛应用于物理学、化学、生命科学、经济学、管理学、人文社会科学等各个领域。

从企业管理的角度看，企业组织可看作一个复杂系统。企业及其外部市场环境是多样、多变和多重的，也是非线性、非平衡和非对称的，同时具有整体性和自组织性。对于企业组织的管理，不能过度套用既有理论，得出精确的定量结论，而是要通过定性与定量相结合的方法，综合分析，寻找隐性联系和普遍规律。企业组织的发展目标即为集成与分享的最终目标，而企业组织的架构、功能和关系制约着集成与分享的过程，企业组织的表现是评价集成与分享的重要准则之一。由此可见，整体性、动态性、时空统一性、宏微观统一性以及确定与统一性等复杂系统理论的基本原理，为集成与分享的实践提供了工具指导。

集成与分享立足于复杂系统理论，站在更高层面寻求企业资源的优化，并采用非系统理论的范式进行分析思考。此外，集成与分享原理不仅要研究企业的自组织问题，还要对突现引起的跃迁现象进行探索，其中包括因集成与分享活动而造成的企业组织内在架构、行为、功能等方面的变化与规律。

存在跨界统一的规律性认识

耗散结构理论

复杂系统理论揭示了集成与分享的必要性，而耗散结构理论为复杂世界的跨界统一提供了规律性认识，为集成与分享提供了可能。20世纪60年代，比利时化学家普里戈金（Ilya Prigogine）在对远离平衡态物理现象的研究中，通过引入开放系统的概念，建立了耗散结构理论。耗散结构理论初步统一了物理规律和生物进化规律，同时为人文科学、生命科学和自然科学的统一奠定了理论基础。

耗散结构理论的研究重点是一个开放系统由混沌向有序转化的机理、条件以及规律。该理论认为，一个远离平衡态的开放系统（不论是力学的、生物的，还是社会的、经济的），当外界条件或系统的某个参量变化到一定的临界值时，通过涨落发生突变，即非平衡相变，就有可能从原来的混沌无序状态转变为一种时间、空间或功能有序的新状态。这种在远离平衡非线性区形成的宏观有序结构，需要不断地与外界交换物质和能量，以形成（或维持）新的稳定结构，普里戈金把这种需要耗散物质和能量的有序结构称为耗散结构，将系统在一定条件下能自发产生的组织性和相干性称为自组织现象。耗散结构理论是研究耗散结构的形成条件、机理、性质、稳定及演变规律的科学，又称为非平衡系统的自组织理论。

耗散结构的形成条件包括：（1）系统必须是开放的；（2）系统

必须远离平衡态；（3）远离平衡态的开放系统总是通过突变产生自组织现象，即存在某种临界值；（4）正反馈；（5）系统内部各个要素之间存在着非线性的相互作用；（6）涨落导致有序。

在实践层面，耗散结构理论具有极强的指导意义。首先，耗散结构理论不再将时间看作一个简单的运动参量，而是在非平衡世界中内部进化的度量，这为辩证唯物主义关于时间是一维的、一去不复返提供了新的自然科学论据。其次，耗散结构理论探索了系统在"平衡态—近平衡态—原理平衡态"的发展变化过程中，结构的平衡与不平衡、有序与无序、稳定与不稳定这几对矛盾双方相互转化的规律，从而使热力学和统计物理学的研究成果被用于解释生命现象。因此，结构稳定性的研究已成为生态系统计划的基础。再次，对于一个复杂系统，其系统内各简单要素之间存在着相互联系、相互制约（如正反馈、自催化、自组织、自复制等）的复杂现象。系统论认为，整体可以大于部分之和，可靠性低的部件可以构成可靠性高的整体。因此，如果系统处于远离平衡态，各个粒子之间的相互作用是非线性的，就必须考虑系统的复杂性和整体性，对于一个复杂系统，必须进行整体性的研究。在耗散结构中，相互作用具有非线性和相干性两个特点。最后，耗散结构理论认为，力学性和统计性、决定性和随机性之间并不是绝对对立的，不应该用一个去代替另一个，也不能直接将统计规律还原为力学规律。动力学和热力学、力学规律和统计规律、决定论和非决定论等，关系都是互补的。

除了被认为是复杂系统，企业组织也是一个开放系统，它隶属于社会经济系统。在发展过程中，企业组织不断从周围环境吸收资源，并在内部对资源进行集成与分享，最终形成新产品和新效用，从而得以生存和发展。当新目标出现或外部市场条件发生改变时，企业组织内部固有的集成与分享活动的平衡态被打破，进入非平衡状态。通过一段时间对新目标和外部环境的适应，集成与分享活动将达到更高层级的平衡态。在这种交替转换中，企业组织得到发展。如果将时间维度拉长可以发现，企业的集成与分享活动也存在着涨落，这恰恰反映了集成与分享的循环性特点，并与市场的变化保持一致。因此，企业在应对市场变化时应保持良好的敏锐性和适应性，从而实现对涨落的有效洞察、应对和驾驭。

知识管理成为集约化管理的同一基础

知识管理理论

工具保障了需要和可能之间的沟通，知识正是集约化管理的同一工具。新古典经济学是人类对知识的认知的开端。马歇尔（Alfred Marshall）最先发现了显性知识在经济生活中所起到的作用。他提出，存在于组织中的知识能够推动生产力的提高，然而马歇尔的观点仅局限于以价格信息所表达的知识。在马歇尔的理论基础上，索洛（Robert Merton Solow）进一步提出了著名的新古典经济增长模型，认为经济增长来自劳动要素、资本要素投入的增长和技术进步。技术进步与知识积累密切相关，但是该模型忽略了技术的进步，并且没有解释技术进步的原因，没有认识到知识对经济增长的突出贡献。

直到20世纪80年代中后期，罗默和卢卡斯提出了新增长经济理论（也称作内生经济增长理论），这才把技术进步纳入经济增长的内生体系，真正把知识作为经济增长最重要的因素。从本质上说，新经济增长理论是一种依赖技术和人力资本的经济外部性出现收益递增效应而推动经济持续增长的理论。它对知识管理有 3 个关键的启示：（1）新兴的经济是以思想为基础的；（2）新思想的探索与开发为经济的无限增长提供了可能；（3）知识积累导致技术变革，成为经济增长的原动力。

通过研究知识的经济属性，经济学家探究了知识对经济增长和企业成长的重要作用。知识具有公共产品的属性，如果知识创新者不愿将其拥有的知识创新进行分享，那么他的创新就不会被认可。更重要的是，知识的使用和分享能够使知识增加。从宏观来看，知识产品所带来的社会效益要远远大于给生产者个人带来的效益，这使得其公共产品属性更为明显。

在企业组织管理层面，激烈的市场竞争和开放的市场环境使各项资源可以在全球范围内流动，企业组织需要通过自身战略资源和资源集成与分享能力的提升来优化资源配置，进而增强企业组织的竞争优势。知识管理在本质上源自资源的战略观，因此知识管理理论可以被衍生到企业所有资源的管理当中，成为企业组织资源集成与分享活动的重要指导。通过借鉴知识管理理论，企业组织内的各种资源能够通过集成与分享活动产生最大化的效益。

技术把人类带入新的时代

信息系统集成理论

无论过去还是未来，是技术把人类带入新的时代。技术的发展使企业的集成与分享更加高效，信息系统集成就是提高企业效率的有力工具之一。在信息化的不同阶段，企业根据业务的不同需要，建立了许多独立的信息系统，这些系统孤立地分布在各个部门，采用异构的数据库，系统之间的信息相互隔离，不能共享，有时会相互冲突和重复，严重影响了企业内部信息的共享和交流，影响了企业决策层决策的制定。为解决这一问题，许多企业已经把信息系统集成提高到了战略高度。

什么是信息系统集成？人们从不同的出发点提出了不同的定义：根据西蒙·诺夫（Shimon Y. Nof）提出的模型，系统集成是指将分散的各种因素或单位结合成为一个更加和谐的整体，共享内部资源，使整个系统获得更好结果的过程。在这里，任何集成的成功都取决于参与集成的子系统之间的合作程度和人的合作行为，没有合作就没有集成。美国国际数据公司（IDC）认为，系统集成就是将软件、硬件和通信技术组合起来为用户解决、处理问题的业务。国际商业机器公司（IBM）认为，系统集成是将信息技术、产品与服务结合起来实现特定功能的业务。美国大型系统集成商 INPUT 公司认为，系统集成是由一家厂商全面承包用户的大型复杂信息系统，负责系统设计，利用硬件、软件与通信技术实施包括资源调查、文档管理、用户培训与运行支持在内的全面项目管理。根据美国信息技术协会（ITAA）的定义，信息系统集成是根据一个复杂的信息系统或子系统的要求，验明多种产品和技术并将其纳入一个完整的解决方案的过程。

综上所述，信息系统集成可以理解为：为实现某一应用目标而进行的，基于计算机、网络、数据库系统、大中型计算机应用信息系统的建设过程；是针对某种应用目标而提出的全面解决方案的实施过程；是各种技术的综合实现过程；是各种设备的有机组合过程。这个过程由技术咨询、方案设计、设备造型、网络建设、软硬件系统配置、应用软件开发、维护支持和培训等一系列活动组成。此外，信息系统集成还是一种系统的思想、方法和技术的集合。

信息系统集成的主要目标是建立一个整体的信息系统，提供集成化的信息，即具有一致性、共享性和适用性。信息系统集成是一个复杂的工程，包括物理信息集成、事理信息集成以及人因信息集成。由于要集成的子系统地理位置不同，所处理的业务侧重点也有差异，所以从时空特性考察，信息源有空间信息数据源、时间信息数据源和时空信息数据源3种。最终的集成系统应是集企业各个机构、各类人员及各种资源为一体的、协调运作的系统。

集成活动能够促进企业信息化建设的深入发展，信息集成可以深层次开发利用现有信息资源，为企业组织提供统一的信息平台，使其成为企业信息资源的一个存取应用中心，实现原有信息系统之间的集成与整合，使跨平台转换和操作成为可能。在企业内部，集成在信息管理方面的应用主要包括，但不限于技术平台的集成、数据的集成、应用系统的集成、业务过程的集成。在企业外部，通过互联网实现公众、社会团体、社会和客户的互动，实现企业内外部信息资源的有效交流和集成；通过与合作伙伴信息系统的对接，建立动态的企业联盟，发展基于竞争合作机制的虚拟企业，重塑企业的战略模式和竞争优势。

从管理学的角度来看，信息系统集成是企业为追求企业整体的持续竞争优势，以企业核心竞争力的识别、开发和利用为轴心，充分整合、调控企业的各子系统及其要素的一个整合性的管理理论、方法与技术有机结合的完整体系。一方面，通过集成活动对来源不同、形态不一、内容不等的信息进行筛选和整合，产生具有使用价值和分享价值的信息资源，从而实现企业内部信息的自由流动。另一方面，分享活动能够加强企业组织内部的有效信息交流和沟通，实现企业组织内部的有机融合。

求变和分享的愿望共同驱动发展

创新经济学说

创新是发展的原动力，分享则扩大了创新的成果，它们一起推动了企业的发展变化。"创新"一词最早由美国经济学家熊彼特（Joseph Alois Schumpeter）在 1912 年出版的《经济发展理论》中提出。创新是"建立一种新的生产函数"，是"生产要素的重新组合"，即把一种从来没有的关于生产要素或生产条件的"新组合"引进生产体系，以实现对生产要素或生产条件的"重新组合"。

创新集成就是将集成思想创造性地应用于市场、文化、知识、制度、技术、管理等创新实践的动态过程，即在创新方式上以集成手段为基础，在创新行为上以集成机制为核心，在创新思想上以集成理论为指导。创新集成的两个基本点是：第一，创新集成指用于设计、管理、控制、评价、改善企业的市场研究与开发、文化定位、制度安排、产品设计、工艺流程选择、加工制作、质量控制、销售与售后服务、财务状况分析等一系列活动的创新思想、方法的综合；第二，创新集成是一个破旧立新的动态过程，在不断与外界进行物质、能量、信息交换过程中，始终注重市场、文化、知识、制度、技术、管理、方法、手段等各方面的创新整合与匹配，以求得最佳的创新组合效果。

熊彼特在《经济发展理论》一书中指出，所谓创新就是把从来没有过的关于生产要素或生产条件的"新组合"引入生产体系。熊彼特还指出，新产品、新的生产技术、新市场、新的原材料供应和新的企业组织都是知识"新组合"的结果。熊彼特的理论不仅揭示了经济发展的内在本质，而且为后人研究知识创新提供了理论依据。阿罗（Kenneth J. Arrow）的边干边学概念也充分表明了知识积累的重要性，阿罗对各种行业生产过程进行的研究证明，在目前的劳动生产率和过去的劳动措施之间存在着正向联系，边干边学是指劳动者从生产过程中获得经验，从经验中学习，使自身人力资本不断增长。

熊彼特和阿罗发现了企业中存在的知识积累、知识创新现象，潘罗斯（Penrose）的企业增长理论以及尼尔森（Nelson）和温特（Winter）的演化经济学则将企业的知识积累机制与企业成长紧密联系起来。在潘罗斯看来，企业的成长过程是这样的：对生产性资源的使用产生生产性服务，生产性服务发挥作用的过程推动知识的增加，而知识的增加又会促进管理力量的增长，从而推动企业的增长。总之，企业增长离不开企业知识的积累。温特和尼尔森则用组织惯例来描述知识积累过程，他们认为企业是知识的仓库，企业把已有的知识储存在组织惯例中，并在经营过程中搜寻新的知识，形成新的惯例，企业就是在组织管理的搜寻和更新过程中不断演化成长的。

企业组织创新以提高企业持续的整体竞争力为目标，对资源进行创新性的集成与分享，而不是简单地对多种资源进行组合和分配。上述资源可以是已有的产品和技术，也可以是对现有的技术和产品甚至是配件等进行整合，创造出新的资源（产品、技术等），使企业组织在市场竞争中获得主动权，并实现创新水平的跨越。

分享经济理论

分享经济学从经济学的角度对集成与分享的效果做了专业论述。美国麻省理工学院经济学教授马丁·威茨曼（Martin Lawrence Weitzman）于1984年出版了《分享经济》一书。他认为，所谓分享经济制度，是指工资与某种能合理反映企业经营的指数相联系的分配制度。在分享经济制度下，员工与资本家一样可分享企业利润和剩余价值，分享经济的薪酬制度能够自动地促使企业多雇用工人。威茨曼的分享经济理论偏重于学理分析，而对分享经济制度进行具体设计的却是英国经济学家米德（Meade）。米德以劳动者是否拥有企业资本和参与企业管理作为研究标准，把分享方式总结为员工持股计划、劳动者管理的合作社、纯利润分享、纯收入分享及有区别原则的劳动资本合伙5种。在以上5种分享方式中，米德重点研究了纯利润分享和纯收入分享，而对于其余3种分享方式未做详细论述，但无论何种分享方式，皆存在一定弊端。威茨曼和米德的分享经济理论被视为现代西方分享经济理论的两大支柱，以此为基础，众多学者对分享经济理论进行了拓展与延伸，这主要集中在微观层面和宏观层面：在微观层面，主要是围绕分享计划中最终分享比例的确定、企业内部人力资本所有权控制以及对工人劳动生产率的影响等核心问题展开的讨论；在宏观层面，主要是指一些学者根据国民经济整体运行状况对利润分享制的实施所产生的质疑。

经济社会的发展，本质上是社会需求困境与社会资源稀缺的相互矛盾演化的关系模式。资本的高效使用与利润最大化增加了资源的稀

缺度，激励着新的技术需求，进而推动了创新。科学技术创新是多元
行为活动的结果，从科技活动选择（例如，集成与分享活动）、资本
运作，到科技共同体建立、社会应用、市场开拓等行为活动，共同构
建了系统的创新范式。

　　随着企业间生产、管理、供求等流程的社会化和国际化发展，以
企业为主体的，涉及产品研发、设计、生产、销售、服务等价值链全
流程的社会各种要素的利益和权利分享成为一种新的社会宏观分享模
式。也就是说，分享经济已经突破传统的企业微观边界，迈向全社会
的国际化宏观层面。例如，基于供应链协同的链际"收入分享"，基
于经济组织与社会组织共创价值的"价值分享"，基于消费视角、循
环经济、人地协同理论的"资源分享"或协同消费，以及与自然资
源领域的可持续发展相关的"生存空间分享"等，都适用于传统的
分享经济理论及其延伸理论。特别是，伴随着现代信息技术的发展和
广泛应用，以及消费环境的改善，以个人和组织共同参与，以自然资
源、在线资源、人力资源、资本资源、不动产资源、知识资源、产品
资源、品牌资源、信息资源等有形与无形的产品和服务为对象的资源
消费分享正成为当代经济发展的一个热点和大众创业的良好平台。它
不仅唤起了人类对资源再利用的环境保护意识，更是摒弃了传统的独
占式消费理念，树立了新型的使用优于占有、不求所有但求所用、闲
置就是浪费的社会消费态度。

　　作为一种生产型组织，企业通过对各种资源进行集成，打造核心
竞争力，形成比较优势。然而，分享经济学强调的则是分享的一端，
揭示出资源通过分享未必会越来越少，充分的分享在某种程度上可以
创造充分的就业，进而创造更大的社会经济价值。同时，分享经济还

能够带来精神上的收益，促进社会的整体效应。从这个角度来讲，集成未必就一定是输入，分享也未必就一定是输出，在一定的条件下，它们的端口会发生互换。

理性与道德会超越市场和政府配置资源

企业伦理学

理性与道德会超越市场和政府，也会影响企业的资源配置。正是企业伦理的存在，为集成与分享提供了动力和底线约束。企业伦理学（Business Ethics）是由管理学（研究经济管理活动以及经济管理领域的规范和制度）与伦理学（运用哲学、伦理学的一些基本原则和方法对经济管理行为或制度进行道德评价）双向互动和交叉而产生的，经过多年的发展与成熟，它已成为当代西方企业管理学流派中一个典型的代表。其实，企业伦理问题研究从亚当·斯密就已经开始，马克斯·韦伯则成为提出"企业伦理"概念的第一人。从市场秩序的角度来看，市场的公平与效率都需要以伦理为基础的经济秩序，从而节省交易成本。此外，伦理能够帮助企业建立良好的信用机制。从企业自身的角度来看，伦理与组织的有效性密切相关。一套良好的价值体系能够有效降低管理成本，因此对于取得和维持卓越的组织业绩来说十分重要。此外，伦理是市场上识别一家公司的关键，有助于公司与利益相关者建立牢固的关系。同时，伦理能够促进企业与社会团体、公共利益相关者等建立非市场关系。

企业伦理学的发展和实践对我国起到了启示和指导作用。1999年，厉以宁发表专著《超越市场与超越政府》，他旗帜鲜明地提出，习惯与道德调节是市场调节、政府调节以外的第三种调节。厉以宁认为，在市场力量和政府力量都无法涉及的领域，道德力量对资源的配置起到了主要作用；有了市场和政府以后，当遇到大动乱时，市场交换停滞，政府瘫痪，而此时起到维持社会经济秩序作用的依然是道德力量。厉以宁论述，从有关道德力量作用的分析中可以了解到，效率实际上有两个基础：一个是物质技术基础，另一个是道德基础。只具备效益的物质基础，只能产生常规的效率。有了效益的道德基础，就能产生超常规的效率。例如，历史上发生侵略战争时国民形成的高度凝聚力，抵御重大自然灾害时群众的顽强斗志，移民社会开创阶段所涌现的拓荒精神，都产生过超常规的效率，这种效率便来自道德力量。厉以宁称，市场调节在资源配置中所起的决定性作用是无形的；政府调节依靠法律法规政策是有形的；道德调节依靠自律、文化建设及乡规民约是"既有形又无形"的。

企业伦理首先要解决的是人的问题。企业伦理作为企业的无形资源，是人力资本的精神力量和实物资本的价值体现。人是生产经营的主体，是企业获得利润的核心资本，并在生产过程中发挥作用。然而，人是受一定意识形态支配和有价值导向的，人的道德觉悟直接影响和制约着劳动积极性和劳动能量释放，从而直接与利益挂钩。

任何一种经济体制同时意味着一种伦理道德文化体制，因为任何一种经济体制毫无例外地蕴含着某种文化、某种伦理道德规范和标准。企业伦理和道德是企业追求利润最大化及市场整体良好运作的内在要素。企业伦理和道德的作用在于调节市场秩序，合理配置资源，督促经济行为个体自觉选择道德的市场行为，其效果甚至会超越单纯的市场竞争和政府干预。这种作用有利于企业利润最大化的实现，从而成为企业的选择和追求，有利于市场整体的良好运转，从而成为市场需要的规范。在我看来，相较于政府干预和市场竞争，道德将在更大程度上帮助企业实现目标。

从企业组织管理的角度出发，企业组织应将集成与分享纳入企业文化当中。根据企业伦理学和道德调节理论，集成与分享应该秉承"以人为本"的理念，在集成与分享过程中强调伦理和道德观念，激发组织成员的责任感，提高道德意识，最大限度地增强企业组织及其成员的诚信度，减少组织内部人际关系的紧张，杜绝企业组织不诚信经营的行为，从而使企业减少内耗，降低管理成本。同时，只有具有诚信的企业才能在市场竞争中成为最终的赢家。比尔·盖茨（Bill Gates）和乔布斯（Steve Jobs）的成功，除了自身的努力和天赋之外，还因为他们培养了一支诚信和高效的团队，而这些团队所推崇的正是集成与分享。因此，企业伦理可以确保企业的集成与分享活动发挥最大的效能。

定量分析揭示本质

马歇尔的均衡价格理论

集成与分享的目的之一就是均衡。均衡包括静态均衡和动态均衡。静态均衡是指利用集成与分享的成果，展示集成与分享的意义，通过定量分析揭示集成与分享的本质；而动态均衡则是指在集成与分享的过程中，展示集成与分享的路径，进而在限定的范围内实现均衡。静态均衡的主要理论是均衡价格理论。均衡价格理论是由英国经济学阿尔弗雷德·马歇尔（Alfred Marshall）于 19 世纪末 20 世纪初提出。他采用折中主义方法把边际效用价值论、边际生产力论、生产费用论、供求价值论等融合在一起，建立了以"均衡价格理论"为核心和基础的经济学体系。

马歇尔的均衡价格理论认为，商品的价格是由商品的需求和供给决定的。马歇尔指出，消费者从商品所得到的愿望或欲望的满足称为商品的效用，消费者从单位商品得到的效用随着商品数量的增加而递减，这就是边际效用递减规律。另外，消费者购买商品，是因为商品具有效用。由于商品的边际效用随着商品数量的增加而减少，因此消费者对商品所愿意支付的价格（即需求价格）将随着商品数量的增加而降低。由需求价格和商品数量形成的表格称为需求表，由需求表形成的曲线称为需求曲线。马歇尔还指出，生产者生产商品所付出的劳作、节欲等代价形成生产成本或生产费用。由于单位商品的生产成本随着商品产量的增加而递增，因此生产者要求得到的价格（即供给价格）将随着商品数量的增加而上升。由供给价格和商品数量形成的表格称为供给表，由供给表形成的曲线称为供给曲线。

如果把需求曲线和供给曲线置于同一个坐标系，那么当需求价格高于供给价格时，产量将增加；当需求价格低于供给价格时，产量将减少；当需求价格等于供给价格时，商品产量和价格均形成均衡。用现代西方经济学的语言来说，商品的价格是由商品的需求和供给决定的。当商品需求量等于供给量时，商品的价格形成均衡。

马歇尔所采用的均衡分析方法在之后的经济活动分析中被广泛使用。"均衡"原是物理学的概念，它是指一个物体因受外力作用而沿着一定方向运动，同时受到方向相反的外力的作用，这两种力量的大小又恰好相等，物体因受力均衡而处于静止不动的状态。马歇尔首先将这一概念引入经济学。经济学中的"均衡"是指经济体系中变动着的各种力量处于平衡状态，以致这一体系内部不存在变动的趋势，这是一种所有重要经济变量都保持稳定不变的状态，即经济体系的各种有关变量的变动恰好互相抵销，没有引起重要经济变量发生变动的压力和力量。马歇尔正是利用供给和需求这两种力量平衡和相等来说明市场体系的均衡，从需求价格和供给价格的相互关系来说明均衡价格的形成。因此，均衡分析方法作为分析市场结构以及各种商品供给、需求态势的经济分析方法具有普遍意义。

均衡价格理论中有关供给、需求、价格之间函数关系的分析，对产品价格的形成具有一定借鉴意义。尽管马歇尔用价格决定取代了价值决定，但是他关于供给、需求、价格之间函数关系的分析并非完全错误，在一定意义上，这是对价值规律作用形式、市场机制实现形式的分析，对价值规律与市场机制作用的研究来说具有重要意义。

均衡价格是指供给和需求相等时的价格，因此均衡价格不同于不断发生变化的市场价格，它在一定意义上反映了各部门之间按一定比例分配社会劳动的要求，是按比例分配社会劳动的客观必然性的表现。因此，研究均衡价格对于搞好各部门之间、各种商品之间的平衡发展，实现市场均衡来说，都具有重要意义。

在企业组织的集成与分享活动中，马歇尔均衡价格理论有助于管理者运用以边际分析为特征的数学分析法找出决定集成与分享活动的变量和参数，并进行相对准确的定量分析。此外，数学分析法所固有的逻辑性，使其能进行严密清晰的理论推导，不仅能准确地表述集成与分享的活动内容，而且有助于处理各种复杂过程，揭示集成与分享的规律，提高集成与分享活动的效率。

在限定的范围内实现均衡

纳什均衡论

1944 年，冯·诺依曼（Von Neumann）和奥斯卡·摩根斯坦（Oscar Morgenstern）合著了《博弈论和经济行为》，这部著作被认为是博弈论研究的起点。博弈论用于分析所观察到的决策主体相互作用时的现象，在给定的条件下寻求最优的解决方法。博弈可以划分为合作博弈和非合作博弈，而区别主要在于当行为相互作用时，当事人能否达成一个具有约束力的协议。如果能，就是合作博弈；如果不能，就是非合作博弈。合作博弈强调的是团体理性、效率、公正和公平；非合作博弈强调的是个人理性、个人最优决策，其结果可能是有效率的，也可能是无效率的。经济学家谈到博弈论，一般指的是非合作博弈。博弈的要素包括参与者、行动、信息、策略、支付、结果和均衡。根据参与者行动的先后顺序，博弈可以划分为静态博弈和动态博弈。根据参与者是否具有其他参与者（对手）的特征、策略集合及支付函数的知识，博弈可以划分为完全信息博弈和不完全信息博弈。

约翰·福布斯·纳什（John Forbes Nash）于 1950 年在题为《非合作博弈》的博士论文中给出了博弈均衡定义及其存在性的理论，从那时起，纳什均衡的存在性就成了博弈论研究的一个主要方向，并取得了很多有深远意义的研究成果。

纳什均衡就是博弈中每个博弈方策略构成的策略组合，其中每个博弈方的策略都是针对其他博弈方策略的最佳反应。所谓"最佳反应"指的是该策略带给采用它的博弈方的利益或期望利益大于，至少不小于其他任何策略能够带来的利益。在非合作博弈中，如果参与者当前选择的策略形成了"纳什均衡"，那么对于任何一位参与者来说，单方更改自己的策略不会带来任何好处。我们可以换一个角度来理解纳什均衡：假如在博弈之前，所有的参与者达成一个协议。如果不存在外部强制执行的情况，每一个人是否有积极性去自觉遵守这个协议？如果每个人都有积极性遵守这个协议，这个协议就构成一个纳什均衡。也就是说，给定这个协议，在别人遵守的情况下，没有人会有积极性选择不同于这个协议的行动，这个协议就是一个纳什均衡。反之，如果有人有积极性单方面背离这个协议，那么这个协议就不是一个纳什均衡。

现代社会经济活动的复杂性使纳什均衡理论的地位日益重要。纳什均衡能够帮助我们更好地理解社会制度（包括法律、政策、社会规范等）。任何制度，只有构成一个纳什均衡，人们才能自觉遵守。纳什均衡不一定是帕累托最优的，但有效的帕累托最优只有通过纳什均衡才能实现。有效的制度设计，就是通过实现纳什均衡获得帕累托最优。

纳什均衡在经济学上的理论特点是它有十分强的洞察力。它允许我们考虑更多、更复杂、更深层次的关系或因素。因此，它适应了现代经济学从相对简单化向复杂化和接近实际转变的需要，适应了现代经济学从单纯分析供给者与需求者之间的局部均衡、一般均衡的研究方法向全面考虑经济活动中供给者与需求者之间、供给者与供给者之间、需求者与需求者之间动态交互的博弈均衡的研究方法转变的需要。正是在这个意义上，它构成了现代经济学分析方法的基础。

在企业组织内部，可以将集成与分享活动看成一种博弈，要想使整个过程达到纳什均衡，就要使参与的组织成员对集成与分享活动的目标、内容、过程等达成共识，同时参与者还必须满足共同正确预期的假设。只有当每个参与者对其他参与者的预期是正确的时候，由他们所完成的集成与分享活动才能形成纳什均衡。

在企业管理方面，纳什均衡的多重性使得管理者面临诸多的不确定，这在一定程度上制约了博弈论的应用。然而学术界已经通过多种方法，使管理者根据企业组织所处的行业、性质和发展阶段，综合风险类型等多种因素，对多种纳什均衡进行选择，最终实现风险和收益的平衡。

纳什均衡的概念也适用于企业组织与其利益相关者之间的博弈。纳什均衡告诉我们，当管理者做决策的时候，必须要考虑利益相关者的立场，而不是一意孤行，因为利益相关者也是理性的，也有其动机。因此，只有在企业组织与其利益相关者之间建立集成与分享机制，做到信息对称，才能使企业组织的决策完全符合利益相关者的需求，最终形成纳什均衡。

第二节　集成与分享的定义

集成与分享过程涉及许多要素，而且这些要素在集成与分享的语境中产生了新的内涵，如果没有统一的认识和规范，容易引起歧义和误解，因此有必要对相关概念进行定义和解析。

相关概念设定

组织

从现代意义上讲，组织在广义上是指由诸多要素按照一定方式相互联系组成的系统；在狭义上，组织是指人们为了实现特定目标，相互协作而结合的集体或团体。在现代社会生活中，组织是指人们按照一定的目的、任务和形式编制而成的社会集团。组织不仅是构成社会的细胞和基本单元，而且是社会的基础。

对于组织的内涵，有以下几种典型的理解：（1）组织由人组成。与一般群体相比，组织更能发挥整体优势，产生大于个人的力量，体现最大、最优的价值。组织中人际关系的好坏决定着组织目标能否实现，因此在指挥组织时需要管理者的聪明才智，使组织中的人互相吸引、相互合作、共同努力，确保以最高效率实现目标。（2）组织是存在共同目标的。组织的存在和设定基于特定的目标，组织目标是一个目标体系，组织所有的活动都会围绕这个目标体系而展开，同时承担一定的社会功能。人们因为共同目标而聚集在一起，并为之努力和奋斗。（3）组织是有边界的。任何组织都处于一定的时间和空间当中，组织成员的精神、行为、作风、信仰等都有一定的特征，这使得每个组织能够区别于其他组织，独立存在。（4）组织是一个相互协作的体系。哈尔·雷尼（Hal G. Rainey）指出，组织就是组成整体的一系列机构，这要求个人和单位的活动必须做到协调一致。组织的协调关系体现在3个层面：人际关系、人群关系和群体关系。一个群体如果需要产生更大的效用、更高的效率，就要分工明确，用组织的制度来规范每个成员，形成一个有机的整体，使整个组织协调运转，最终实现组织目标。

在本书中，组织特指从事经济活动且具有营利性质的企业组织，也可称为公司。

资源

根据《辞海》对资源的解释，资源有以下几方面的含义：第一，资源是指资财的来源，一般指天然资源和社会资源。第二，资源是一国或一定地区所拥有的物力、财力、人力等物质要素的总称，分为自然资源和社会资源两大类。前者包括阳光、空气、水、土地、森林、草原、动物、矿藏等；后者包括人力资源、信息资源以及劳动创造的物质财富等。

马克思在《资本论》中说道："劳动和土地，是财富两个原始的形成要素。"恩格斯的定义是："其实，劳动和自然界在一起它才是一切财富的源泉，自然界为劳动提供材料，劳动把材料转变为财富。"[①] 马克思、恩格斯一方面指出了自然资源的客观存在，另一方面强调了人的因素（包括劳动力和技术）在财富创造中举足轻重的作用。

此外，资源还可以理解为一切能够被人类开发和利用的物质、能量和信息的总称，它广泛而普遍地存在于自然界和人类社会。换句话说，资源就是自然界和人类社会中一种可以用来创造物质财富和精神财富，并且具有一定量的积累的客观存在形态，如土地资

---

① 《马克思恩格斯选集》第 4 卷，第 373 页，1995 年 6 月第 2 版。

源、矿产资源、森林资源、海洋资源、石油资源、人力资源、信息资源等。

现代管理学认为，企业组织资源可分为广义资源和狭义资源两种。从广义来说，企业组织资源是为企业组织发展创造价值的一种价值要素。基于这种观点，企业组织资源有两种主要的描述方式：一种是对资源进行具体的罗列，认为企业组织资源是能被企业组织控制的，能够提高企业组织战略构思制定与实施的，并能够为企业组织发展创造价值与效益的所有资产、能力、组织流程、企业组织属性、信息、知识等要素的总称；另一种则对企业组织资源的构成进行抽象与概括的描述，认为企业组织资源是组成企业组织的基本要素（资源要素）、基本要素间关系等的统称，也就是指所有能够创造企业组织价值的要素及其组合关系。狭义资源观认为，资源与能力之间存在关键差别，所以应将企业组织资源和能力加以区分。因此，企业组织资源是企业组织拥有或控制的有用的要素存量。企业组织资源可以通过与其他资产和结合机制共同作用，转化成最终产品或者服务。而能力则是指企业组织有效利用资源（一般通过整合和利用流程）以达到所需要结果的技能。

在本书中，资源特指信息、数据、知识、货币、物质资料、组织、系统、战略、技术、人力、资产等有形要素和无形要素的总称。

流

"流"的汉字释义为物质在库与库之间的转移运行。在物理学中，"流"指的是物理运动。从复杂性科学的角度来看，"流"用于表示系统中个体与环境之间，以及个体相互之间物质、能量和信息的交换。近几年，随着信息科学和网络的发展，数据、知识、信息的传递和交换日益频繁，而这些过程也可以用"流"来表示。例如，在Java语言中，对数据的输入和输出操作就是以"流"的方式进行的。越复杂的系统，交换和传递的过程就越频繁，流也会随之变得更加错综复杂。从经济学的角度来看，流有两个非常著名的特性：一是乘数效应，二是再循环效应。

资源是可以在不同的组织间转移和流动的，对于这种流动的量可以给出一个定义：资源流量就是某阶段资源的转移量，有流入量和流出量之分。之所以会有资源的流动，是因为组织间存在着对资源的需求势。一方面，某个组织对资源的吸纳量大，资源的占有量也大，于是就产生了对资源的不断需求。越是资源占有量大的地方，资源的需求量也就越大，消耗越大，需求势也就越高。另一方面也应注意到，资源应用水平低的组织，为了提高运行水平，也需要扩大资源的占有量，也有需求势。需求势必然会导致资源的流动。除了需求势的差别，资源还会由于其他过程和目的发生流动和转移。资源的流动过程中存在着"马太效应"。因为资源越是集中的地方，物质生产和精神消费也就越高，于是就更能吸收资源。如果在一个组织中流入和流出的资源相等，且该组织无法自行产生资源，则组织中的资源存量总值不变，这样便达到动态平衡。

在本书中，流特指资源借助集成、分享轨道，在不同组织或同一组织之间的移动过程。

轨道

在《现代汉语词典》中，轨道的释义包括：（1）用钢轨铺成的供火车、有轨电车等行驶的路线；（2）天体在宇宙间运行的路线；（3）物体运动的路线，多指有一定规则的，如原子内电子的运动和人造卫星的运行都有一定的轨道；（4）比喻应遵循的规则、程序。

轨道可以看成是资源流动的所有方向。资源流动最终选择的轨道本质上是企业在特定目标的指引下，对资源进行的权衡和取舍活动。由于目标的差异性，轨道之间产生了强弱之分。轨道的形成是技术可能、市场需求等诸多因素的联合作用。

在本书中，轨道是指在目标设定的前提下，资源从一个组织向另一个组织运动或转移所遵循的轨迹、路径、逻辑或流程。

聚合

聚合，有结合、团聚之意，是指将分散的事物聚集到一起。聚合还是有机化学和高分子化学的重要术语，是指将一种或几种具有简单结构的小分子物质合并成为具有大分子量的物质的化学过程。此外，在网络和计算机用语中，聚合指的是对互联网的海量信息进行内容挑选、分析、归类和集合。

在本书中，聚合是指在一定目标的指引下，将多个组织内具有关联性的资源归集，并引导归集后的资源产生相互作用和影响的过程。

主要概念设定

集成

近几年，不同学科领域的学者从不同的角度对集成进行了深入的

研究，但在不同的语境和背景下，集成的含义不尽相同，归纳起来有以下 5 种：

（1）集成是指把不同的人群混合在一起的行为或过程，即把来自不同群体的人们组合成一个整体。

（2）集成是指把两种或两种以上的事物结合在一起的行为或过程，以便它们共同工作，即将若干部分或对象加在一起成为一个统一的整体。

（3）集成是一种集中控制的状态，或和谐秩序的状态，或完成整体的状态。

（4）集成是将关键要素的优势、功能和结构整合形成统一整体的思考和优化过程及方法，其目的是实现有效竞争和优势互补。

（5）集成是一种综合集成方法，把人、知识和工具结合起来，把定性和定量方法、理论和实践、动态和静态过程、宏观和微观层面、集中和分散状态等集成起来，它是从整体上思考和解决问题的系统方法论。

综合以上 5 种含义，集成是指把两种或两种以上的资源集合在一起并组成一个有机系统的行为或者过程。这种资源之间的集成并不是简单的叠加或合并，而是一种符合一定规则的科学构造和组合，集成的目的在于提高这个由多资源组合而成的组织的整体功能。

集成管理就是指将集成思想应用于企业组织管理实践，即在管理思想上以集成理论为指导，在管理行为上以集成机制为核心。

在本书中，集成是指按照设定的目标，以组织为载体，按照既定的轨道，将资源在秩序、结构、功能等方面进行聚合重组，产生新的资源形态的过程。

分享

分享的字面意思是，在非强迫、诱骗、偷盗的前提下，获得他人同意，与他人共同享受、使用、行使。根据分享物的性质可以将分享分为 3 种类型：（1）实物分享；（2）感受、体会、思路、创意、计划、方案等精神类产品的分享；（3）权利、义务、责任、风险、利益等的分享。第一种分享体现了个人的修养与习惯；第二种分享体现了团队或行业的文化与价值取向；第三种分享体现了事业运作的机制。

在过去的研究当中，不同的学者从不同的角度对资源分享进行了深入探讨。有些学者从社会学角度提出，分享是一种关系的表征，将有特定目标和任务的人群绑定在一起，把焦点放在有价值的资源上，协调互助，集体行动。学者们还提出，资源分享是社会发展中行为主体的一种权利，一种不可剥夺的人权，是人类的理想，是一种社会整体与社会个体成员之间的理性妥协。约瑟夫·斯蒂格利茨（Joseph Stiglitz）提出，参与分享的实体是相互融合、一致或"同舟共济"的。还有一些系统工程领域的研究人员从科学和调配资源的角度对资源分享进行了定义，他们认为资源分享是系统中众多用户对资源的共享和利用。大卫·科利斯（David Collis）和辛西娅·蒙哥马利（Cynthis Montgomery）提出，分享和调配构成了协调制度的两种形式。

可见，分享是一个应用较为广泛的词语。但仅从一般字面上理解，似乎无法体现其在理论研究和实践操作中的内涵。从社会经济活动和管理组织行为两方面给出的分享的含义是，在任何系统的科学发展中，在组成、功能、机制、制度以及文化配置方面，对共有、共存、共同的主动追求，并对享受、享用、享有的现实期待，然后运用控制、规范等手段去处理这方面的管理问题。"分"和"享"是有机结合和相互影响的，"享"是"分"所追求的目标，"分"是实现"享"的必然手段和途径。值得强调的是，分享不能狭义地理解为不讲原则、排斥差异和竞争的共有、同享，而是强调既有付出，又有收获，应该在权利和义务之间取得平衡。实际上，资源的分享具有竞争性、持续性、创新性和变迁性等特性。

资源分享以实现资源最优化配置和价值创造为目标，以信息为基础，以合理的企业组织结构为支撑，以技术为手段，提高企业组织整体的应变和创新能力。从管理实践层面来看，它追求的是在整个管理过程中最大限度地实现资源共享，以便最恰当的资源在最恰当的时间传递给最恰当的使用者，有效实现资源要素的价值转移。从状态上看，资源分享是指组织成员及子组织之间在资源转化与协调机制作用下所形成的资源充分共享，价值创造力极大提升的一种优化状态。资源分享首先源于理念，然后逐步发展成为组织各方的合作。

在本书中，分享是指在集成的基础上，在组织及其辐射的一定范围内，在有道德约束的条件下，精神或物质上共同享有新资源成果的过程。

集成与分享

在管理实践中，集成与分享活动并不是孤立进行的，在一定的目标下，两者之间存在着共生共存的关系，相辅相成，协调发展。

集成与分享的主体是企业组织中的每一位成员。其中，管理层既是集成与分享活动的组织者，也是协调者，而其他成员是资源集成与分享活动的执行者、配合者。在资源集成与分享的过程中，管理层必须充分调动各成员的主观能动性。

如果把集成与分享当作一个完整的系统，那么要提高系统的整体能力和水平，就需要增强集成与分享活动的参与者对系统的依赖性，通过系统内部的有效分工，塑造相互间集成与分享型的资源关系。在此基础上，管理层及各个成员将自身的资源输出，形成企业组织资源的集体化拓展，对资源进行创新与发展，使其成为一种全新的资源。从企业组织成员的角度来看，集成与分享可以帮助成员吸收与获取其他资源，并转化为自身需要的个性化资源。

本书将集成与分享视为一个整体，并定义为：在同一客观条件下，兼顾集成与分享的动态均衡，寻求集成与分享公约价值最大化的管理过程。

第三节　集成与分享的原理表述

在现象分析、过往理论支撑、条件设定的前提下，集成与分享原理的系统表述逐渐清晰。

原理表述

在组织法人治理结构完备的条件下，组织的管理行为要保持集成与分享的动态均衡，在意愿表达、利益分配、资源配置、风险控制等环节做出优化选择，并在选择中实现公约价值的最大化。

原理的含义

反映对立统一规律

集成与分享在管理理念上体现为归集性与发散性的对立统一；在管理价值上体现为经济性与道德性的对立统一；在管理行动上体现为包容性与适用性的对立统一。集成与分享互为目的，集成为分享提供了对象和动力，而分享扩大了集成的范围，改变了集成的状态。集成与分享互为基础，二者协调统一，人为地割裂集成与分享之间的内在联系会导致彼此存在基础的消亡。如果缺少分享过程，集成最终会由于集中过度而失效，或由于结构失衡而塌陷；如果缺少集成过程，分享将成为无源之水、无本之木，失去目标和对象。

包容差异化和优化结构

之所以要进行集成与分享，就是因为企业组织在资源数量、内容或诉求等方面存在不同。集成与分享的结果，就是最大限度地消除差异化带来的分歧，创造平等的时间和空间条件，保持组织结构的适应性。集成与分享原理倡导机会平等，目的是实现组织的和谐发展，通过包容差异化的客观制约条件，优化组织结构和资源结构，为弱势或小众群体提供保护。集成与分享原理要求成果最大限度均等，打破限制集成与分享活动的壁垒，实现信息共知、资源共享、组织共治，以降低组织的综合成本和风险。

消除信息不对称性

在市场经济活动中，由于限制条件包括人为意愿因素，因此人们对有关信息的了解并不是全面的，甚至是错误的；信息比较充分的主体处于有利的地位，而信息匮乏的主体则处于被动地位。不对称信息可能导致逆向选择（Adverse Selection）。集成与分享原理客观上强调信息来源的公开性和方式的水平性，使信息成本降至最低，无论是对集成方还是对分享方，信息完全对称。集成与分享原理将集成、分享作为一个整体，同时考量两个过程，整体性的重要含义就是信息的高度对称。

批判和纠错机制

集成与分享的最终结果是改变，改变就意味着对原来的否定、批判；集成与分享的过程是扬弃的过程，扬弃意味着有继承、有放弃、有保留、有调整。集成与分享原理反映的实质不是无原则的平衡、中和，而是包含着鲜明的批判色彩和纠正机制。集成与分享强调有效性是指其结果要引入创新性内容。集成与分享原理的实施是以资源分散为前提特征的，其结果的批判性和纠错机制体现在共同的基础上。因此，要保持主体的相对独立性、自主性和灵活性以及主体之间的协调性。对企业组织来说，经过批判的新的集成与分享成果可以使企业更大限度地进行组织资源协同并产生规模经济效应。资源分享可以体现在战略以及目标安排上，体现在资源库的搭建上，而不是对资源分享者的自主行为进行干预。

过程动态循环

集成与分享活动是企业组织不断从内外部环境整合相应资源，并把形成的新效用输出到环境中，从而获得再发展的过程。然而，集成与分享活动并不是一成不变的。当新目标出现或外部生存条件发生改变时，集成与分享活动的相对平衡状态就会被打破，这时就需要创造出新的平衡状态，并由此开始新一轮的集成与分享过程。集成与分享过程从次序上说是"集成—分享—再集成—再分享"的循环反复；从逻辑上讲是"量变—质变—新的量变—新的质变"的动态过程。从量变到质变的过程中，集成是分享的基础；而从质变到量变的过程中，分享是集成的目标。集成与分享是一个融合交互、循环往复的过程。

强调均衡

利益相关者多元化是企业组织发展的必然趋势。集成与分享的核心目标和客观效果就是均衡。企业组织内部的均衡状态，关键在于组织所提供的环境价值与组织成员所做贡献之间的协调统一。企业组织的均衡不仅体现在治理结构、决策、生产、运营和分配等方面，还体现在战略选择、风险控制、激励机制、人力资本管理等方面。概括地说，组织的集成与分享过程均衡：组织的产品或服务的输出与市场的需求要均衡；组织的社会责任和生态环境建设要均衡；组织的价值观和行为规范要均衡；组织的利益相关者话语权要均衡；组织的风险控制能力和创新活动要均衡等。总之，集成与分享原理所追求的愿景价值是寓于均衡状态中的。

反映时空和价值效应

效应已经成为价值衡量的重要方法之一。集成与分享的效应是综合的：集成与分享能够创造时间效应、空间效应和价值效应。各种参数、维度的组合产生集成与分享的综合效应。在时间维度上，集成与分享强调效率、速度；在空间维度上，集成与分享强调范围、强度、方式和途径；在价值维度上，集成与分享强调最大的范畴与人的普遍价值观相协调。效应体现在过程之后的结果上，因此集成与分享的时空效应和价值效应是执行层面破解各种牵绊和限制，与"集约性的集成、有效率的分享"有机统一的产物。

主张开放、普惠和创新

集成与分享的过程是开放的，否则就失去了存在的前提条件；集成与分享的结果是普惠，否则就失去了分享的必要性；集成与分享的驱动力是创新，否则就失去了运行的推动力。企业组织的开放受竞业限制的规定有其局限性，但为了实现可持续发展目标，企业组织必须在内部、内部与外部之间保持畅通的信息、资源流动和交换通道。组织的普惠性首先要体现在内部资源和外部责任的平衡上，既不能不顾内部资源支持一味满足外部市场需求，也不能封闭资源只普惠组织内部的小众，而是在保证可持续发展的基础上，最大化满足利益相关者（包括外部市场）的内在需求。其次，普惠性要保证在受众范围内实现公平和公正，这是普惠性得以落实的必要条件。创新将是集成与分享的鲜明主题，组织通过创新性的集成与分享，优化和巩固核心竞争力，保持专属领域的市场地位和影响力。

追求公约价值最大

集成与分享的目标是，通过优化资源配置，提高资源的利用效率，确保资源分配的公正性和合理性。受价值观、利益或意愿的驱使，企业组织利益相关者的判断和决策很难保持统一，集成与分享的过程就是在诸多的分歧中，最大限度地保持利益相关者的共同性和一致性，即最大限度地满足利益相关者共同认可的价值要求，实现"公约价值"最大化。公约价值体现在参与者联合生产的协作过程和合作效率，也体现在不同资源对企业组织价值的贡献程度。企业组织通过集成与分享培养自身的公约价值，促进组织长期价值最大化目标的实现。

模型

为了更加清晰地解析集成与分享原理，本书构建了 3 种集成与分享模型：形象模型、数学模型和结构模型。

形象模型

集成与分享的形象模型如图 2 - 1 所示。从总体上看，形象模型具有以下特点。

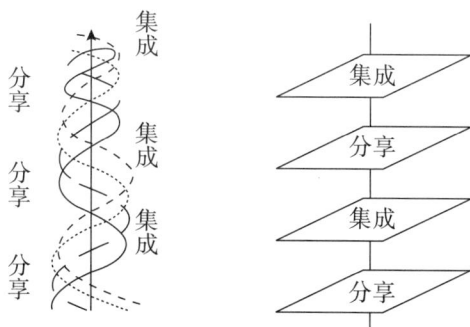

图 2 - 1 集成与分享的形象模型

复杂性和上升性并存。形象模型的形态反映出，受不确定性因素的干扰，集成与分享过程表现为曲折、反复、交织、博弈，但总体的趋势是向上、向前的。这种形态表明，组织内外部资源流的流动、整合，流动的轨道，聚合，以及聚合后新资源流的形成，新资源流的交流和应用，是一个复杂的过程。同时，集成与分享过程中，新资源流的形成是朝着有利于组织发展、适应外部环境变化的方向进行的。

收敛过程和发散过程并存。资源流的有效集成不仅能够扩大资源选择空间，而且能够提高资源的整合程度，这体现了集成的收敛性；而新资源流的充分分享则能够实现分享对象的多样化和有限最大化，体现了分享的发散性。收敛和发散两者之间共生共存。集成与分享的收敛与发散统一在一个协调的过程之中。在目标明确、一致的前提下，持续的收敛和发散能够提高集成与分享的效率。

付出过程和收获过程并存。集成需要资源的投入以及体力和脑力的付出，以充分获取和整合内、外部资源，这是集成的有效性的基础。有效的集成不但为分享奠定了资源基础，还能够增强资源的选择和鉴别能力，保证分享的顺畅和多样化。分享则是将集成的资源在组织间进行再分配并加以利用，将初始资源转化为新的生产资源，使其发挥最大的效能。

层级的跃进。在一定的目标条件下，集成与分享的资源流具有较强的针对性、目的性，能够实现结构优化选择，并通过资源流的聚合作用、螺旋运动，最终达到新的均衡。呈螺旋形的运动起始于对分散资源的有效集成，之后通过对整合资源的分享，终结于更高层次的集成。集成与分享可能会出现暂时下降的现象，但如果能及时有效地调整策略，根据新的目标对资源进行组合、重构和分配，那么集成与分享将进入更高的状态水平。

数学模型

集成与分享的数学模型的函数表达式为：$R = f(I, S)$。其中，R 表示企业组织管理活动的绩效；I 表示集成活动；S 表示分享活动。

数学模型强调了资源的集成与分享过程和管理活动的绩效之间的函数关系，集成与分享过程作为自变量，能够直接对管理活动的绩效（因变量）产生影响。此外，由于资源具有扩散性和多变性，因此在应用此数学模型时还应充分考虑影响集成与分享过程的相关因素，明确最终目标，提高集成与分享的效率，掌握其中的隐性联系和规律。

当外部环境发生变化或新目标产生时，企业组织对资源的需求将会增加，而这会对企业组织的集成与分享能力提出更高的要求。在一般情况下，企业组织发展所需要的资源集成与分享能力与其实际的资源集成与分享能力存在着"位势差"，因此企业组织必须通过多种方法和途径来提高其实际的资源集成与分享能力。例如，对原有组织构架进行整合调整，对人力资本结构进行优化，加强研发能力和知识交流等。根据集成与分享原理，集成与分享主体的知识存量水平、信息吸收和处理能力以及沟通协作能力，对组织内部资源的整合利用具有正向作用，有利于提高组织抗外部环境干扰能力，降低或减少对外部环境的依赖，从而对外部资源的获取产生反向作用。

从管理学的角度来看，由于企业组织的性质、所处行业、所处发展阶段不同，集成与分享过程和管理活动的绩效之间的函数关系也不尽相同。本书所确立的函数关系忽略了对具体函数关系的确定性研究，只是从宏观的角度体现资源的集成与分享活动和企业组织管理的绩效之间的关系。

结构模型

集成与分享的结构模型如图 2 – 2 所示。其中，横向坐标表示企业组织集成的水平，纵向坐标表示企业组织分享的程度。结构模型通过定性与定量相结合的方式，对企业组织的一个集成与分享周期进行评价，为管理者提供决策依据和智力支持。集成与分享是相对独立，又普遍联系的两个活动，分别以企业组织资源的集成水平与分享程度作为坐标，可以较为清晰地揭示企业组织资源集成与分享模式的选择框架。

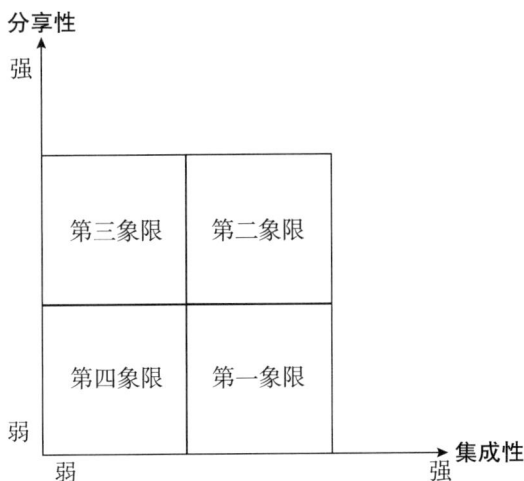

图 2 – 2　集成与分享的结构模型

"集成性评价"与"分享性评价"的目的在于分别确定资源集成与分享活动的必要性、合理性、可能性及预期成果等。一般来说，在进行评价时，需要考虑的评价因素包括：（1）集成与分享的对象（资源）选择是否合理；（2）开展集成与分享活动的内、外部条件或工作基础是否具备；（3）集成与分享的方式与途径是否明确有效；
（4）集成与分享活动的（预期）成果是否明确且有意义；等等。

在企业组织中，可以开展集成与分享活动的资源范围十分广泛，
因此导致评价指标的表现形式多种多样，无法统一。我们建议可以根
据评价对象的不同，采用头脑风暴、德尔菲法或专家调查等方法来确
定评价指标体系。评价指标体系应由一组既独立又相互关联，能较完
整地表达评价要求的评价因素组成，并满足科学性、系统优化、通用
可比、实用性和目标导向等原则。此外，由于各评价因素对集成与分
享活动的影响程度不同，因此对于那些能够产生直接和显著影响的因
素应给予格外的重视与关注。在评价因素确定之后，还需要根据各评
价因素的重要性和相关性进行综合考量，并赋予不同的权重。权重越
大的因素表示对集成与分享活动的影响越显著。全部评价因素权重的
总和为100％。与确定评价因素的方法类似，在确定各因素的权重
时，也可以采用头脑风暴、德尔菲法或专家调查等方法。

在评价因素及其相应的权重确定之后，评价的基础性工作就已完
成。此后可以采用评分法对评价对象的各评价因素逐一打分，再用得
分乘以权重，最后得出每个评价因素的加权平均分。而所有评价因素
的加权平均分之和的高低则反映了"集成性"或"分享性"的强弱。
评价过程中所涉及的计算公式如下：

$$F_i = W_i \times S_i$$

$$T = \sum_{i=0}^{n} E_i$$

$$P_i = \frac{F_i}{T}$$

其中，i 为评价因素；W_i 为评价因素 i 的权重；S_i 为评价因素 i 的得

分；F_i 为评价因素 i 的加权平均分；T 为所有评价因素的加权平均分之和；P_i 为评价因素 i 的分值比例。

表 2 – 1 为"集成性"与"分享性"量化评价过程的示例，表中列出了 5 项评价因素，其中"评价因素"（第一列）与"权重"（第二列）通过头脑风暴、德尔菲法或专家调查等方法确定，"得分"（第三列）为参与评价的所有人自主评分结果的算术平均值，第四列为各"评价因素"的加权平均分之和，分值比例（第六列）表示各评价因素对集成性与分享性强弱的影响程度。

表 2 – 1　集成性与分享性量化评价过程示例

评价因素 （i）	权重 （W_i）	评分 （S_i）	加权平均分 （F_i）	加权平均分之和 （T）	分值比例 （P_i）
1	W_1	S_1	$F_1 = W_1 \times S_1$		$P_1 = F_1 / T$
2	W_2	S_2	$F_2 = W_2 \times S_2$	$T = F_1 + F_2 + F_3 + F_4 + F_5$	$P_2 = F_2 / T$
3	W_3	S_3	$F_3 = W_3 \times S_3$		$P_3 = F_3 / T$
4	W_4	S_4	$F_4 = W_4 \times S_4$		$P_4 = F_4 / T$
5	W_5	S_5	$F_5 = W_5 \times S_5$		$P_5 = F_5 / T$

在确定了评价对象的"集成性"与"分享性"的加权平均分之后，可在二维平面图（横轴为"集成性"，纵轴为"分享性"）上标出相应的点，根据该点所处的象限位置，即可判定管理活动中资源的集中与分享是否平衡。第一象限：资源的集成水平较高，而分享程度较低。在这种模式下，资源过度集中在个别组织当中，缺少公平合理的分享机制。这种过分集中的管理活动不利于企业组织的发展和创新，很难实现可持续发展的目标。第二象限：企业组织成员间资源的集成水平较高，同时分享程度也较高。在这种模式下，集成与分享取

得了动态平衡。对企业组织的管理活动而言，这种模式是一种比较理想的状态。第三象限：资源的集成水平较低，但分享程度较高。这种模式一味强调分享的作用，却忽视了集成与分享相辅相成的关系。过分地突出分享活动，容易使资源碎片化，大大降低管理的有效性。第四象限：集成水平与分享程度均较低。这种模式会导致管理活动的无序和低效，管理者应尽量避免这种情形发生，及时采取措施，促进企业组织资源的集成与分享。

第四节　集成与分享原理的运行机制

理论存在的意义是指导实践，解决实践中遇到的问题。集成与分享原理形成后，有必要对原理在管理实践中的运行机制做一个基本描述。

集成

集成过程

集成的过程包括目标确定、复杂性设定、流的导入和聚合 4 个主要环节。

● 目标确定

一个完整的集成过程起始于集成目标的确立。在企业组织寻求自身发展的过程中，会不定期地出现各种新目标。起初，这些目标往往比较笼统与模糊，首先必须由决策者将其具体化，并通过对话、交谈、经验共享、观察等方式使其变成可以被组织利益相关者认知且明确的目标，以便指导之后的集成活动。

- 复杂性设定

在一般情况下，研究对象往往被设定在一定的时间、环境和范围内，或被局限在一个相对封闭的体系中。但在企业组织管理层面，任何事物和活动都无法完全独立，因此需要把集成的范围从封闭的简单系统拓展为开放的复杂系统：第一，充分认识企业组织是开放的复杂系统，作为开放的复杂系统，企业组织面临的问题虽然零散，但彼此之间有着广泛的关联性。第二，掌握企业组织各个复杂因素形成的原因和现状。第三，用复杂性的视角关联有关资源要素，并最大限度地将它们集成。

- 流的导入

以确立的目标为指引，激活相关的资源要素流，引导各资源流进入预设轨道。在此阶段，已处于相对稳定状态的资源流会出现暂时的"无序"，甚至是"混乱"。资源流的选择和比例的控制是基础，轨道的设立和运行机制是关键。

- 聚合

在组织的轨道节点上，资源流之间发生反应和作用，实现资源的重构、合并和梳理，创造、激发出新的资源流。

集成方法

集成的方法有很多种，可以独立使用，也可以交叉使用。具有代表性的集成方法如下：

- 系统集成法

系统集成的本质含义是，通过思想观念的转变、组织机构重组、流程（过程）重构以及计算机系统开放互联，使整个企业组织彼此协调地工作，从而发挥整体的最大效益。在企业组织管理中，系统集成的必要性体现在以下几个方面：

每个信息技术企业所提供的产品仅限于它所专长的领域，如果放任各种资源以自发的形式进行集成与分享，则难以避免沟通不充分、效率低下、资源配置不均衡等弊端。几乎没有一个厂商能够提供一个企业组织信息系统搭建所需的全部产品和技术，因此必然要求企业组织集成多家的产品构成解决方案。

从企业组织信息系统的安全和发展角度来看，采用多家信息技术公司的产品可以降低对某个特定供应商的依赖，有利于公司的信息安全。

系统集成可以统筹规划企业组织的资源，提高资源的利用率。系统集成可以使共享式数据管理代替分散式数据管理，实现大范围的数据共享，理顺企业组织的业务及信息流程，强化各级决策环节，对企业组织管理方式进行重组（Reengineering），提高企业组织的综合效益。由此可见，系统集成不仅是企业组织构建信息系统的基本要求之一，而且企业组织信息化的成功实施是以信息系统的有效集成为基础的。系统集成是企业组织信息技术应用发展和成熟，以及进行业务流程重组的有力保障。系统集成法从其实现的方式上划分，一般包括：内容集成、功能集成及综合集成。

- 技术集成法

20 世纪 90 年代以来，随着经济的不断发展，我国企业组织面临着技术体系扩张和需求加速变化的双重挑战，技术集成能够在某种程度上扭转这种局面，为企业组织技术水平的提高提供新的思路。技术集成是指按照一定的技术原理或功能目的，将两个或两个以上的单项技术重组而获得具有统一整体功能的新技术的创造方法。

美国 IT 企业在"实施基于技术集成的制造流程"中创造了一种新的研发模式，即在产品开发起始阶段就以技术及其应用环境之间的匹配为目标，通过调查、评估和提炼等活动来选择产品开发所需技术，这就是美国哈佛商学院扬斯蒂（Iansiti）教授提出的"技术集成"研发模式。扬斯蒂教授强调，技术集成是一种更有效的创新管理方法，可使企业更加有能力应对不连续的技术变化。

技术集成的实现形式包括渐进式和革命式两种，渐进式是增强了技术和组织（战略、结构及文化）之间的融合和匹配，革命式则会减少这种融合和匹配。因此，企业组织可以通过在技术集成中提高技术潜力或提高技术产出两种途径提高项目绩效。这两种途径的选择意味着技术集成两种形式的选择。提高技术潜力即意味着对技术本质的提升，是一种革命式的技术集成；提高技术产出，则是在技术本质未改变的情况下，加强它与制造环境的融合程度，是一种渐进式的技术集成。对于一个企业来说，革命式和渐进式不仅共存，而且还可以随着时间的推移而相互转化。

• 综合集成法

钱学森等学者于1990年首次把处理开放的复杂巨系统的方法定名为从定性到定量的综合集成法，这是一种从整体上考虑并解决问题的方法论。钱学森指出，这个方法不同于近代科学一直沿用的培根式的还原论方法，是现代科学条件下认识方法论的一次飞跃。

综合集成法作为一门工程可称为综合集成工程，它通过人机交互，反复对比，逐次逼近，最后形成结论，其实质是将专家群体（与主题有关的专家）、统计数据和信息资料（与主题有关的信息资料）三者有机结合，组成一个高度智能化的人机交互系统，它具有综合集成的各种知识，从感性上升到理性，实现从定性到定量的功能。其主要特点如下：（1）定性研究与定量研究有机结合；（2）科学理论与经验知识结合，综合人们对客观事物的经验知识解决问题；（3）多学科结合进行综合研究；（4）宏观研究与微观研究相统一；（5）硬件上必须有大型计算机系统给以支持。

用综合集成法对开放的复杂巨系统进行探索研究，开辟了一个研究新领域，它在理论和实践上都具有重大的战略意义。综合集成法主要适用于构成复杂系统的跨组织范围，强调各组织智力资本的管理，增强企业组织的适应性，并为企业组织乃至整个社会创造最大的价值。

集成工具

● 头脑风暴

为了解决传统决策会议效率低、缺乏创造性的问题，亚历克斯·奥斯本（Alex Faickney Osborn）提出了"头脑风暴法"（Brainstorming），即通过群体讨论的方法，使参与者们被尊重及自我实现的需要得到满足，继而激发人们的创造才能，碰撞出火花，从而提出创造性观点，甚至做出具有变革性的决策，提高团队的凝聚力和创造力。头脑风暴法可以用来产生多方面的主意和设想，包括问题（目标）、方法、解答与标准等，但并不仅仅限于寻求答案。头脑风暴法的主要作用是引发人们对某一特殊需求或问题的有关设想。头脑风暴法试图将各方意见进行整合，鼓励参与者不循规蹈矩，毫无顾忌地提出观点，形成开放性思维风暴，是极为实用的一种集体创造性解决问题的方法。

总体而言，头脑风暴法是一种兼具集成与创新的决策方法，由于其具有高效、简便、灵活的特点，因此在现代企业组织管理决策的制定过程中发挥着举足轻重的作用。头脑风暴法的本质是集成，这在现阶段对于提高我国企业组织的决策水平和竞争能力来说有很强的启示意义。

- 专家智能

随着科学技术的发展，传统的自动控制和管理决策已经无法满足复杂系统控制和管理的要求。现代企业组织管理面临着许多前所未有的挑战，如被管理对象日益复杂，不确定性水平很高，以及多层次、多目标的管理要求。20 世纪 90 年代以来，以专家控制、模糊逻辑控制及人工神经网络为典型的智能控制方法迅速发展，并在工业领域得到了广泛的应用。专家智能系统是人工智能系统的一个重要分支，它能够在特定领域模仿人类专家的思维来解决较为复杂的问题。专家智能系统强调专家的集体智慧和参与，而不仅仅是领军人物的知识垄断。专家智能系统的特点包括：（1）在解决特定领域的具体问题时，需要将公共常识和与相关领域问题密切联系的知识进行集成；（2）一般采用启发式的解题方法；（3）在解题过程中会采用演绎法、归纳法和抽象法；（4）能处理具有模糊性、不确定性和不完全性的问题；（5）能对自身的工作过程进行推理（自推理或解释）；（6）采用基于知识的问题求解方法。基于专家的管理知识和经验的专家智能管理技术目前已经渗透到工业、交通、军事、社会经济、企业组织管理等领域，取得了良好的应用效果，未来还会在更多的方面发挥重要作用。

- 计算机模拟

所谓计算机模拟，就是利用计算机的强大计算功能，对某个客观复杂系统的结构和动态变化过程进行仿真模拟，目的是在模拟过程中得出该客观复杂系统的变化程度与最终变化结果，继而预测系统中各参数的因果关系，为促进系统的有利发展或者防止不利发展提供科学依据。通常来讲，计算机模拟过程是客观系统、模型和计算机三者的集成结果，通过减少复杂系统研究的成本，适应企业组织和社会管理的需求。

- 权重分析法

权重分析法是企业组织管理中较为普遍的一种方法，权重用来描述被研究指标的相对重要程度，是对某个（些）指标重要程度的一种主观评价和客观反映的综合度量。通常情况下，权重由专家根据以往处理类似问题的经验直接给出，具有一定的主观性和片面性，不能全面准确地反映出各个指标的重要程度。不同评价者对同一评价指标的评价结果不会相同；即使是同一评价者，在不同的时间、环境及所得信息量的影响下，其对同一评价指标的评价结果也会不尽相同。因此，应该将专家们的意见进行集成和聚合，得出不同类型的决策，再结合实际问题，充分考量各方面的因素，选出最恰当的决策和解决方法。

- 关键指标分析

影响企业组织经营和管理的因素有很多，包括经营决策、市场环境、政府监管、自然资源条件等，但关键指标只衡量企业组织经营和管理的可影响部分，即关键指标的衡量领域主要包括企业组织的经营决策与执行。关键指标分析系统是为了提高企业组织（集团）的经营和管理水平，增强企业组织的市场竞争力，根据关键绩效指标（KPI）体系全面管理的需要而研制开发的。关键指标分析系统将数据仓库（Data Warehousing）、数据挖掘（Data Mining）、元数据管理（Metadata Manager）、决策分析模型（Decision Theory）等技术进行集成，它能够提供管理和维护 KPI 的整个生命周期（从新指标的定义，到指标数据的录入，再到对数据的职能进行多角度、可互动的分析展示）的全部功能。关键指标分析系统采用多层应用体系结构，由关键指标分析展示、关键指标元数据管理、关键指标数据管理和系统管理等子系统构成。关键指标分析系统支持分布式计算、分布式数据库管理技术，支持关键指标元数据管理、数据挖掘、即时分析，支持目前主流的硬件平台、软件平台、数据库平台和电子商务平台。

- 数学模型

数学模型是指针对某种系统的特征或数量依存关系，采用数学语言，概括或近似地表述出的一种数学结构，这种数学结构是借助数学符号而表达的某种系统的纯关系结构。从广义上理解，数学模型可以包含数学中的所有概念、公式和理论。从狭义上理解，数学模型指的是那些反映了特定问题或具体系统的数学关系结构，也可以理解为一个系统中各变量间关系的数学表达。

在实践层面，集成要实现资源优化等效果，仅依靠人工分析是根本不可能实现的，有时需要借助计算机应用的数学模型。数学模型的原理其实就是建立一个 N 元 M 次方程组和一个自动解方程程序，以求得 Y 个函数的最佳结果。其中，N 指的是 N 个变量，一个变量代表着影响集成效果的一个因素，因此在集成过程中每个影响因素都有一个变量与之对应。Y 指 Y 个函数，每个函数对应一个集成子过程。M 次方程组中的每一个方程式都是针对某个影响因素进行模拟计算处理的表达式。在数学模型运行过程中，决策者通过对各变量进行不同的赋值来得到最理想的决策结果。

集成条件

- 人力资本

企业组织内部参与集成活动的主体是企业组织中的每一位成员，其中，管理者既是集成活动的组织者，也是协调者，而其他成员是集成活动的执行者、配合者。在集成过程中，管理层必须充分调动各成员的主观能动性。同时，以人为本的企业文化对于集成活动也具有重要促进作用，良好的企业文化氛围有利于主体之间的沟通、交流与协作，从而使集成活动能够无障碍、有效地进行。

- 相关技术

不同的技术条件会影响集成的方式和效果，同时决定了集成的过程。随着高新技术（例如，信息、计算机、通信、网络和人工智能等）陆续出现和发展，集成的过程已被大大精简和优化。相关技术条件能够帮助企业组织对传统的经营流程重新审视并进行彻底的重组改造，以求得成本、质量、服务等绩效的根本性提高。由此可见，相关技术是管理集成活动的重要条件。事实上，通过相关技术把各种资源和业务流程重组为一个新的有机整体，是集成过程中相当重要的一部分。

- 物质条件

集成活动需要物质条件保障才能得以实现，这里提到的物质条件主要是指物理环境，物理环境为资源的集成提供全方位的客观条件支持。在信息技术快速发展的今天，创造物质条件，特别是创造技术条件，促进企业组织开展集成活动，已成为企业转型升级、增加效益的主要途径。目前，参与集成活动的主体不仅包括由物理位置决定的"实体团队"，还包括互联网催生的"虚拟团队"，其成员可以不受地理位置约束，通过互联网实现更加方便、快捷的资源集成，从而减少集成活动的成本并提高效率。

分享

分享过程

分享的过程包括 4 个主要环节：分享机会的识别（集成成果的公示）、集成成果的完整体验、公平享受集成成果以及有机制表达感受。

- 集成成果的公示

集成活动所产生的成果（即新资源）是进行分享活动的前提。在分享的过程中，需要面向利益相关者对集成成果进行公示，并让受众以此来识别分享机会。对于企业组织而言，分享的机会主要存在于通用要素、价值链和核心能力等方面所形成的新资源。通用要素指的是生产技术、管理规范和研发能力等，通过分享可以促进产品转型升级；价值链主要指客户关系、渠道等，通过分享可以降低综合成本，提高市场占有率；核心能力主要指知识产权、关键人力资本等，通过分享可以增强并保持差异化竞争优势。

在明确分享的机会以后，应逐一分析分享过程所带来的价值增量。在实践中，某一分享过程在创造收益的同时，也可能会产生分享成本，如协调成本和妥协成本。如果分享成本全部或部分抵消了分享收益，那么分享价值链中的潜在竞争优势就不能完全或无法转化为现实的竞争优势。因此，在决定进行分享活动之前，企业组织还必须分析分享的资源与自身实际情况的匹配程度，因为只有良好的匹配才能确保分享的有效性，并获得最佳的效果。

- 集成成果的完整体验

针对分享方案完成上述分析并确定了分享对象和分享方式后，就可以进入分享的执行阶段，即享受和体验集成成果。在这一阶段，组织与协调工作变得尤为重要，要保证受众成果体验的完整性。企业组织内部要有专门的工作机制来负责这项工作。如果是长期的分享行为，分享的执行还要求对组织结构、人力资源和控制系统等细节进行全面考量和设计。

- 公平享受集成成果

分享需要一定的技术和知识（技术）系统的支持，企业组织应利用先进和适用的网络技术来保证分享活动的顺利进行。在分享过程中，人力资源管理和信息管理是紧密结合的有机统一体，分享的目的就是通过企业组织成员的沟通、交流，使集成成果顺畅流动，确保每位成员都能积极参与分享活动，共享集成成果，消除层级、企业组织文化等组织结构因素对分享活动可能产生的负面影响。企业组织应将技术、组织、组织成员 3 个因素整合为一个整体，协同作用于分享过程。

- 有机制表达感受

分享执行后，参与分享活动的企业组织成员会产生不同的体会及感受。如果企业组织成员能够通过顺畅的渠道表达感受，将对未来的分享活动产生很大的借鉴意义。通常情况下，这种体会及感受是片面的，甚至带有一定的感情色彩，因此需要企业组织内部负责协调和沟通，必要时进行干预和说服，或者对分享做出相应的调整，使其进入更好的分享模式，或者终止分享行为，避免造成更大的危害。

分享工具

- 数据网络技术

企业组织可以借助数据网络技术，将资源以数字化方式进行分享。企业组织可以根据资源的性质，对其进行数字化，并相应分类，最终形成资源的数据库，以便组织成员进行分享和使用。此外，企业组织可以借助数据网络技术将业务流程、信息流程等最大限度地标准化，从而提高企业组织的运行效率。

- 人际交流

在企业组织中，资源还可以通过人与人直接交流的方式进行分享。由于资源不规则地分散在组织成员当中，当需要完成某项任务时，可以将掌握不同资源的人组成一个团队，通过成员间的相互交流，完成既定目标。采取人际交流的方式，需要企业组织对拥有资源的组织成员进行有效的开发和管理，同时需要将资源分享的观念融入组织的核心价值。

分享方法

- 重建秩序和制度优化

企业组织可以通过重建秩序和优化制度来创造和改变分享的方式，实现结构调整和转型升级，从而调动全体企业组织成员参与分享活动的积极性，激发成员的创新和协同意识，提高分享效率，提升产品及服务质量，降低经营成本，实现集成成果共享最大化。

- 发明新产品或提供新服务

分享活动还应通过捕捉不同客户群体对产品和服务的需求，提供并分享新的产品和服务，以提高客户的满意度和忠诚度。分享活动应以客户为中心，挖掘客户潜在资源，发现市场先机，为产品创新打下基础，为管理理念创新创造条件，在实现客户价值提升的同时，促进企业组织自身的可持续发展。

- 形成新约束和新效率

马克斯·韦伯等人指出，任何组织为了发挥其正常管理效率，都必须建立具有普遍约束力的规章制度。企业组织只有不断完善约束机制，并利用切实有效的方式提高企业组织约束机制执行的可靠性，才能够确保集成成果的公平分享，充分调动成员参与分享活动的积极性，提高资源利用的效率。

分享条件

- 企业组织治理结构完整

分享需要在组织协调机制的作用下完成。在企业组织中，对通过集成活动所形成的新资源在全体或部分组织中进行分享，有时可能会产生隔阂或冲突，甚至会引发一定程度的波动。因此，为了公平有效地分享资源以及维护资源，企业组织必须具有完善的治理结构，以及与之相适应的规则、制度体系，顺畅的感受表达机制和反馈机制。此外，企业组织在运营过程中应不断修改和完善治理结构，以满足自身发展的新目标和外部竞争环境的要求。

● 外部市场机制完善

分享活动是企业组织利益相关者的活动，因此组织的外部条件是非常重要的基础条件。市场机制具有导向、调节和激励的功能，能够把企业组织的利益相关者紧密联系在一起。外部市场机制完善，有助于组织的分享活动更加注重利益和责任，进而实现公约价值的最大化。分享活动的终点将不再是单一地强调双方或多方共同拥有、共同使用，而是通过价值观认同、责任分担、利益共享获得共赢。

第三章 **集成与分享原理的方法论**

　　方法论是理论作用于实践的路径，主要是解决"怎么办"的问题。原理的实践意义在于方法论。集成与分享原理衍生出的方法论对企业组织的发展及管理具有鲜活的指引作用。

第一节　促进认同

认同是集成与分享方法论的基本组成部分和主要实践渠道。促进认同的主要目的是实现企业各个方面、各个层次、立体维度的思想意识的统一，并最终形成集成与分享的成果。这种认同包括对集成与分享的必要性、作用和意义的认同，也包括对集成与分享的方式和渠道的认同。促进认同既是集成与分享实施主体的方法论，又是集成与分享实施客体的来源和构成。集成与分享的最高效方法首推认同。

高效通道是认同

理论上的"认同"一词最早由弗洛伊德提出。他把儿童将父母或教师的某些品质吸收为自己人格的一部分的行为称为"认同作用"，并用它来表述个人与他人、群体或模仿人物在感情上、心理上趋同的过程，他还指出这是一种个体与他人有情感联系的表现形式。著名的社会学家塔吉尔（Tajfel）于20世纪70年代提出了社会认同理论，他将社会认同定义为：个体认识到他（或她）属于特定的社会群体，同时认识到作为群体成员带给他的情感和价值意义。认同是一种学习的历程，是信息和价值观的渗透与统一。人的发展就是从社会认同转变为自我统合，并以自我统合为基础，实现社会认同。认同可以多样性共存并以多样性为前提，是在行动者互动过程中、在一定情景中构建的，具有动态性和非预定性。认同也不能完全以自我为中心，必然受到共同规则的制约和引导，并最终同化为统一的结果，形成最大公约数。认同是复杂的社会化过程的结果，个人和集体认同都是在复杂的社会语境中构建的。从宏观角度来看，人处于政体之中，制度的变迁会改变个人和集体的政治认同。从中观角度来看，人处于组织之中，个人对组织（包括企业在内）的认同会形成企业文化。人在微观层面的认同会形成个人价值观。集成是认同的基础，在集成的基础上进行分享是集成的升华和进化。认同是一个螺旋式上升的过程，集成与分享换位互动、交替循环，必然使个体的行为、思想与企业规范或期待趋于一致，最终实现企业认同。

从效率的角度分析，认同是集成与分享最为高效的通道。认同之所以成为集成与分享的高效通道，原因有三：首先，思想是生产力，同时是最难管控的生产力。西方理论界一致认可的以毛泽东同志为首的中国共产党的丰功伟绩，就是将中国人民一盘散沙式的思想集中统一在社会主义思想这一大旗下，实现了中国自辛亥革命后的首次思想统一。企业如果能将所有领导和员工的思想统一起来并转化为可控的生产力，就会极大地促进生产效率的提高。其次，思想是最持久的生产力。思想意识具有持久性，它不因一时的潮流变化而改变。一旦员工认同集成与分享的理念，就会持久并不受时间和地点影响地接受、执行集成与分享活动。最后，思想是投入产出比最高的生产力，和有形生产力一样，它们都存在投入产出比的问题，但认同集成与分享理念的企业领导和员工不需要持续地支付成本去维持并巩固这一事实上的生产力。

多元需要认同

企业文化是企业为解决生存和发展问题而形成的，组织成员在发展过程中共同认同并遵循的基本信念和认知。这种认同的形成是基于信仰、利益和规则的一致。在经济发展全球化、信息传递网络化、价值观多元化的大背景下，企业文化的多元化也成为企业发展的主流趋势，而正是企业文化的多元化决定了企业推进集成与分享必须引进认同这一高效的方法，也正是企业文化的多元化为集成与分享提供了差异化的实施主体和执行客体，保证了认同实施的可行性。

企业文化的认同经历了企业文化集成与分享的 3 个阶段，包括导入阶段、聚合阶段、分享阶段，其中导入阶段和聚合阶段是企业文化集成的主要阶段。认同是企业文化形成的动力和前提。首先，认同的存在为企业文化提供了动力和反动力，动力机制是奖励，反动力机制是惩罚。企业文化的良性循环必然带来物质和精神两个方面的可感知效果，从而促进认同的形成；而企业文化的恶性循环会以利益损失和精神伤害的方式降低认同感，最终让员工逃离企业。其次，认同为企业文化提供了方向和渠道。企业文化可以先通过心理和精神层面的认同来实现。企业文化认同的最高境界是"和"文化，它是中国式人际关系的最高目的和原则。从成本和效率的角度来讲，以"和"为最高境界的认同是效率最高的集成与分享方式，最大公约数是"和"的当下表达。

我们前面说过，企业中员工与员工、员工与企业之间的认同最终形成了企业文化。企业文化的形成带有必然性、主动性、强制性和约束性，这是企业文化的共性。同时，企业文化具有自适应性，基于文化的本源，发展适合自身的企业文化，从而形成企业文化共性和个性之间的区别。因此，企业文化的形成有着一个规律性发展的过程，最初是形成企业文化，之后是员工和企业对企业文化的适应，并因此产生了围绕主企业文化而形成的具有个性化的亚企业文化。在现实生活中，不仅个体和企业间会产生多元化的企业文化效应，集团企业中，集团和子公司之间也会产生这种一主多元的企业文化。

我们必须明确的是，多元的企业文化不是对企业文化本质的一种背叛，而是一种更好的契合，是为了满足共性而产生的个性化发展，是基于共性而产生的亚企业文化，二者是对立统一、互相依存，并时刻纠偏的关系。扩大认同范围是实现集成与分享的基础，《周易大传》有论："二人同心，其利断金；同心之言，其臭如兰。"扩大认同范围基于双边市场理论（Two-sided Market）中的扩大客户基础（Customer Base）论断，即使用效应的扩大取决于基础客户的数量。例如，一个人用不着微信，而一个亿万用户规模的微信系统，其效用要大于千万规模的微博系统。获得最大限度的认同，等于取得最大限度的一致行动。因此，扩大认同的范围和深度是集成与分享管理行动的主要准则，也是集成与分享启动阶段的主要工作，集成与分享的管理也要借鉴双边市场理论的相关成果。

关键在核心价值观

核心价值观是企业决策和价值选择的依据，是企业在发展中处理内外矛盾的一系列准则。例如，企业对市场、客户、员工的态度，决定了企业的生存主张。核心价值观在企业的作用就像轨道，是资源流动的所有方向。企业最终选择的本质是在特定目标的指引下，对资源进行权衡和取舍，而核心价值观就负责提供这个取舍的标准。核心价值观的认同具有很强的执行力，降低了企业运行的决策沟通成本和监督成本。在认同条件下出现意外风险和危机时，风险和危机也容易得到理解和化解，损失的心理预期会下降，破坏力大幅降低。核心价值观的认同既保持了人格与社会文化的持续互动，又维系了人格的统一性和一贯性，它是维系人格与社会及文化之间互动的内在力量，同时实现了人的主体性和归属感，实现了集成与分享的双向强化。集成与分享的认同关键在于核心价值观的认同。

核心价值观的认同包含 3 个层次。第一，实现员工与企业之间的情感认同，其衡量指标主要包括个人对集体的支持度和参与度；第二，实现员工与企业之间的依存认同，其衡量指标主要包括员工在物质上对企业的依赖程度；第三，实现规范认同，其衡量指标包括个人对集体规则、仪式和文化的认可度和遵从度。管理者可以通过倾听别人的意见，尊重每一个人的感受，注重情感交流，集合大家的认识，求同存异，从约束认同出发，实现依存认同，最后实现感情认同。核心价值观形成的直接效果就是工作效率的提高，其间接效果或者说更深远的意义在于，能够开启人内心深处的力量和价值源泉。美国通用电气公司（GE）的首席执行官杰克·韦尔奇就说过：潜藏在人内心深处的力量是无穷的，公司所要做的就是去启动这个力量的源泉。认同感的提高能从投入和产出、精神和物质、即期和远期等多个方面成为集成与分享的推动力。

杰克·韦尔奇所说的潜藏在人内心深处的力量就是"善"文化。

王阳明龙场悟道后感言："圣人之道，吾性自足，向之求理于事物者误也。"意思是良知人人皆有，自有的良知足以让每个人都可能成为圣人。亚里士多德说："人类的善当然就是与德行相一致的灵魂活动，""一切技术，一切研究，以及一切实践和选择，都以某种善为目标。"核心价值观的建立最终要以"善"念、"善"行为最终目标，从而在思想层面以无为而治的方式实现核心价值观的倡导和执行。

愿景认同，为了美好

愿景和核心价值观都是企业文化的主要组成部分，具有前后一致的逻辑性，两者是一个不可分割的主体。就像目前中华民族都围聚在"实现中华民族伟大复兴"这一愿景而坚定地奋发努力一样，核心价值观在企业文化中提供的是标准，起着路径规范的作用，而愿景在企业文化中提供的是方向，起着路径指引的作用。集成与分享理论是精神思想和物质实践的统一，它在强调条条大路通罗马、殊途同归的同时，也强调在差异中实现集成，在同一中实现分享。因此，企业的集成与分享管理不仅仅是核心价值观的认同，在更高层面和更远时空上还存在一个愿景认同、集中心智、共赴美好的问题。

愿景是一个企业对未来的描述，是一个企业战略的根基。愿景建立在企业员工共同的信仰、价值观和规范准则之上，是共同性和特殊性的统一。愿景是企业核心价值观集体认同的结果，是基于企业当前发展情况对未来的期盼。愿景以企业核心价值观的认定和实现为核心内容，伴之以归属感和依存感等情感。愿景是在平等互利、共享共治的基础上，个人意识之间相互强化的结果。愿景是一种集体意识，它是个人对集体目标的认定和对实现目标所具有的信念和意识，以及对集体的归属感。

愿景认同需要经历3个互相融合的阶段。第一，合理、自觉地了解企业共同的利益；第二，否定或者抗拒另一群体的利益；第三，用集体的手段达成本群体的利益，最终实现目标的升华和利益的固化。因此，愿景是不同层面的员工互动的结果，员工归属的不同，会产生不同的愿景。一个企业的愿景有一般性规则，表现为企业集体的文化和道德。愿景的形成既是认同形成的必然结果，也会通过认同得到强化，最终体现为集成与分享的最高成果。

行为规范的认同

行为规范是社会群体或个人在参与社会活动时应该遵循的规则和准则的总称。具体到一个企业的行为规范，是指企业认同和员工普遍接受的具有一般约束力的行为标准。行为规范是企业文化的基础和可视部分，具有最强的约束力。企业行为规范是基于员工和企业的价值判断而形成并确立的，是员工在企业生产中应该遵循的标准和原则。同时，行为规范是在维护企业秩序理念的基础上形成的，因此对全体员工具有引导、规范和约束的作用。行为规范明确了员工可以做什么、不可以做什么和怎么做事，是企业和谐发展的重要组成部分，是企业价值观的体现和衍生。

行为规范的认同需要经历两个阶段。第一，通过认知实现认同。儒家典籍《大学》提到"格物致知"，意思是推究事物规律而获得知识。马斯洛认为，在生理、安全、爱与归属、尊重、自我实现5个需要之外，人类还存在着认知、理解和审美的需要。认知是个体认识客观世界的信息加工活动。感觉、知觉、记忆、想象、思维等认知活动按照一定的关系组成一定的功能系统，从而实现对个体认知活动的调节作用。没有认知的认同是盲从，缺少凝聚力和方向感。在员工与企业的互动过程中，只有建立员工的认知功能系统，才能实现对行为规范的认同，而这也是对集体价值观的认同。第二，在普遍认知的基础上，实现管理层的认知，以此来强化对行为规范的认同。管理层是企业的核心层，他们是意见领袖并具有行为示范作用。管理层的认知具有高度引领作用，有利于形成普遍的认同。行为规范的认同不是单纯地统一思想和意志，强制性规定是不可持续的，正确的行为规范是建立在个体、群体不同的理解和判断的基础上的。也就是说，行为规范的认同是建立在不同的价值观传承统一的基础上的，是集成与分享的结果。从这个意义上讲，行为规范的认同是一个多元基因进化传承的持续过程，是通过集成与分享的方式形成的，其背后隐含着人群的重组和文化的嬗变。

认同的保障

认同的实现需要保障，行为规范也好，核心价值观和愿景也罢，它们更多的是从思想层面为认同提供基本保障，这种思想意识层面的保障还不足以为企业集成与分享管理体系的全面执行提供支撑。两手都要抓，两手都要硬，集成与分享管理体系的全面执行必须要有制度保障。这种制度保障包括多个方面，如行为准则、宣传体系，但其核心是激励制度，而且这种激励制度必须包括正反两个方面，即正向激励和负向激励。简而言之，要有奖有罚。

柏拉图在《斐德若篇》中描绘了一个驭手要有驾驭两匹不同马

（好马、坏马）的能力的事例，强调了企业家要同时管理事物正反两个方面。无论正向激励，还是负向激励，如果缺乏了与之相对应或者相对冲的反向激励，用金融术语来讲，就是一种缺乏兜底或者说风险敞口过大的制度，是不成熟和不完善的。根据"破窗理论"，凡是存在漏洞的制度最终会被破坏得千疮百孔，最终执行不下去。道家的阴阳理论指出，光有得是不行的，有得必有失，失的存在才能反衬得的价值。现代企业一般不缺乏正向的激励制度且执行较好，但负向的激励制度在执行上一般失之于宽。"对敌人的仁慈就是对自己的伤害"，企业要想真正地把集成与分享管理体系的认同感建立起来，必须加大对不遵守、不执行集成与分享理念的思想和行为的惩罚力度，让员工对集成与分享反向行为建立巴甫洛夫条件反射。

宣传体系对认同的保障作用来自两个方面：一是通过宣传工具，让员工了解并熟悉企业文化和行为规范，起到认知作用；二是通过宣传所产生的精神激励，从正反两个方面强化员工对企业文化的认同。"花车效应"和"棘轮效应"就是对宣传所产生的正面效果和负面效果的典型描述。在新媒体时代，企业的宣传工作必须在依赖企业内刊、广播等传统媒体工具的同时，重视互联网、微信等新媒体工具的运用。通过新媒体工具，企业可以与员工保持 24 小时互动，促进企业文化的形成和员工对企业文化的认同。

建立企业命运共同体

认同集成与分享理念的最终结果就是命运共同体的建立，命运共同体是企业集成与分享理论和实践的共同结晶。马克思指出，共同体是人类存在的基本方式，是他了解人类历史的一个重要概念。法国哲学家让－雅克·卢梭（Jean-Jacques Rousseau）认为，人只有在一个真正的社会共同体中才有自由可言，社会是个人的生命、财产等所有权利得以存在的载体。社会共同体在本质上是人类一种理性的创制，通过社会公约约束共同体中的每个人。在企业管理层面，面对激烈的市场竞争，企业、员工及其利益相关者都有可能遇到自身能力无法应付的情况，只有通过联合，形成命运共同体，才能得以存在和发展。企业要建立命运共同体，需要在目标、责任、意识和行动方面做到一致。

第一，要建立组织的目标共同体。企业的命运共同体由企业和员工共同组成，而之所以能够形成一个整体，是以员工个人价值观和企业价值观一致为前提和基础的。企业的命运共同体集中反映了员工和企业的共同目标和指向，是员工共同意志的凝聚。共同体的稳定性、长久性依赖员工对企业整体的认同感。员工虽然只是一个偶然的存在，但他可以借助认同感，确定自身身份，获得企业和其他员工的尊重和认可。认同感一旦形成，命运共同体便可以利用这些认同感教化员工，使他们在思想和观念上统一起来，从而成为具有同质性的个体。

第二，要建立组织的责任共同体。对于企业而言，责任关系是一切关系的基础。从横向来看，企业中的各个岗位之间存在责任关系；从纵向来看，上下级之间也是一种责任关系。此外，企业还与其利益相关者存在责任关系。各种责任关系相互依存、环环相扣，形成了互为责任的责任共同体。企业中的每一位员工都被与其相关的责任驱动和影响着，并通过合作、集成与分享等一系列活动，形成企业发展源源不断的动力。如果某一个责任环节出现混乱，导致相应的责任没有人承担和执行，企业的责任共同体就会坍塌。为了避免这种情况，每一位员工都应认识到责任共同体的重要性，切实落实自身应承担的责任，实现企业与员工互惠互利，创造双赢。

第三，要培养组织的危机忧患意识。企业及其利益相关者之间应坚持实现共同、综合、合作、可持续的安全。由于经济全球化以及互联网技术的迅猛发展，企业面临着前所未有的发展环境。此外，由于资源的不断枯竭，以及环境的不断恶化，可持续发展也成为企业不可回避的棘手难题。因此，一方面，企业内部必须建立更加有效的沟通机制，加强对话与合作，发挥相互"补台"精神，做到优势互补；另一方面，应通过企业战略规划与风险管理的把控，多管齐下、协调推进，建立解决重大问题的治理体系，形成良性循环的企业发展生态系统。

第四，要达成组织成员行动的一致性。人的行为是其动机与需求的外在表现。在企业中，员工的自身利益各不相同，却以一定的组织形式聚合到一起。如果没有"利益"，员工自然会离去。没有员工的企业，永远不可能产生"利益"。因此，企业的成败会影响企业中每个人的切身利益，与每个人的命运息息相关。然而，由于员工间的观点、心态、思想基础、履职观念、个人环境条件、获利方法等不尽相同，所表现出来的形态更会不同，因此企业应运用"命运共同体"思维，积极发挥集成与分享机制的优势，使员工向着共同的战略目标积极努力，取得行动上的一致性。

此外，企业可以充分发挥同理心效应，通过换位思考让员工充分感受他人的立场和困境，"己所不欲，勿施于人"，尝试站在对方的角度看待问题，对有困难的人施以援手，帮助他们渡过难关。叔本华曾提到：人民呼吁的不是公平正义，而是温柔、仁慈、慈爱、宽容。这种呼吁让大家形成同一个认识，提醒我们是一体的。叔本华提到的"一体"，正是我们想建立的企业"命运共同体"。

第二节　建立多边机制

　　企业或公司的设立既需要资金、设备等有形要素，也需要技术、信用、知识产权等无形要素，抽象地看，企业管理的过程同样需要各种有形及无形条件的支持。产权理论创始人罗纳德·哈里·科斯（Ronald Harry Coase）从交易成本的角度指出，"通过形成一个组织和允许某种权力……来指挥各种资源，某些特定的营销成本将会节省"，这句话可以延伸理解为，公司是协调市场因素的一种选择方案，而且在某些限制的条件下比市场更有效率。我们有足够的理由相信，公司不是简单的市场主体或资本主体，而是利益相关者的社会主体，是一个多边利益的集合体，从此逻辑出发，解决多元化的利益对立和冲突，单边机制是走不通的，与此相适应的是多边利益的协调机制，即集成与分享机制，兼顾利益相关者的诉求，找到解决经营管理问题的最佳路径和合力方式。

利益相关者公约价值最大化

　　尽管在理论层面还有争议，但公司治理的实践使我们看到，公司治理已经脱离了"股东单边治理模式"，进入"利益相关者多边治理模式"。按照美国经济学家弗里曼（Freeman）给出的定义，利益相关者是指能够影响企业目标实现或者能够被企业实现目标过程影响的任何个人和群体，利益相关者不仅有资本方，即股东方，还包括间接投资者、雇员、融资方、客户、供应商、社区、政府监管部门等。利益相关者多边治理模式的核心是，通过正式的制度安排保证各利益相关者享有平等参与公司治理的机会，并使权利得到保障。

同时满足各利益相关者的价值最大化几乎是不可能完成的任务，可能并且理想的状态是"公约价值"最大化，简而言之，就是找到利益相关者都认可的方法，这种状态也一定是公司价值最大化的另外一种体现形式。多边机制的集成与分享不是抹杀某一个利益主体的存在，而是建立共同的需要，并将这种需要分配给每一个利益主体。公司的效率是建立在利益相关者平等参与、共享财富的基础上的。以利益相关者整体价值最大化作为公司财务目标，可以克服股东财富最大化目标的局限性，有助于保持利益相关者的长期合作，实现企业的可持续发展。

构建公司治理结构

实际上，公司治理结构是最有效的、法定的多边机制，问题的关键在于，如何将设计层面的多边机制转化为操作层面的运行机制，实现多边条件下的集成与分享。在多边机制的视角下，有几个环节非常重要。

公司章程不能流于范本格式。公司章程是公司得以设立的基本法，在公司章程拟定的过程中，人们的注意力往往集中在大股东的控制权上，以求大股东在决策、投资、财务、人事上拥有话语权，而忽视了核心知识产权、核心人力资本、高管层委托代理关系、高管层激励模式等问题的明确界定，公司章程沦为界定公司历史状态的标识，脱离公司发展实际情况。制定公司章程是一项需要系统策划的专业性、战略性工作，尤其是在公司设立之初，公司章程要完整体现公司的发展战略。

"三会一层"的职责要细化。股东会、董事会、监事会、高管层是现代企业治理结构的 4 个支点，四者的基本关系法律界定得非常清楚，但每个专属领域的职责要细化，特别是相对边缘的、容易产生歧义的问题，例如表决机制、董事会稳定性、战略投资者引进、激励原则等，要有清晰的条件界定、触发标准界定和权属界定。

实施真正意义上的 CEO 制度。没有职业经理人队伍的发展壮大，就没有经济和产业的快速发展。CEO 制度的实质意义是将董事会的一些决策权过渡到经理手中，实现公司所有权和经营权的分离，同时实现两权之间的有效衔接。因此，要在制度层面为职业经理人的遴选、成长创造条件。

避免出现内部控制人问题。多边机制强调的是集成与分享，因此在公司所有权和经营权分离之后，在治理结构问题上要避免另一种极端倾向，即内部人控制问题，筹资权、投资权、人事权等都掌握在公司经营者手中，即内部人手中，企业将难以实现优序融资和战略改造，股东、债权人、监管机构很难对经营者的行为进行有效的监督。因此，要在公司章程等基本制度环节设计上有战略性考虑并及时动态调整，实现权力均衡，避免过分集中于"内部人"，特别是对于股权较分散的公司，要防止"内部人"利用小股东"搭便车"的心理伺机聚集控制权力。

外部董事及独立董事要切实发挥作用。外部董事制度本意在于避免董事成员与经理人员的身份重叠和角色冲突，保证董事会独立于管理层进行公司决策和价值判断，更好地维护股东和公司的整体利益。因此，外部董事的聘任要保持公开性和专业化，外部董事自身要具有合格的职业操守，客观、独立、公正地履行董事权力。

公众化是公司治理的必然选择

公司并非简单的实物资产的组合，而是专项资源投入主体的契约集成，换个角度讲，公司是个社会责任主体，集成与分享原理指导下的多边治理机制，本质上就是保证利益相关者有充分表达诉求的机会和渠道，当这种客观要求的范围越来越广泛、程度越来越强烈时，最好的办法就是把公司置于公众化的平台上。

目前，很多公司习惯的做法是在"预测和控制"的层面上运行，这为单边力量主导公司治理培植了土壤。建立多边机制，实行集成与分享，要从改变"预测和控制"的基础入手，把公司放在更广阔的多边机制范畴里，使其成为上市的、公开计价的、可交易的公众化公司，接受多边机制形成的、基于公允价值判断的经营决策，而这将成为公司可持续发展的必然方向。

公司成为公众化组织或步入公众化轨道，一个基本标志就是面向社会忠实履行信息披露义务。这看似容易，落实起来却难以尽善尽美。严格意义上的信息披露给公司发挥的余地是极其有限的，这些信息不是在颇具契约特征的证券发行阶段发行人与投资者协商的结果〔假如正在首次公开募股（IPO）〕，而是法律在多边机制同意方案的基础上，从切实保护投资者权益的考虑出发所做出的强制性规定，公司必须对所有披露信息的真实性、准确性和完整性承担责任。因此，可以说，公司作为市场主体在一定的条件下披露信息是一项法定义务，更重要的是一种强制性义务。

在公众化组织的建设进程中，多边机制不仅要求公司关注整体均衡，更要求关注影响整体均衡的动态因素，有效的办法就是广泛实行专业委员会制度，在主要的治理和管理环节广泛建立委员会议事决策制度，吸纳外部专家，导入外部专业智力资源，为外部专家表达意见搭建多边平台，形成有执行价值的集成方案。建立这样一种制度还有另外一个益处，就是活化原职能部门僵化的职能作用，把重要的职能提升并放大到公司层面，进而减少运行成本，提高职能效率。

合作与自我否定

合作是多边机制的必然结果。集体安全是达成合作的出发点。多边机制中的合作并不代表全盘接受，企业最终形成的集成方案意味着部分诉求被放弃，甚至被否定。变革首先要刨松自己的土壤，播下创新的种子。这同时表明，多边机制是有运行成本的，有付出才能有回报。利益相关者要有着眼大局的情怀和自我否定的精神，为了更大范围的、更有价值的分享，敢于自我否定，接受最终方案的否定，释放更多有利于大局的资源，这也是集成与分享原理的内在要求。

合作不仅意味着接受对方，还意味着开放自己。未来支撑企业发展的着力点是技术、数据和思维，企业要保证在公司范围内实现信息无障碍流动，开放数据库、案例库、制度库。企业要主动应用移动互联网、智能通信等先进技术手段，搭建知识共享平台，共享隐性知识和显性知识，共享评审过程、案例分析、经验和教训，实现知识

"出和入"相统一，交流互动知识所得，答疑解惑，减少内部交流成本，提高工作和运营效率。

推动企业内部多边机制的合作，要加强组织扁平化建设力度，柔化组织的边界，提高组织内的情景化协同能力，促进集成与分享的实现，从根本上减少内部层级对信息的沉淀和过滤。避免在过多的层级夹缝中以"沉默的螺旋"的方式集体沦陷，失去追求创新发展的动力。

促进企业内部多边机制的合作，要摒弃传统工业的专业分工思维，打通"分工式屏蔽"，建立各专业的链接通道，这个基于专业链接的多边网络就是专业互动的多边机制，在专业化分工的基础上解决个体或团队之间信息、能力断裂问题，实现个体或团队之间信息和知识的不断累积。

合作包含着自我否定，换言之，就是对合作方的尊重。自我否定是一种象征性行为，这种象征性有两方面含义：一是肯定所处环境中相互依存的关系；二是认可异常依存关系所带来的价值。

摒弃零和博弈

零和博弈（Zero-sum Game）属于典型的非合作博弈，一方的收益必然意味着另一方的损失，博弈各方的收益和损失相加永远为"零"，双方不存在合作的可能。多边机制则恰恰相反，它的建立不是各利益相关者的利益对冲关系，而是共治共享关系、集成与分享关系。多边机制不仅在于个体之间的协调，也在于一定原则基础上的整体协调。

多边机制从本质上来讲是一种原则，在这个原则下，个体必须符合集体的规定，选取合适的行动，而不考虑在任何特定事件及条件下各方特殊的利益，它不是通过个体间非你即我的争斗实现，而是通过平等协商来达到自己的目的，它禁止排他性、歧视性、短期性，而倡导开放性、民主性、透明性、可持续性、非强制性和合作性。多边机制具有普遍的约束力，少数个体无法阻止组织原则，否则最终会失去组织资源这个最大的利益。多边机制的行动具有单向性，一旦行动在机制框架内开始执行，其成本和收益在空间和功能上就会具有确定的扩散范围，实现 $1+1>2$ 的效果，行动停止运行就意味着多边机制组织的消亡。

第三节　寻找均衡点

西方管理学界有句名言：经理人员的任务在于知人善任，提供企业一个平衡、密合的工作组织。均衡既是传统经济学的基本理论，也是现代管理学所遵循的基本原则。马歇尔在《经济学原理》一书中所建立的均衡价值理论和纳什的博弈论给管理学带来了重大的借鉴作用，即管理是连续的，要重视静态分析和局部均衡分析。集成与分享原理从本质上反映了均衡的理念，在资源配置、制度设计、行动执行等方面，将"对立"的各方合理地"统一"起来，实现管理的过程均衡与目标均衡。很多管理问题的解决是均衡的结果，表现出妥协性。在组织运行和管理的过程中，集成与分享活动的一个关键环节就是寻找均衡点。

均衡的内外循环

均衡的实现要有畅通的渠道，不能存在"肠梗阻"，这样才能建立均衡的调节机制，保持均衡的稳定性和动态性。作为一个复杂系统和耗散系统，企业要实现均衡的稳定性，首先要破除故步自封的思想，建立企业的内外部循环机制，使企业在内部和外部保持正常的信息、能源和理念交流，使企业跟上社会发展的步伐，从而不被社会淘汰。随着企业间生产、管理、供求等流程的社会化和国际化发展，在以企业为主体的产品研发、设计、生产、销售、服务等价值链全流程中，社会各种要素的利益和权利分享成为一种新的社会宏观分享模式，在分享经济时代，企业的资源获取边界已经突破传统，迈向国际化。不管是基于供应链协同的链际"收入分享"、基于经济组织与社会组织共创价值的"价值分享"，还是基于消费视角、循环经济、人地协同理论的"资源分享"，或者基于协同消费以及与自然资源领域的可持续发展相关的"生存空间分享"等，都要求企业适应传统的分享经济理论及其扩展版，做好内外资源循环。诺基亚也好，柯达也好，它们都是在企业的内外部循环机制方面出了问题，没有把握外部环境传递的需求信息，从而导致富可敌国的商业帝国轰然倒塌。

均衡循环机制的建立还要求企业建立内部循环机制。实际上，企业是一个包含多边机制的统一体，如生产机制、激励机制、研究机制等，这些机制之间也要建立均衡的循环机制。事实上，多边机制已经包含了为维持集体秩序的稳定，个体应该协同互动的思想。斯宾塞认为，社会作为一个整体，具有系统性、结构性、功能性，以及构成社会有机体的各个部分之间的相互协调性和依存性，包含着由个体组成的社会结构功能。个体行动是个人或单体组织为实现某种目标而采取的行动，包括行动者、手段、情景、规范、价值观和目标等要素。个体行动通过互动产生固定模式，这种模式被称为社会系统。整个社会系统分为 4 个子系统，即行为有机体系、人格体系、社会体系和文化体系。帕森斯认为，这些子系统分别承担一定的功能，即适应、目标实现、整合和模式维持 4 个功能，其中整合功能就强调系统内部各组成部分之间的互动协同关系。社会系统多边机制的构建可以通过内部子系统的循环实现整体系统的稳定和固化，如同地球的生态系统，具有自稳定功能。多边机制的内部循环功能使得系统内部的集成与分享具有自稳定特性，从而通过良性循环实现系统的稳定和可持续发展，它是系统稳定和发展的原动力，也是集成与分享自生性的体现。

局部和整体

企业内部均衡的形成，在一定程度上，是收益与成本、现在与未来、风险与确定性动态博弈的结果。这种均衡，既包括局部均衡，也包括整体均衡，还包括二者之间的均衡。对一个企业来说，以部门为界，企业内部的均衡是整体均衡，组织内部则是局部均衡。整体均衡和局部均衡之间达成的均衡是一种非常态现象，而常态是非均衡。然而，非均衡的出现只要朝着均衡的方向发展，即呈现良性循环的态势，便仍可以实现企业内部均衡的稳定性。这种稳性均衡有助于企业与员工之间保持畅通有效的信息沟通，实现价值和利益的认同，保障企业运行有序，最终实现效益最大化、建立最大公约数的目标。企业局部均衡和整体均衡的存在与博弈，既是集成与分享存在的客体，即差异的源泉，也是集成与分享的主体，即动力所在。因此，局部均衡和整体均衡是企业集成与分享的实现途径之一。

局部均衡和整体均衡的实现基于自我认知，即充分认识自身优势、价值观、归属以及行为方式，通过自我管理，提升个人价值并为组织创造价值，从而实现组织价值最大化。个体有意识地对自我思想、动机和行为进行调控是人类显著的特征之一，自我管理是个体层次的一次集成过程。自我管理的规模化就是授权，是自我管理规模叠加的结果，授权的过程也是一个分享的过程。自我管理的过程同时包含分享和分享后的集成。要做好自我管理，一是集体和团队要有一定的物质基础和数量规模，二是要做好知识管理，让知识分享无障碍，三是要建立制度、保证公平，四是个人或团队要有自觉意识和主动意识，而这4点恰恰是集成与分享的要点。因此，授权和自我管理能通过不断地制造均衡点，更好更快地实现组织的集成与分享。

决策制衡

决策制衡是均衡的顶层调节机制，它通过决策的制衡来保证资源的平均分配，实现均衡的动态调整。制衡是一种权力的制约和平衡机制。制衡的根本目的是实现机会公平和过程公平，制衡并不能保证结果的平衡。换句话说，制衡的结果因为禀赋的不同必然会出现结果的不公平，但这恰恰是制衡的目的所在，也是集成与分享的原动力。就企业而言，制衡机制由内部制衡机制和外部制衡机制共同构成。

内部制衡机制主要包括员工间的制衡机制和机构间的制衡机制。员工间的制衡机制是指，通过组织成员之间的合作与制衡来实现所有组织成员的权利与义务的平衡，防止企业员工利用基于信息不对称和监管末梢所带来的"县官不如现管"的信息优势来损害其他企业员工和企业整体的利益；机构间的制衡机制则是指，通过不同机构间的流程安排和有效运行来实现信息不对称条件下所有者与经营者权利与义务的平衡。

外部制衡机制主要包括市场制衡机制、法规强制性制衡机制和社会文化制衡机制。在企业里，这种制衡的目的是既要确保经营者有职有权，又要确保股东及其他利益相关者利益最大化，并防止出现股东过度干预和经营者内部人控制问题。

决策制衡机制主要是指组织的内部制衡机制，即对利益主体中的成员和管理层进行制衡，关键在于实现企业内部权力划分、责任利益统一，并相互制衡、相互依赖的组织结构安排。治理结构的分权制衡横向体现为决策与执行的分离，这种横向制衡的前提是纵向的分权制衡，即授权委托和被授权委托之间的分权制衡。其中，制衡的核心目的是警惕"绝对权力"的产生。如果在企业组织中存在缺少监督的"绝对权力"，"一把手"不但决策、经营、管理一把抓，还负责监督、统管一切，那么不但不能形成均衡点，不能实现集成与分享，还会给组织带来更大危害，如腐败和权力寻租。因此，要制造均衡点，组织内部和外部必须实现决策机制的制衡。

企业内部和外部的决策制衡机制必须具有动态性，即总是处在不平衡向平衡转移的过程中。企业决策机制的确立必须实事求是，即根据当时企业所处环境的内生需求而定。以决策机制而言，当环境的不确定性较大，需要提高效率时，宜采取集中制，强调集成；当环境的确定性大、系统风险小，需要追求公平时，则宜采取民主制，强调分享。

授权保障均衡

授权，其实是民主的一种表现形式，是员工自我管理的叠加，是团队化的自我管理。企业的授权，就其本质而言，是将企业所有领导和员工的心智、体力和奉献意识等资源通过权力决策位柄的交换纳入企业的资源体系，形成一个统一的整体，从而让集成与分享成为有本之木，有源之水。无论作为具有自边界的自组织系统还是作为他组织的社会系统，企业内人的能动性、目的性活动可以对这个组织进行合乎规律的调整，这是集成与分享原理得以成立和多边机制得以达成的客观基础。重要的是，企业内人的活动是在有岗位职责分工的情况下进行的，因此这个活动必须是有序的，这种有序活动的一系列规范本质上就是授权体系。多边机制不是靠无序的争论和简单的否定来完成的，而是通过有序的授权体系支撑的流程来实现的。

局部和整体的均衡本质上表现为资源在企业整体和局部的均衡，资源是社会经济活动的基本物质条件，企业的资源包括物质资源、人力资源等。企业的资源配置源于资源的稀缺性，企业要将有限的资源通过一定的方式配置到企业的各个领域，以实现资源的有效利用。要实现资源配置均衡，就要建立完备的决策机制，实现充分授权，而授权有利于实现自我管理。实践中，企业规模越大，就越需要分权化，提高工作效率，增加工作灵活性及选择性，通过放权让权力逐渐从管理者向普通员工方向转移。从员工的角度来说，企业整体利益维护好后，员工利益的维护也要提上日程。无论是"大河有水小河满"还是"小河有水大河满"，企业整体利益和员工利益都要实现均衡。

维护员工个体利益，实现个体循环，就应该鼓励员工充分参与组织活动，充分"授权"。企业在组织内部分享权力，或者将权力分给企业中的其他人，使他们可以更加自由、圆满地完成工作。授权以多种方式为企业赢得长期竞争优势提供了基础。一方面，授权增加了企业组织的权力总量；另一方面，授权增强了员工的工作动力。研究表明，个体循环需要一个自我效用，即产生结果、感觉自身是有效的能力。大部分人在加入组织时都希望做好工作，而授权可以使他们释放出动力，更有利于人们实现分散决策，有效地执行集中决策。授权的一个作用就是有利于实现自我管理，减少无效劳动，充分发挥每一个人的积极性，集成每一个人的知识性。其中，自我管理是指个体针对工作内容实施的计划、排序、评估、组织以及控制等一系列活动过程，而不仅仅指执行与产出和本职工作等相关的职能。

企业要做好授权管理和责任分担，首先要重视授权范畴，授权的范畴主要有 3 个方面：人权、财权和事权，其中事权还要细分为决策、风险控制、流程控制、危机处理等。"三会一层"是公司基本的授权体系，公司章程是这个基本授权体系的核心，"三会一层"所有的行为都是从这个体系衍生出来的，因此这个基本授权体系构建的质量会直接影响公司经营的效果。仅从经营角度讲，"管理层"到"职能执行层"的授权更应值得关注，这是人权、财权和事权细化、细分的过程，从表面上看，这个过程表现为公司的各种流程，公司要不断利用多边机制的有利条件，动态重置流程，调整议事规则、评审规则、表决规则、审批规则、监督规则，形成横向制衡、纵向通畅的流程体系。

企业还要重视授权结构。集成与分享强调的是权力分配的模式，并没有明确要求权力一定分配给"谁"。"三会一层"基本授权体系反映的是公司整体结构，在知识经济时代，更要看重个体和整体的关系，因为公司权力的分配不是简单地由"管理层"到"执行层"。更准确地讲，权力融汇在运营的流程之中，真正行使权力的是流程各个节点的个体。如果一个公司组织结构充满活力、反应灵敏，那么其授权过程一定关注到了流程节点的作用，并相应地对节点个体或团队提出能力建设要求。

集成与分享原理提倡的不是依赖于某一个、某一方的权力，而是分散权力、集中智慧、分享成果。多边机制虽然分割了权力布局，但仍然以权力为中心。与权力对应的是责任，责权利对等，有什么样的权力就对应什么样的责任，问责是多边机制不可缺少的组成部分。企业的问责机制要与授权体系相配套，明确问责的范畴及形式。问责不是目的，公司要充分利用内部审计、职能管理手段，及时进行风险预警和事中纠错。

均衡的均衡

均衡的均衡主要表现为组织的有序性。上面所说的结构的均衡、机制的均衡和资源的均衡归根结底都表现为有序。有序是指系统内部要素之间，以及系统与系统之间有规则的联系或联系的规律性。有序是相对于无序而言的，无序是指系统内部要素之间，以及系统与系统之间无规则的联系或联系的无规律性。人类获取和使用信息的客观目的不仅是从抽象意义上消除其结构上的不确定性，还在于实实在在地增强自己生存与发展的能力，这种能力的一个典型特征就是功能上的有序性。信息的本质应该从其功能特性而非结构特性去理解和定义。因此，对于各种生命机体及人类等耗散结构来说，信息的根本作用在于作为生命推动力"提高机体功能有序性",而不是"提高物质结构有序性"。系统的发展演化通过涨落达到有序,而均衡实现了系统的有序性。反之,非均衡将造成无序系统。均衡点的形成不是一个最终状态,而是一个暂时状态,是在一定时点的均衡;系统的不断变化必然会带来均衡点的不断发展,从而实现系统从无序到有序。

系统的序是多方面的,根据系统的结构和功能,可以分为结构序和功能序;从时间和空间的角度划分,可以分为空间序、时间序和时空序;从宏观和微观的角度划分,可以分为宏观序和微观序。一个系统,可以是宏观无序且微观也无序的,例如平衡混沌系统;也可以是宏观无序但微观有序的,非平衡混沌系统就是这样的系统,非平衡混沌系统从宏观上看是无序的,实际上却具有非常复杂的秩序,可以说是微观有序;还可以是宏观有序且微观也有序的,例如耗散结构系统。这就表明,系统要在不同的时间、不同的空间制造不同的均衡点。

集成与分享的发展要依赖有序性,这种有序性强调:一要做好性质的区分,即该集成的要集成、该分享的要分享,两者不能位置颠倒或者相互占位。如果不做性质的区分,只能使集成与分享失去客体。二要做好秩序的连接,集成完毕之后一定要分享,分享完成之后必须要集成。如果集成与分享的连接秩序错位、断档,就会使集成因过度集中而膨胀、爆炸,并因分享的缺乏而失去发展的可持续性。分享完成必须集中,否则会过度分散、虚化,并因集中的缺乏而失去发展的基础。三要做好时空的平衡。集成与分享是为了实现利益的最大化,而在发展的过程中,最大化的利益必然意味着局部或者暂时的利益损失,但这种利益的换位或者说时空平衡要注意有序性,不能一味追求平衡而忽视发展的有序性。否则，时空发展的无序性会因集成不足或分享不足而成为集成与分享的主要障碍。

第四节　技术优先

技术是经济发展的推动力，企业管理同样需要技术的推动，面对以技术含量为特征的经济形式，管理活动要以技术策略和技术手段来应对，管理技术手段的驾驭和开发成为集成与分享的重要实现手段。管理技术手段一方面体现了集成与分享原理的应用，另一方面也改变着集成与分享的方式。技术进步既来源于集成与分享，也是集成与分享的方式。技术的开发，实现了集成与分享知识链的延长，为传统集成与分享管理模式的改进提供了新思路——知识管理不能仅停留在知识链的"头部"，而应该将知识链长尾也纳入其中，充分发挥集体智慧，为组织建立具有自组织性和综合集成性的知识生态系统，从而降低知识处理模式中存在的创新风险和共享成本。因此，技术进步是知识发展的核心，是集成与分享不断循环的过程。伴随着技术进步，企业要适时地改变集成与分享的方式，从显性和隐性两个方面进一步实现新知识的集成与分享。

技术引领未来经济业态

技术的发展不断创新我们的经济业态，从企业资源计划（ERP）到人机交互，再到智能技术，技术创新为管理活动提供了效率和控制支持，企业管理的技术应用要特别注重新技术的整合性，未来经济必然由技术、数据、思维 3 个支柱引领并决定。2016 年 3 月的人机世纪大战，人工智能系统 AlphaGo 完胜世界围棋冠军李世石，使人类更加看到了技术的力量及其可能带来的经济业态的革新。

新智能技术的一个重要组成部分就是 ERP。ERP 把局部的、片面的信息集成起来，轻松地进行衔接，使预算、规划更为精确，控制更为严格，也使得实际发生的数字与预算之间的差异分析、管理控制变得更为容易与快速，有利于企业决策的科学化。

新智能技术的另外一个重要组成部分就是人机交互。人机交互技术在人与计算机之间寻找到最佳的协同状态，推动了知识的创造、表达、存储、检索、推理、验证、抽取和再现。集成能力远远超过人类的计算机"超知识处理系统"的出现，使得集体智慧的集成变成可能，同时为集体智慧的分享提供了高效途径。人机交互以互联网为平台，推动普通员工的角色从信息消费者向信息制造者转变，使普通员工能够参与企业知识的分享和创新活动，实现网络服务增值。

在人机交互成功应用案例中，用户数量往往决定其价值大小，作为人机交互的典型应用之一，维基百科全书（Wikipedia）就是集体智慧的结晶，其每一条内容既可以被任意互联网用户添加，又可以被其他用户编辑，从而保证百科全书的内容不断更新。随着维基用户数量的增多，其内容将更可靠、更新颖和更完备。维基百科全书的成功说明，企业进行广泛的集成与分享具有重要意义，集成与分享的范围越广，由集成与分享创造的知识点就越多，集成与分享的质量和效率也越高。当然，决定集成与分享质量和效率的不仅仅是企业的规模和员工数量，更重要甚至更根本的是，企业集成与分享的开放性。也就是说，企业的集成与分享到底是内部的集成与分享，还是内外兼容的集成与分享。圆外的世界永远大于圆内的世界，开放的技术心态会扩大企业技术集成与分享的主客体范围，企业管理者对技术本质的理解也会决定技术手段的可获得性和使用效率。新技术的出现为集成与分享提供了新手段，集成与分享的管理也要适应这种新常态，熟悉新手段。

以 ERP 实施企业信息管理

20 世纪 90 年代初，ERP 由美国加特纳公司提出，ERP 是一种在物料需求计划（MRP）Ⅱ 的基础上进一步发展而成的、面向供应链的管理思想和管理技术。ERP 管理系统是一个在全公司范围内应用的、高度集成的系统，覆盖了客户、项目、库存和采购供应等管理工作，通过优化企业资源达到企业资源效益最大化。除了制造、供销、财务功能外，ERP 系统还支持物料流通体系的运输管理、仓库管理、在线分析、售后服务；支持多语言、多币种、复杂的跨国组织类型；支持远程通信、电子商务、工作流的集成；支持企业资本管理。ERP 实际上已经超越制造业的范围，成为具有广泛适用性的企业信息管理系统。

随着技术的进步，ERP 系统经过了 MRP 和 MRP Ⅱ 之后显得更加完美，具有卓越的性能。ERP 系统在 MRP Ⅱ 的基础上嵌入了客户关系管理（CRM）功能，扩展了企业的管理范围。它以客户和市场需求驱动业务和运营流程，把客户需求和企业内部的制造活动以及供应商的制造资源整合在一起，形成一个完整的供应链；它使企业能够对供应链上的所有环节，如订单、采购、库存、计划、质量控制、运输、分销、服务与维护、财务、人事、实验室、项目、配方等，进行有效管理。ERP 系统基于项目的设计理念，能够同时满足制造业和非制造业的需求，增加了行业适用性。ERP 系统除了具备 MRP II 的制造、分销、财务管理功能外，还增加了支持整个供应链物料流通体系中供、产、需等各个环节之间的运输管理和仓库管理，以及支持生产保障体系的质量管理和实验室管理。此外，ERP 系统还提供了菜单式的个性化功能、更加优越的框架和应用一体化技术，极大程度地提高了软件可定制性，减少了企业用户对软件供应商和 IT 技术的依赖；提供实时的决策支持系统（DSS），让企业决策更加有效和及时；ERP 系统的 B2B、B2C 和 B2E 的协作模式，能让不同的客户、合作伙伴和供应商参与其中，使企业的集成与分享客体和主体从企业内扩展到企业外，增加了企业集成与分享的基础。ERP 系统应用完整的组织架构，可以支持企业跨国经营的多国家和地区、多工厂、多语种、多币种应用需求。随着 IT 技术的飞速发展，以及网络通信技术的应用，ERP 系统能够使企业对整个供应链信息进行集成管理。

ERP 系统的这些性能使其具有如下优势：第一，它支持跨部门、跨区域使用，支持在局域网或互联网使用，提高了使用的便利性；第二，使用成本低，统一的管理平台能降低企业部署其他商业应用系统的成本，以及企业使用分散式系统所需支付的升级和维护费用，提高系统使用的费效比；第三，配置灵活，使企业通过模块式的管理获得最佳的功能组合；第四，多语言、多币种的应用使跨国企业和企业跨国的交易、管理变得可能；第五，系统具有易用性，使企业管理者通过一台电脑即可管理整个企业，并且可以根据自己的需要随时随地获取任何细节信息；第六，一体化运作能够最大化地实现工作协同、信息共享，解决了分散式系统数据冗余和不一致的问题。

企业要建立 ERP 系统，大致要经历 3 个步骤：首先，建立企业的信息管理系统，支持大量原始数据的查询、汇总，奠定数据和信息基础；其次，建立客户订单、在库物料、产品构成的线下线上的管理能力；最后，形成以计算机为核心的闭环管理系统，使企业的人、财、物、供、产、销能够全面结合、全面受控、实时反馈、动态协调，从而实现以销定产、以产求供，降低成本的总目标。

企业建立 ERP 系统为集成与分享提供了最直接的技术手段，使企业的整个流程、全部机构和所有人员都处于信息流中，真正实现了人、财、物的无缝对接，奠定了企业集成与分享的物质基础。企业建立 ERP 系统，还能提高生产效率和员工知识集成与分享的效率，形成集成与分享的企业文化，奠定集成与分享的认同基础。技术手段的装配和更新使企业能够建立技术和结果的良性循环，在分享集成结果的同时，生产出更多的集成标的。ERP 系统的建立是企业实行集成与分享的基本技术手段之一。

ERP 与企业内部控制

企业内部控制是指由董事会、监事会、经理层和全体员工实施的，旨在实现控制目标的过程，其目标是保证企业经营管理合法合规、资产安全、财务报告及相关信息真实完整，提高经营效益，促进企业实现发展战略。企业内部控制主要由 5 种要素构成：控制环境、风险评估、控制活动、信息与沟通、监控。

ERP 系统的引入，对强化企业内部控制来说具有较大影响。通过 ERP 系统，企业采用信息化手段进行内部控制能够有效弥补人工控制的缺陷。首先，通过计算机和网络进行信息处理和传输工作，极大地提高了工作效率，从而从时间和技术上为内部控制实现集中核算提供了保证。其次，内部控制机制嵌合在 ERP 系统中，通过 ERP 系统的运行可以强制实施，不仅可以克服人为因素的干扰，做到一丝不苟、铁面无私，而且其实施过程也将成为内部控制活动的一部分。

作为内部控制的自动控制手段，ERP 系统的控制方法包括一般控制和应用控制。这两类控制均是 ERP 系统产生的特殊控制（即计算机的安全控制），作用在于预防、发现和纠正系统产生的错误、舞弊和故障，使系统正常运行，最终提供及时、可靠的会计信息。ERP 系统对企业资源的有效利用与管理建立在合理的业务流程之上。企业实施 ERP 系统，首先要对业务流程进行重组（BPR），然后必须对会计业务流程进行重组，从而确保企业有一个科学、规范的管理信息基础。

ERP 与企业绩效管理

作为人力资源的重要管理工具，ERP 绩效管理一直被视作现代化人力资源管理的重要手段。一个完整的企业绩效管理由绩效计划、绩效辅助、绩效诊断、绩效评价、绩效反馈组成，是一个闭环系统。企业常用的绩效管理工具有很多种，根据指标的性质，可以分为相对评价法和绝对评价法。相对评价法包括交替排序法、因素排序法、配对排序法、强制分布法；而绝对评价法包括要素评定法、强制选择法、目标管理法、关键事件法、行为锚定等级评价法、行为观察等级法、工作标准法、平衡记分卡等。

利用 ERP 系统实施绩效管理一般包括以下 5 个步骤：（1）制定目标。目标的设定必须以企业战略为核心。目标制定的工具包括关键成功因素法（CSF）、目标管理法、关键绩效指标的引入等。在目标明确后，为了衡量目标和指标的可行性，企业必须对计划目标进行建模预测。（2）目标的实施与辅导。在 ERP 实施过程中，企业要将目标与系统的各个环节相结合；系统的实施要与各个业务绩效监控点相结合。企业在系统实施之前，一般可以做一个监控点的数据调查，作为系统实施前的绩效参考。（3）目标的监管和评价。只要明确了绩效监控点，企业通过 ERP 系统的数据集中管理模式，就可以非常容易地提取数据报表。对这些数据进行监管和评价是 ERP 系统实施和绩效管理的核心。（4）目标的改善和提升。成熟的目标管理和绩效管理并非一蹴而就，它是个螺旋式上升的过程，必须通过不断的反馈、改善和提升来实现最优。（5）系统目标实现后绩效反馈。ERP系统管理的目标与企业战略目标以及企业绩效管理的目标是一致的，最终可以通过绩效反馈给予员工薪酬等方面的奖励，这是绩效管理不可或缺的一个环节。

企业可以通过制度来约束员工的操作，但仅仅通过制度并不能有效提升管理效率，问题往往还出在对员工的激励和考核上。一套设计优良的绩效评估体系，在对 ERP 系统的应用过程中可以发挥比较明显的作用，同时绩效管理本身对员工的业务指导、操作评估、绩效考核、业绩评定等都可以通过量化的指标进行。

以技术优化管理机制

实践中，管理技术必须随着内部条件、外部条件的变动而调整。企业管理必须跟踪最新的管理技术，根据阶段的不同设定不同的管理模式。在技术快速发展的时代，以变应变，随时调整管理策略以服务于管理是企业发展的真谛。对一个企业来说，企业经营策略是指基于核心价值观和共同愿景，为了实现一个具体的经营目标，在一定的市场环境条件下，所采取的行动方针、方案和竞争方式。它规定了在一种可能发生或可能预见的情况下，企业应采取的行动。企业的管理策略是基于一种不确定性而建立的一种指导性方针，这种不确定性就要求企业在设定策略时，掌握现有技术，并对未来技术发展方向有基本的预判，以保证策略的有效性和前瞻性，而技术的发展能完善管理手段并优化管理机制。

技术进步完善管理手段。管理手段是指企业基于核心价值观，保障管理策略发挥作用，顺利实现企业愿景的具体方法。现代社会中，技术的进步带来了企业管理策略的适时改变，同时带来了管理手段的革命。其中，科学的数学模型的出现，让更多的企业可以采用系统理论设计管理手段。通过科学的数学模型实现计划、方案设计、办法的最优化选择，使得复杂问题系统化、简单化。同时，技术的发展还实现了管理的标准化。基于数据分析和精妙的算法，并配合信息网络的使用，可以分析管理活动的规律，计算管理工作中重复出现的内容，制定标准数据、标准工作程序和标准工作方法。技术完善管理手段的前提是对技术的充分了解和掌握。在此基础上，基于现有技术，要确定问题的性质和范围，研究问题包含的主要因素，分析系统要素之间的相互关系以及和外界环境之间的相互关系，以此来划定问题的边界。这是依据现有技术设定模型，比较各种模型和方案的基础。

技术进步优化管理机制。技术不仅改变了管理模式、管理手段，而且改变了传统组织管理中"自上而下"的"他组织型"信息管理模式，逐步实现管理机制的优化。管理机制是指管理系统内在的结构与激励，是一种内运动过程，它的形成与作用基于企业自身的基本结构。管理机制是一个完整的有机系统，它客观存在，不以人的意志为转移。管理机制由组织自身的基本结构决定，但它的形成不是一成不变的，即它可以依据客观环境自动发生转变，具有可调性。博客（Blog）的产生就是最好的例子。博客运行中，任何用户可以发布、组织和管理自己的信息，并根据自己的兴趣爱好自由组建博客群（或博客圈）和推举博客群主（或圈主），群主负责定期组织圈内讨论、引导讨论内容和方向、回答网友提问、管理群内已发布的信息。博客改变了传统的网站管理人员负责网站内容的发布、组织和管理模式，实现了网络用户的自我管理，方便了知识的分享、创新和监督管理。因此，通过"轻量级编程""永远的测试版""丰富的用户体验"等手段，方便并推动了知识分享和创新活动，实现了知识生态系统的持续改进。

管理技术的提高、管理机制的完善，使企业的集成与分享在速度和质量上均得到提高。管理技术的提高使自组织出现的速度、范围和内容都在加快；同时，它减少了集成与分享过程中存在的信息不对称现象，使集成与分享的质量不断提高。管理技术的提高、管理机制的完善使 MRP 和 ERP 能够在企业管理中得到更广泛的应用，集成与分享的技术也得以改善，从而使知识集成与分享的速度和质量不断提高。

技术是把"双刃剑"

智能技术的无限发展是否违背人类的初衷，给人类套上枷锁，有待人类依据知识和智慧来判断，但人类应该保持警惕性和理性，未雨绸缪，防止被动甚至灾难局面的出现。组织在应用集成与分享原理进行管理技术开发时，要保持高度的警惕，防止技术的过度应用反制管理活动。霍金曾说过，机器人和其他人工智能设备也许会给人类带来巨大的好处，但他同时提醒，人工智能也有可能是人类历史上最后的事件。《人类简史》的作者赫拉利也指出，我们可以观察到的趋势是，越来越智能的计算机和机器人正在将人类从工作岗位上排挤出去。赫拉利由此提出一个严峻的问题：人们会不会失去他们的"经济价值"？

实际上，人类在人工智能技术的潜在风险和收益平衡方面所做的研究工作太少。人工智能的短期影响取决于由谁来控制它，而长期影响则取决于它是否能够被控制。在人工智能应用的各个领域都不乏审慎的声音，人们担心日益成熟的技术可能成为一把"双刃剑"。以智能手机为例，它已经成为人们生活的一个重要组成部分，由于它可实现实时在线，因此比电脑更容易暴露人们的隐私，成为一个更大的安全隐患。由此可见，移动互联网在追求信息高效获取的同时，还要注意个人的安全和隐私保护；在追求资源使用效率和成果利用效率的同时，还要兼顾知识产权保护等多个方面。面对新技术可能带来的风险，集成与分享的管理也必须提高警惕，做好风险控制。

第五节　知识管理

现代社会正在进入一个前所未有的大众共同参与经济活动的新时代，马化腾提出了"分享经济将成为促进经济增长的新动能"的新论点。在知识经济时代，知识型员工的知识共享模式发生了重大变化：虽然员工不愿意共享自己的核心知识，但是非常愿意共享对自己来说不是非常重要的知识。由于核心知识因人而异，当现代组织的知识链条足够长时，人们可以以"更小的代价"获取"更重要的知识"。虽然员工不愿意在他组织型利益团体内共享知识，但是非常愿意在自组织型非利益团体内共享自己的知识，如虚拟团队、网络社区。因此，基于虚拟开放环境的自组织型虚拟组织开始成为未来知识管理的重要场所。知识的几何式增长和分布式存储，更加突显知识管理的重要性。知识是集成与分享的灵魂和本质，存在于集成与分享的每一个角落，知识的变革推动了集成与分享的一次又一次上升，集成与分享的管理过程就是知识管理。

关于知识

知识是人的认知边界，知识本身是一种存在，它是无边界的，但对知识的掌握则由人的认知水平，即边界决定。在理解知识的含义和对人类社会发展的作用时，有必要把作为人类社会共同财富的知识与个体头脑中的知识区分开来。人类社会的知识是客观存在的，是集体智慧的结晶，是人们的共识，是分享的基础，但个体头脑中的知识并不是客观现实本身，而是个体的一种主观表征，即人脑中的知识结构，包括感觉、知觉、表象等，还包括概念、命题、图式，它们分别标志着个体对客观事物不同反应的广度和深度，它们通过个体认知活动而形成。个体知识与公共知识、个体知识与个体知识的交互过程就是集成与分享的过程。对个体或企业而言，最重要的是建立自身的知识体系。

知识体系是若干分段知识相互联系而构成的一个有特定功能的有机整体。知识体系包括客观的知识体系（如数学、互联网等知识）和主观的知识体系（存在于每一个人主观意识中的知识），同时，还可分为原生知识体系和自主知识体系。正是知识的这种特性，使其具有较强的公共产品属性，知识创新者如果把他的知识创新藏起来，那么他的创新就不会被承认，就没有意义。更重要的是，知识的使用和消费不仅不会使知识减少，反而会使知识增加。从宏观来看，知识产品的外部性，即知识产品的社会效益，要远远高于知识产品给生产者个人带来的效益，使得其公共产品属性更为突出。

知识管理的不可或缺性

作为一种特殊的信息，知识具备了更多的附加特征：隐性特征（知识具备较强的隐蔽性，需要进行归纳、总结、提炼）、行动导向特征（知识能够直接推动人的决策和行为，加速行动过程）、动态特征（知识不断更新和修正）、主观特征（每个人对知识的理解，都会加入自己的主观意愿）、可复制/转移（知识可以被复制和转移，可重复利用）、延展生长特征（知识在应用、交流的过程中，被不断丰富和拓展）。通过对上述特征的理解我们可以得出结论：集成与分享的对象从本质上讲就是知识。企业的知识以一种"流"的形式存在，这种知识流通过两个非常著名的效应，即乘数效应和再循环效应，作用于企业的知识管理。

知识经济是指经济增长直接依赖知识和信息的生产、传播和使用，以高技术产业为第一产业支柱，以智力资源为首要依托的经济形态，它具有可持续发展性。在知识经济时代，企业的知识管理具有不可或缺性，它是企业内生的必然行为。所谓知识管理，就是在企业构建一个量化与质化的知识系统，使企业的资讯与知识能通过获得、创造、分享、整合、记录、存取、更新、创新等过程，不断地回馈知识系统，形成智慧循环，从而有助于企业做出决策并适应市场变化。因此，企业的知识首先可以提高企业的组织智商；其次可以提升组织记忆，少犯重复性错误；最后通过积累减少重复劳动，提高劳动效率。

企业的知识管理是竞争导向、顾客导向、员工的流动性、环境的不确定性以及全球化多种因素影响的必然结果和客观需求。第一，激烈的市场竞争使创新的速度加快，企业必须不断获得新知识，并利用知识为企业和社会创造价值；第二，企业是价值创造的主体，企业所获取的知识最终要为客户所用、所接受，企业的顾客导向决定了它必须进行知识管理，从而不断地生产并交换知识；第三，员工流动的加快使知识的储蓄和交流变得更加重要，如果企业不能很好地管理员工的知识，便会有失去其知识基础的风险；第四，环境的不确定性要求企业只能以知识的确定性来降低未来不确定性的影响；第五，全球化经营要求企业具有交流沟通能力以及知识获取、知识创造与知识转换的能力，这种能力的获取也只能通过知识管理实现。总之，激烈的市场竞争和开放的市场环境使各项资源可以在全球范围内流动，企业需要通过资源的集成与分享战略及提升集成与分享能力来优化资源配置，增强企业的竞争优势。知识管理在本质上源于资源的战略观，是企业能力理论和基于知识的战略观的进一步深化。因此，知识管理理论可以被扩展到企业所有资源的管理当中，成为企业资源"集成与分享"原理和模型的重要借鉴。企业内的各种资源能够通过集成活动产生最大化的效益，分享活动则在更深的层面体现了知识等资源的公共产品属性。

知识管理与自我驱动

一个组织的存在或发展源自组织内部或外部的知识和技术。尽管两方面的知识和技术都很重要，但是仅仅依靠吸收外部的知识是不够的，组织利用外部知识的能力对保持持续的竞争优势来说并不能起到决定性作用，这是因为外部知识也可以被其他组织理解和掌握。相比较而言，内部知识无法广泛地被其他组织理解，因而是构成组织持续竞争优势的基础和核心。

内部知识对组织发展来说是至关重要的。在组织内部将学习知识的最好做法转移到其他部门以增进知识的应用，是组织取得优良绩效所必需的。由于知识的内部转移比外部转移更少受到保密性、合法性等因素的制约，因此在其他条件相同的情况下，内部知识共享速度快、层级少。在快速变化的市场竞争中，组织必然越来越求助于内部共享知识的能力、外部知识集成的程度、外部知识共享的程度和自身的接受程度。

知识分享可以有效避免知识流失，而知识流失是企业管理中较为突出的问题。根据咨询机构的调查报告，仅有12%的企业内部信息和知识在需要时可以很容易地被人们获取；46%的信息则以纸张和电子文件的形式存在，虽然这些电子信息在理论上更容易被分享，但是由于各种原因（如各方信息的数据格式不兼容、纸张文件和电子文件转换困难），真正的信息交流难以做到；剩余42%的信息则存在于员工的大脑之中。在知识型企业中，存在于员工头脑中的知识比例更高。这一事实说明，一旦那些既有专业知识，又有一定工作经验，能独当一面的专业技术人才离开企业，就会将大量的行业信息和科技成果甚至用户信息带走，给企业发展带来严重损失。

企业内部开展知识共享，实际上首先是知识的集成，它以分享的形式，将分散在员工各处的知识通过存储范围的扩大实现知识的集成与分享，存储在企业知识库中，成为企业知识的一部分，这样可以降低知识的独占性给企业带来的经营风险。同时，通过扩大存储范围和高质量的知识分享，如"传帮带"等，可以促进知识在企业内部的传播，最终实现企业知识的集成与分享。

企业在开展内部知识共享的同时，还要注意内部组织的自我管理和驱动。彼得·圣吉将组织视为人们思考、互动的产物，认为企业应以学习型组织为导向，围绕自我超越、团队学习、系统思考、心智模式、共同愿景进行5项不同的修炼。这种修炼的结果就是企业自我驱动能力的提高，增强企业知识管理的内生能力和基础。

通过知识分享提高核心竞争力

知识只有被人掌握才能直接应用于经济活动，某一时刻掌握知识的人数及掌握知识的人所处的位置决定了知识的可使用规模及使用方向。然而，企业中知识的分布与企业对知识的需求分布很少一致，岗位、人和知识常常处于不匹配的状态。作为配置知识资源的两个手段，人的流动和知识的共享各有特点：人的流动比较快捷，但将使包括环境知识在内的部分知识失效；知识的共享比较缓慢、成本较高，却可以实现知识的重新组合，增加人力资本，提高工作效率。

对企业来讲，最大的竞争财富是员工的判断力和经验，目前仅仅把重要知识被动地存储在个体大脑中的做法已经远远不能适应知识发展的形势了。劳动力的流动速度加快、教育水平下降以及业务变化频繁，都意味着企业不能再依赖个体员工所表现的洞察力。因此，无组织地分散在员工队伍里的知识必须通过杠杆作用提高到企业的层面。在企业层面，利用整体利益的一致性以及有效的管理，就能够更好地获取、综合、增加知识并延展学习。企业组织和员工个体都必须在企业的不同功能和层次上快速而有序地学习知识。

在新经济时代，组织的核心竞争力首先来自持续不断的创新能力。在经济全球化时代，与技术发展潮流保持同步的有效方法就是充分利用集体知识优势，加快知识共享。由于员工与员工之间存在知识壁垒，如果一个企业能够整合比别的企业更多更快的创新资源，那么它的竞争力将会更强。不论通过何种途径，人类知识的创造是隐性知识和显性知识互动的过程。在知识创造过程中，不同思想的交融和知识的再利用是主要的特征。在具有不同的背景、观点和动机的人们之间进行知识共享，是组织知识创造的关键步骤。知识创造利用组织成员的专业知识，通过学习扩展了组织的能力。知识产生于知识共享的过程，而且交流和共享越多，产生出来的知识就越丰富。在许多有形、无形的知识实现共享之后，围绕组织的核心能力，集成与分享可以创造出大量的知识资产，如专利、著作权、商业模式等，使得组织的核心能力得到增强。

知识管理的主要路径

从逻辑上讲，知识管理的目标有两个：一是实现知识的增长，即有增量知识，因此知识管理的第一个路径是建立创新机制；二是实现存量知识的交流和分享，因此知识管理的第二个路径是搭建知识交流的平台和机制，并将隐性知识显性化。

创新机制的形成从根本上取决于知识创新意识和投入。在知识经济时代，企业的创新意识普遍较高，但对创新的投入难以取舍。我们可以将知识的创新机制理解为一种期权，但这种期权的投入产出比和交割日期有一定的不确定性。在投入产出不确定的情况下，持续地进行创新投入本质上反映了企业根植于心的创新文化。没有创新的文化和相关的收益预期，创新是不可能持续的。

存量知识的管理主要有 3 个方面：一是提升存量知识覆盖的范围，让更多的领导和员工掌握企业已经存储的知识，并提高知识掌握的熟练程度和精确程度；二是提升存量知识交流的速度，让知识在不同的部门和员工间更快地交流共享；三是提升存量知识交流的效率和匹配性，让知识能以最经济和最有效率的方式流入它该流入的地方。正如一线的生产工人不用掌握财务会计知识，企业不是要让每一个员工掌握所有的知识，而是按岗获取和交流知识。应该说，专业性知识越强的企业，越容易在交叉领域产生新的知识，这种知识和岗位匹配的企业是知识管理最高效的企业。

提高存量知识覆盖范围和传播速度的一个主要方法就是将隐性知识显性化。亚洲著名的管理大师野中郁次郎（Nonaka）认为，知识是一种被确认的信念，通过知识持有者和接收者的信念模式和约束来创造、组织和传递；组织在传递知识的同时，也传递着一套文化系统。野中郁次郎把知识分为两种：隐性知识（Tacit Knowledge）和显性知识（Explicit Knowledge）。根据这样的划分，以书面文字、图表和数学公式加以表述的知识就是显性知识，企业可以通过阅读材料或教材，参加会议和查询数据库获得，这一类知识可以实现信息化；而在行动中所蕴含的未被表述的知识属于隐性知识，它们是更加含蓄的知识，难以量化和信息化，难以通过正式的信息渠道转让。

提高存量知识覆盖范围和传播速度的一个根本途径是将知识管理制度化或者系统化。系统化、制度化的知识集成与分享，能够保证知识的交流和增长永续规范地进行，并且实现集成与分享理念和成果的持续正向互动，促进知识管理体系的稳固，从根本上解决知识管理"一阵风"、形式化的问题。

第六节　协同

协同并不是新生事物，它随着人类社会的出现而出现，并随着集成与分享的进步而发展。人作为社会的存在，社会化过程在本质上就是一个协同过程。协同是指元素对元素的相干能力，体现了元素在整体发展运行过程中协调与合作的性质；它是两个或者两个以上的不同资源或者个体，协同一致地完成某一目标的过程或能力。结构元素之间的协调、合作形成推动效应，推动事物共同前进。对事物双方或多方而言，协同的结果是个体获益，整体加强，共同发展。使事物间属性互相增强、向积极方向发展的相干性即为协同性。协同已不可避免地成为组织，特别是专业化分工的集团性组织的战略选择和技术手段。

协同的本质

广义的协同是指社会范围内的协同；狭义的协同是指特定组织范

围内的协同，如企业内。集成与分享要求下的协同有：资源共享（职责共治局面，降低沟通成本、运营成本、交易成本）、价值链接（客户、渠道、产品与材料的上下游）、品牌商誉的协同。其中，狭义的协同是指在假定其他均衡不变的情况下，孤立地考察个体和集体之间的关系或均衡状态并为一致目标共同作为的状态，而不考虑个体之间的相互联系和影响；广义的协同是指在承认个体与组织之间存在相互联系和相互影响的条件下，所有组织中个体和集体之间是均衡的并为一致目标共同作为的状态。组织形成的过程需要对资源进行合理与科学的配置，通过降低协同代价实现组织的共同目标。无论是组织内部的集成与分享，还是组织与组织之间的集成与分享，协同都是成本最低的方法。组织内部人员在资源、知识和观点上的集成与分享，都能通过协同机制最快、最高效地完成；组织与组织之间的资源交易、技术传递和资金流转，协同也是成本最低的交易和转移形式。

关于协同产生的原因，有外在和内在两重因素。从外在因素来讲，一是在全球化、信息化、差异化市场环境下，企业面对的市场越来越大，需求差异越来越强；二是为了满足差异化和规模化市场的需求，企业的规模也越来越大，部门也越来越多，企业内部差异性和能力不足是协同产生的外因。从内在因素来讲，信息不对称所带来的道德风险和逆向选择，以及由科斯定理所决定的企业内部市场的存在，决定了企业可以通过协同部分沟通企业内部市场的联系，并通过信息的公开化降低逆向选择和道德风险。通过发挥协同作用，企业可以实现规模经济和范围经济，并获得协同效应。其中，规模经济是产量上升、规模扩大所带来的边际成本下降的现象；范围经济则是企业规模扩大所带来的包括固定成本和可变成本在内的总成本占收入比下降的现象。对一个企业来讲，协同包括销售协同、运营协同、财务协同、投资协同、品牌协同和管理协同。以中信集团为例，中信银行代销中信证券、信诚人寿的基金产品和人寿产品就是典型的销售协同。它在扩大中信证券和信诚人寿销售网点的同时，并没有同比例地增加营业场所费用和后勤保障人员的费用。企业财务协同的典型例子是企业内部的财务公司，基于企业内部存量资金管理需要而建立的财务公司事实上反而成为企业新业务的增长点。

目标在价值链

链接是计算机用语，指在电子计算机程序的各模块之间传递参数和控制命令，并把它们组成一个可执行的整体的过程。协同可以实现价值的链接，并进一步实现价值链的延伸。波特认为，每一个企业都是在设计、生产、销售、发送和辅助其产品的过程中进行种种活动的集合体。所有这些活动可以用一个价值链来表明。企业的价值创造活动可分为基本活动和辅助活动两类，基本活动包括内部后勤、生产作业、外部后勤、市场和销售、服务等，辅助活动则包括采购、技术开发、人力资源管理和企业基础设施等。这些互不相同但又相互关联的生产经营活动，构成了一个创造价值的动态过程，即价值链。价值链为协同提供了目标，它既是集成与分享的手段，也是集成与分享的结果。

价值链在经济活动中无处不在，上下游关联的企业与企业之间存在行业价值链，企业内部各业务单元的联系构成了企业内的价值链，而企业内部各业务单元之间也存在着价值链联结。价值链上的每一项价值活动都会对企业最终能够实现多大的价值造成影响。同时，价值链的各环节之间相互关联，相互影响，一个环节经营管理的好坏可以影响其他环节的成本和效益。对于企业的价值创造，无论是价值链还是价值网格化，均需要对企业内部以及外部的资源进行创造性融合，在各要素的结合过程中注入创造性思维。将企业内外部的关键要素经过主动的优化、选择搭配，以最合理的结构形式结合在一起，就会形成一个由适宜要素组成的、优势互补、匹配的有机体。价值链实际上是一个集成过程，而其效应的发挥是一个分享过程。价值链的延伸实际上是通过上下游的纵向一体化以价值流的时空转换完成集成与分享的。因此，价值链是集成与分享在企业管理中的一种表现形式，它是集成与分享的他类语言表达。价值链管理的相关理论和方法都可以作为集成与分享管理的理论指导和操作方法。

企业协同、建立价值链的结果是：（1）企业内部经营没有短板，或者说短板变得弱化，提升企业整体的经营水平；（2）通过价值链，实现企业整体效用最大化。根据木桶理论，企业的经营能力是由能力最弱的部分决定的，而企业内部协同可以通过强势部门的知识流出解决弱势部门的能力不足问题，加上规模经济和范围经济，从而使企业整体效用最大化，实现 $1 + 1 > 2$ 的效果。

协同的手段是功能互补

差异是协同的基础，互补是协同的手段。差异是世界的本来状态，认同差异的存在是对世界本真的回归，妄图消灭差异是不客观的，不缩小差异而放任自流也只能是一种主观态度，不可能持久，而协同正是缩小差异的一种技术手段和管理理论。协同是集成与分享的一种状态，通过协同，可以实现集成与分享的目标。1971 年，德国科学家哈肯提出了统一的系统协同思想，认为自然界和人类社会的各种事物普遍存在有序、无序的现象，在一定的条件下有序和无序之间会相互转化，无序就是混沌，有序就是协同，这是一个普遍规律。协同现象在宇宙间的一切领域中普遍存在，没有协同，人类就不能生存，生产就不能发展，社会就不能前进。若系统中各子系统（要素）不能很好协同，甚至互相拆台，系统必然因呈现无序状态，无法发挥整体性功能而瓦解。相反，若系统中各子系统（要素）能很好地配合、协同，多种力量就能集聚成一股总力量，实现功能互补，最终形成大大超越各自功能总和的新功能。功能互补为各协同主体提供了协同动因，而互补的功能又为协同的成功增添了效果，效果和动因相互强化，使集成与分享的主体和客体相互强化，促进集成与分享的进行。

　　社会结构的动态调整过程伴随着巨大的协同代价。就竞争稀缺资源而言，人类社会形成了两种基本的经济制度：一种是以等级制特权来规范和约束人们的行为，防止稀缺资源被滥用；另一种就是产权制度，即以财产权利来划分人们从事经济活动的自由空间，从而刺激生产、交换、分工与合作。当第一种经济制度转向第二种制度即市场经济制度时，腐败将大量发生，因为原有的等级特权不可避免地要争取最高的"权力租金"。这个过程甚至可能形成一种独特的秩序，即制度化腐败。社会管理方式的调整，应充分考虑社会资本的现状与发展趋势，还要考虑社会制度转换过程中利益群体对改革的黏性。协同的社会管理以降低协同代价为目的，为此，协同应依据社会发展的现实情况，发挥多学科的知识特长，融合多元的价值观。在社会协同管理中，社会关系是基础，制度规范是协议，经济价值是动力，文化教育是活力。

协同的底线是内部市场成本

协同是有底线的，这个底线就是企业的内部市场成本，协同所付出的代价不能高于企业的内部市场成本。企业内部市场的理论构想最早来源于麻省理工学院的福雷斯特教授。他在《新公司设计》一文中首次提出了这一构想，并勾画出未来理想的管理组织。福雷斯特教授强调，为了应对技术复杂、高度不确定以及持续迅速变迁的外部环境，新的组织应被设计成更具市场机制的特征，具有一种"超结构"。1981年，阿考夫从管理学和组织理论的视角阐述了企业内部市场理论付诸实施的主要原则，推动了企业内部市场的实践。1986年，哈拉尔从"企业战略应当适应环境变化"的角度探讨了内部市场的组织机理问题，提出了内部市场是一种将市场机制引入企业内部的"新资本主义"思想。1992年，彼德斯更是明确指出，企业内部市场就是"让市场原则进入企业的每一个角落"，以便让"看不见的手"与"看得见的手"在企业组织中相握。

到目前为止，学术界对企业内部市场的内涵还没有达成共识，有的学者从信息技术的层面对其进行描述，有的则从意识形态的高度展开分析。但是，学者们对企业建立内部市场的目的的认识比较一致：将市场机制引入企业内部，通过科层制与市场机制的有机结合，在企业内部实现"看得见的手"与"看不见的手"相握，由此形成既具统一性又有灵活性的企业内部管理机制，提高企业内部的资源配置效率和竞争能力。以这一目的为基础，我们可以认为，内部市场是按照市场经济的基本原则，充分利用经济杠杆和竞争机制，使员工和企业之间单纯的行政管理模式转变为行政管理和经济利益有机结合的管理机制，它使基层单位之间变为有价可依的经济往来关系，最终实现节约资源，降低能耗，提高企业整体经济效益和增强企业核心竞争力的目的。我们将内部市场划分为 3 个主体：一是企业本身，二是具体管理部门，三是管理个体。其中，具体管理部门是内部市场的重要环节，是个体和企业间的联系纽带。要实现 3 个主体的顺畅运行，必须建立合理的价格体系、考核体系和结算体系。其中，价格体系是内部市场运行的基础和保障，价格的准确、合理是最终结算的前提。内部市场价格有可能包括定额价格、市场价格、协议价格和现场商定价格。考核体系一般将具体管理部门作为考核主体，再依据部门考核到人。在建立 3 个体系的基础上，内部市场化可以通过职工参与经营管理，让每一个员工和企业利益联系得更紧密，同时可以更及时地反映工作成果，激发员工的积极性。

我们必须强调的是，虽然市场寓意着"制度化交换"，即市场是一种经济制度，但内部市场不具备经济制度的含义，这也是内部市场区别于外部市场的重要方面。在企业内部市场，相互交易的只是控制权，而不是所有权；内部交易所形成的利润也是虚拟的，并不直接归属于特定的内部市场主体，而都是企业法人财产的组成部分。因此，企业协同的底线应该是企业内部市场成本，企业可以鼓励内部市场的发展，但内部市场不能成为协同的羁绊。

协同与利益分配

企业要形成协同的文化，根源在于对协同文化的认同，而关键在于协同效益的分配机制。只有实现文化理论上的认同和利益分配机制的驱动，才能使协同作为一种文化和利益分配机制长久执行下去。一个组织的行为往往受动机的驱使，而动机受制于利益目标。在组织运行过程中，各利益主体的利益目标形成了多重利益主体之间的博弈关系，需要组织间选择有效的盈利方式，并建立合理的利润空间。因此有必要建立有效的利益均衡机制，避免各利益主体以无约束的心态参与博弈，从而实现多边的协同，降低组织行为难度，提高效率，扩大总体的利益规模。因此，选择盈利方式和利润空间，有利于组织有序的行为良性发展，并在组织运行的过程中实现利益主体的利益均衡行为。利益均衡是指在一定的利益格局和体系下出现的利益主体相对和平共处、相对均势的状态。通过利益均衡机制可以促使各利益主体在利益不断实现、不断增长的过程中，相互博弈，实现制衡。对组织而言，建立一套行之有效的利益均衡机制，解决利益主体的博弈行为特别重要。著名的经济学家诺斯教授认为："制度是一系列被制定出来的规则、程序和行为的道德伦理规范，它旨在约束条件下，追求福利或效用最大化利益的个人行为。"

建立有效的利益均衡机制，选择合理的盈利方式和利润空间，实现利益主体之间的博弈平衡，一方面，可以通过其实现制衡，进而有效地约束企业成员的行为；另一方面，能有效地防止利益格局调整与机构分化过程中的社会断裂与冲突，降低企业运行的成本和代价。利益均衡机制的建立，使集成与分享能在利益均衡的框架下有序转换、循环发展，而不至于产生集成与分享割裂或者单方面的沉淀行为。集成与分享的割裂或者单方面的沉淀行为是指集成或分享在集成与分享循环之后保持沉淀静止状态，不再向对方转换，形成只有集成或只有分享的格局。这种割裂和沉淀状态都以逆行为状态破坏着集成与分享的实现。因此，企业必须建立合理的协同利益分配机制和流动机制，防止出现集成与分享的单方面沉淀行为。

第七节　制度转换

制度是一种人们有目的建构的存在物。建制的存在会带有价值判断，从而规范、影响建制内人们的行为。例如，如果我们把选举制度看成是建制，那么不同地方的选举制度、规则各有不同，制度主义者会解释说，这是不同社会对选举价值观理解不同所造成的结果。集成与分享的过程在组织内是通过成文或约定俗成的制度规范实现的，与集成与分享存在周期性一样，制度的应用也存在周期性消耗和转换问题，制度的效用会随集成与分享目标和环境的变化而变化，当制度能力与所决策问题的愿景之间存在差距时，就会形成制度的体系（局部和整体）转换的需求。制度转换的本质是集成与分享机制的动态调整。

制度是集成与分享的显性化

集成与分享既是一种理念，也是一种行为。它不仅是精神层面的，也是物质层面的。制度本来属于集成与分享的精神层面，但精神层面的存在也会以物质的形式表现出来，这就是制度。制度是集成与分享的显性化，体现为两个层面。首先，制度是集成与分享的保证。只有将集成与分享显性化，制度才能作为组织的支持体系和黏合体系保证集成与分享理念的贯彻和执行。其次，制度本身是集成与分享的一部分；制度本身是集成的产物，而为了集成与分享制定的制度，如学习制度、分配制度等，能促进集成与分享的实现。

制度是集成与分享的显性化，但不是所有显性化的或者体系化的集成与分享理念、行为都是制度。制度既包括硬制度，如规章、法律等，也包括软制度，如习惯、观念和文化等。一个真正具有生命力的集成与分享制度应该是外化于形，内化于心的。进行制度转换必须注重软硬两种制度的全面转换。

制度是集成与分享的约束

集成与分享的制度体系是基于群体利益而形成的，因此无论是集成还是分享，在一定条件下，制度规范限制了选择的灵活性，当这种灵活性需要调整时，就需要对制度进行转换，把群体利益导向一个具象的行动集。制度只有在针对不确定性做持续的应对时才有意义，制度结构的改变使激励结构发生变化成为必然，进而使企业的绩效发生趋势变化。

制度设计是制度转换过程中非常重要的环节。为了实现制度转换，首先要搭建合理的架构，在集成与分享的原则下，形成制衡、约束、激励的联动体系。其次，制度要不断地进行动态梳理使之完善，保持最佳的适应性。制度的转换促进了集成与分享体系内合作行为的调整，改变了合作行为的收益和效率，如契约的执行度、激发创新愿望、获取知识的能动性。

存量知识保障制度设计的质量

制度转换要注重制度设计中的存量知识。一项制度往往以某个特定的存量知识作为其结构的一个潜在因素。根据理性选择对存量知识的阐释，当假定策略条件不变时，制度设计就可以预计，一旦存量知识是适宜的，它将可以自我维持，而且可以自发形成。制度设计的任务是引导存量知识的形成，并产生一个有效的存量知识组合。

在存量知识形成过程中出现无效率的原因主要有：（1）存量知识自身的确立可能是缓慢的；（2）非最优存量知识可能会自发确立；（3）某个存量知识可能不会随着事物的变化而有效地改变。因此，设计者需要大量的、复杂的标准，尽管这样的标准在未来可以自发地形成，但无论是私人的还是政府推动的标准化工作，都能使这种自发的制度转换过程变得容易。标准化团体能使给定的标准变得突出，并加速对它的接收进程。由于存量知识在一起构成了更大的框架，甚至更高的知识发展周期，因此在形成新存量知识时，就产生了利用现存框架来约束成本的可能性。而当存量知识的形成彼此孤立时，它们之间就存在着很大的差异，这就需要考虑文化的融合。存量知识的存在为制度设计提供了基本的质量保证。

路径依赖是制度转换的原因

"路径依赖"是制度转换的原因。诺思认为，"路径依赖"类似于物理学中的惯性，事物一旦进入某一路径，就可能对这种路径产生依赖。这是因为社会乃至经济生活与物理世界一样，存在着报酬递增和自我强化的机制，这种机制使人们一旦选择某一路径，就会在以后的发展中不断的自我强化。制度转换也存在路径依赖现象，而这种路径依赖有两种不同的情况。一种情况是某种初始制度设定之后，具有报酬递增的效果，促进了经济的发展，其他相关制度安排向同样的方向协调，这是一种良性的路径依赖。另一种情况是某种初始制度设定之后，由于违反人类通行的价值理念，受到人们内心的抵制，不仅效率低，甚至阻碍了生产活动，出现负效率，只是由于既得利益者特别是权力执掌者的维护，才会延续下来，但此时该社会进入了低效率的"锁定"状态，这是一种恶性的路径依赖。

一旦初始制度选择错了，制度就会沿着错误的轨迹向前演进，对社会造成极大的破坏，并最终将整个社会"拖入"低效率的陷阱。因此，当一种制度设计出现恶性路径依赖的偏差时，主要责任者应顾全大局，具有壮士断腕的勇气和担当，主动止损，及时纠正错误，以免积重难返。

制度转换的成本控制

制度转换是有成本的。制度转换的成本包括为实现制度转换所发生的实际投入，还包括管理成本、机会成本和风险损失。制度转换成本中，实际投入一般是显性可控的，如将制度印刷装订的制作费用等。实际投入一般占有的比例较小、金额较低，但也正是因为它的显性化，企业投入的时间和精力相对较多，企业管理在实际成本控制上投入的精力与其占有比例不相对称，浪费了宝贵的管理资源。制度转换的主要成本实际上更多的是机会成本和风险损失。这些成本因为不易预见，金额不可估量，所以不好控制，也正是因为其不好控制，企业管理者关注较少，导致制度转换的成本过高。

做好制度转换的成本控制，首先要控制好制度转换的管理成本，管理成本的控制可以通过建立良好的内控制度来实现。控制制度转换成本的关键是要保持制度的稳定，尽量减少调整的频率和深度。在必须进行制度调整时，要做好调整的准备工作，争取一次到位，不拖泥带水。其次要做好机会成本评估和风险损失控制。与机会成本和风险损失相比，实际投入、管理成本等都是显性、可控的，并且额度较小，因此制度转换成本控制主要在于机会成本控制和风险损失控制，但其难点也在此。做好机会成本控制和风险损失控制，最重要的是要做好制度转换的路径规划和风险评估。制度转换的路径规划的核心是要对制度转换的可能路径各自的总成本进行评估和判断，企业应该根据总成本，而不是单一的实际投入和管理成本进行制度转换路径规划。风险评估则要对制度转换前后一定时间内的各种风险和收益进行全面、系统的评估，尤其要评估制度转换对企业创新基因的影响。主观缩小评估的内容和时空范围都不利于进行科学合理的风险损失评估。

制度转换的执行

成功的制度转换可以促进集成与分享的融合，而集成与分享的割裂或者不匹配都会对制度转换提出要求，从而摆脱制度转换的路径依赖，完成制度转换。制度的转换可以选择渐进式的，也可以选择颠覆式的，转换的速度一定要控制好，要视集成与分享的目标和环境而定。制度转换的目标是指制度转换的预期收益，而制度转换的环境是指制度转换的控制因素，或者说成本和风险。如果制度转换的预期效益大、风险低，则可以采取颠覆式的；如果制度转换的预期效益较低、风险容易失控，但还能获得预期收益，则应该采取渐进式的。

企业制度转换的预期收益的核心是经济利益，此外还包括为经济利益服务或者可以转换为经济利益的其他因素，如竞争地位、品牌声誉、企业内生禀赋的培养和关键技术的创新。制度转换的控制因素有很多，其结果体现为经济成本。这些控制因素包括市场环境、企业的核心竞争力、企业对自身资源禀赋的判断等。当企业所处的市场环境较好、企业的核心竞争力和禀赋因素较强时，企业可以以更少的成本进行制度转换。当然，任何事物都有两面性。处于良好竞争地位的企业一般缺乏内生的制度转换压力，或者说制度转换的机会成本较高。

企业在判断制度转换的速度时，还应该进行风险评估，建立兜底机制，就像飞去来器（又名回旋镖）一样，要打得出去，收得回来，不能搞破釜沉舟式的制度转换。如果企业有良好的纠错机制，确保制度转换的风险在可控的范围内，则制度转换的速度可以快一些。

如果集成与分享的理念保持连续性的应用，制度体系做到适时转换，那么就可以保证组织结构和绩效相对稳定，并且不断做出适应性调整。在制度转换过程中，制度分析是容易忽略的工作，在得出一般性的转换结论之前，需要做扎实的实证研究。制度转换不当是系统性风险发生的重要原因。制度转换不能简单地照搬和移植，尽管制度移植可以降低制度转换的成本，但要与制度环境和制度系统相配套。在制度转换过程中，制度保障可以看作为即将引进的新制度安排的制度环境和相应的配套制度。从制度互补和配套的角度来看，最有效的制度安排是一种函数，尤其是制度结构中其他制度安排的函数。

制度移植扩大了制度选择集合的选择范围，但制度移植面临着一个"配套"的问题，例如，某一制度在国外可能很先进，但引进本国可能并不适用。制度移植可能比技术移植更困难，因为一个制度安排的效率极大地依赖于其他有关制度安排的协调。我国股票市场所谓的创新方式，如熔断机制，因盲目引进而引发股票市场混乱，究其原因在于引进的制度在中国"水土不服"。已经移植过来的制度安排要实现其功能，需要企业做出更大的适应性调整。有些制度规范植根于一定的文化土壤，如果这些制度规范离开了其相应的文化土壤，就会很难发挥作用。制度转换和集成与分享是一个相生的过程，进行制度转换，企业必须考虑与环境的匹配性。

第八节　弹性治理

　　集成与分享时空、节奏、结构等因素的调整要依据权变理论，进行弹性治理。集成与分享过程充满了复杂性和特殊性，因此要时刻关注权变，应对变化。在进行弹性治理的过程中，企业还应该注意因势利导，引导自组织的发展，并留够充足的发展空间，从而使弹性治理能够有为而治、有为可治。也就是说，企业管理要以权变为集成与分享的方法，以因势利导为时机，以预留战略空间为策略，通过自组织的发展建立主体，从而在企业主体、动力、方法和时机等多个方面实现弹性治理。弹性治理在生成集成的内容和标的的同时，还丰富了分享的内容、活力和机制。弹性治理是企业管理的大学问，也是企业管理的艺术。

管理中的权变理论

　　人类的天性是由遗传决定的，但其表现形式是特定环境条件下的行为，只有当以个人为中心和以集体（他人）为中心的表达机会平衡时，才能寻求最佳的解决路径。平衡是非常态，不平衡是常态，因此对于以人为主要实施对象和实施主体的企业管理而言，管理处处皆权变。权变是指"随具体情境而变"或"依具体情况而定"，即在管理实践中要根据组织所处的环境和内部条件的发展变化随机应变。权变理论认为，每个组织的内在要素和外在环境条件各不相同，因而在管理活动中不存在适用于任何情景的原则和方法。企业的创新意味着包容心态和纠错机制如影相随。企业集成与分享强调，有效性结果就是要在其结果中引入创新性内容，契合新的权变环境的要求。集成与分享原理的实施是以资源分散为特征的，其结果的批判性和纠错机制体现在，在共同的基础上，保持主体的相对独立性、自主性和灵活性以及主体之间的协调性。当新目标出现或外部生存条件发生改变时，集成与分享的相对平衡状态将被打破，企业必须实行权变，创造出新的非平衡状态，并由此开始新一轮的集成与分享。权变实现了管理的各种因素共存于一个统一联系的整体，满足了管理的理论方法和技术使用的有效性，并进一步实现了管理的动态发展。

孔子提倡"息争"，在处事方式上推崇用"和合"的方式来获得平衡。但在处事策略上，孔子反对僵化，处处体现"权变"思想。其中《论语》就有 3 处提到"权变"，例如，"子罕"篇"未可与权"；"微子"篇"废中权"；"尧曰"篇"谨权量"。《论语·子罕》提出，"可与立，未可与权"，意思是可以一道事事依礼而行的人，未必可以同他一道通权达变。"权者称也，所以别轻重"后来被引申为灵活变通，借指在面对具体境遇中的道德冲突时，行为主体在选择道德行为时要权衡变通。可见，世界上没有一成不变的管理模式，管理与其说是一门理论，不如说是一门实操性非常强的技术；与其说它是一门科学，不如说它是一门艺术，权变管理能体现出艺术的成分。

权变理论对企业的影响在于：如何管理企业没有放之四海而皆准的普遍方式或最佳方式；组织、系统的设计必须符合它所处的特殊环境；有效组织不仅与其所处环境相适应，企业内部的次级系统之间也存在这种适应性；只有当企业的组织形式设计得当，企业的管理风格既适应企业任务所需，又贴近企业属性的时候，企业的各项需求才能得到较好的满足。

集成与分享的管理也要善于审时度势进行权衡变通，根据环境、对象、时空的变化把握好集成与分享对象、秩序、节奏、结构和力量的平衡。世界上没有最好的集成与分享，只有最适合的集成与分享。

以变对多

复杂的问题可以用小步快走的阶段性高频次的变化来应对，即以变对多，用变化来应对复杂。权变就是指管理者应该因人制宜、因时制宜、因地制宜；管理要灵活而不固守，要多变而不单调，既能权衡轻重，又能随机应变。也就是说，管理者应依据环境的自变数与管理方法的因变数之间的函数关系确定最有效的管理方式。集成与分享存在复杂的函数关系，要处理好各种要素之间的因变关系，关键是按照权变的三原则，妥善处理集成与分享主体和客体的对称/非对称性和混合性的矛盾，以及集成与分享在宏观、中观和微观层面的复杂关系。

权变三原则包括：第一，审时度势。即审察时机，忖度形势。因为事有常变，理有穷通，人各有志，"兵无常势，水无常形"。企业要善于分析竞争对手的优势和劣势，了解规律、个体的价值趋向、内部与外部的条件，权衡利弊得失。第二，因人、因时、因地而异。不因人、因时、因地而异，是我们常说的"一刀切"，是刻舟求剑式的思维方式，跟权变理论是格格不入的。"一刀切"的思维方式不能对问题进行具体分析，满足于一成不变、粗糙的程式和标签，以至于体察民情、理解民意、上情下达、需求的异同等对管理者来说都是一个未知数，从而导致管理者成为不知变通，完全按教条处事的人。第三，基于合理化。权变的目的绝不是华而不实、哗众取宠，而是通过对不同个体的了解、理解，采用不同的管理方法。日本学者竹内启认为，国家现代化就意味着国家权力机构的合理化，经济现代化就意味着工农发展的合理化。竹内启把合理化提得这么高是否恰当另当别论，但合理化作为权变理论的原则之一是不可动摇的。合理化成为集成与分享定性分析的边界。

螺旋式上升

集成与分享的要素包括人、环境、质量和创新。在这 4 个要素中，第一核心要素是人。中国古代兵法家孙膑提出了"间于天地之间，莫贵于人"的论断，其着眼点就在于训练精兵强将，提高部队的战斗力。作为一个企业，员工以及指挥员素质的高低往往是十分重要的。第二，环境因素。就社会环境的总体而言，只有形成一个竞争态势，才会有进化和发展，而竞争必然使社会环境变化（包括社会外在变化和个体需求变化）的节奏加快。激变时代，单凭直线趋势做出判断、制订计划是冒险的，组织在新形势下必须进行纵横交叉的环境和趋势分析。第三，质量因素。孙子说："木石之性，安则静，危则动，方则止，圆则行。"若转动千仞之山的圆石，就能使其飞滚而下，形成高速度的运动，加强冲击力和能量，形成势；而若转动的是方的石头，就无法滚动形成势。方与圆就是变革的质量问题。质量大，则惯性大，变革的速度慢，但一经启动，则势能大、波及面广；质量小，则惯性小，变革容易但势能小、波及面窄。第四，创新因素。社会、组织或企业只有"出奇制胜"，才具有永久的魅力。"故善出奇者，无穷如天地，不竭如江河。"善于出奇招的人，战法变化就像天地那样运行无穷，像江河那样奔流不竭。

在权变的因素中，人、环境和质量相对而言是既定的，只有创新是能动的。对于既定因素，集成与分享只能主动地去适应，并创造条件通过集成与分享的良性循环进行改良。对人的因素而言，管理好一个团队，实现组织绩效的最优，取决于人的 3 个方面，即人的知识（能力）、主动性（能动性）和机制上的协同性（流程）。对知识的集成与分享可以提高管理者和团队的存量知识水平，并加快增量知识的普及；而集成与分享的成果，不管这些成果是物质的还是精神的、即期的还是远期的，一经显现，就会对团队管理者和成员的主观能动性和协同意识产生正面的促进作用，从而解决态度上的主动性问题和机制上的协同性问题。因此，既定因素是可以改变的。

对于权变要素中的创新因素，集成与分享管理要投入相当大的精力和资源予以关注。因为创新属于能动性因素，它不仅属于集成与分享能够自主掌握的因素，而且它的成败事关两个方面，一是创新的投入多、风险大、面临的不确定因素复杂，创新的失败意味着整个集成与分享流程的失败；二是创新对既定因素的破局会起到较大的作用。如果创新能引导既定因素进入良性循环，则集成与分享全局皆活，否则全盘皆输。集成与分享的管理应在平衡投入和风险的前提下，在改良式创新和革新式创新之间做好平衡，并以既定因素的破局为第一要素，通过集成与分享的内循环机制完成制约因素的转化。

权变行动的最终指向是改变，改变就意味着对原来的否定、批判；权变的过程也是扬弃的过程，这种扬弃意味着有继承、有放弃、有保留、有调整。这种否定和扬弃决定了权变是个动态循环过程，它从次序上说是"集成—分享—再集成—再分享"的循环反复，从逻辑上讲是"量变—质变—新的量变—新的质变"的螺旋式上升过程。权变的螺旋式上升决定了企业必须重视权变各个因素的组合。

实现"有机"管理

"人是一个具有同理心的物种"，作为一种复杂的物种，人会受到多种内外因素的交互影响。因而，权变实施过程中要充分考虑人的因素，而要管理好人，关键在于建立核心团队。核心团队是一种动态的群体组织或社会关系，起到领导带头的作用，带头者与跟随者的交互影响是领导过程之本质。在领导过程中，带头者是发生影响作用的主体，跟随者是被影响的客体。没有被影响的客体，发生影响作用的主体也就失去了存在的依据，若忽略对跟随者的研究，便难以了解带头现象的全貌，因而有偏颇之嫌。

核心团队的建立没有固定不变和放之四海而皆准的模式。依据权变领导理论，企业应依据团队的个人特质、行为及环境交互影响来引领组织的发展，采取"有机"管理方式，不应采取任何固定不变、普遍适用的领导方式。只有这样，才能做好核心团队的管理，并通过核心团队的示范和管理，盘活人力资源，为集成与分享的管理奠定良好的人力资源基础。

包容和容错

差异性是种客观存在，而企业的存在是差异包容的结果，企业的发展是差异消融的结果，这种包容和消融就是包容性。包容性讲究个体的差异性，追求企业内部的开放性，是资源集成与分享的前提和基础。企业之所以强调集成与分享，就是因为企业存在数量、内容或诉求目的不同。集成与分享的结果，就是最大限度地消除差异化带来的分歧，创造平等的时间和空间条件。集成与分享原理倡导机会平等，目的是实现组织的和谐发展，通过包容差异化的客观制约条件，为资源短缺的弱势群体提供保护。集成与分享原理的实施是以资源分散为特征的，其结果的批判性和纠错机制体现在，在共同的基础上，要保持主体的相对独立性、自主性和灵活性及主体之间的协调性。对企业组织来说，新的集成与分享成果可以更大程度地进行组织资源的协同并产生规模经济效应；资源分享可以体现在战略以及目标安排上，体现在资源库的搭建上，而不是对资源分享者的自主行为进行干预。在企业内部，分工使得每个节点都有自己的边界，开放就会模糊边界的界线，成为冲突和矛盾的根源和催化剂，不解决这些问题，企业就不可能存在和发展。多边机制的建立能实现企业成员之间、企业之间的彼此包容。

企业成员的满足效应取决于企业内群体的数量。正是群体的出现让人们意识到"你我之别"，进而改变了价值互动的时间和空间效应①，但这种差异、界线并不是坏事，它是满足效应或者说形成集成

---

① 蔡剑. 协同创新论［M］. 北京：北京大学出版社，2012：109.

成果的正函数。一个企业内所有成员联合达成一个最优行为协议的谈判成本非常高，但是如果所有成员之间有了信任和包容，其协同效应就会大为增加。同时，个体间和谐性的提高，也会使体系均衡性更强，对抗外来压力的动机和能力也越来越强。包容性和容错机制实现了集体中差异性个体的融合，使集成与分享能够在差异存在的前提下实现集成与分享的循环进化，最终达成合作。

否定和扬弃在收入不确定的情况下都意味着绝对的成本支出，要建立集成与分享机制，就应建立容错机制，包括主体容错和客体容错两个方面。客体容错机制首先要预留容错的物质基础，而主体容错机制则要允许创新主体失败，第十二届全国人民代表大会第四次会议指出，"健全激励机制和容错纠错机制，给改革创新者撑腰鼓劲，让广大干部愿干事、敢干事、能干成事"，政府干部如此，企业干部也不例外。

预留战略空间

企业要为弹性治理预留战略空间，允许试错，赢得发展。战略空间是企业为应对快速变化的世界而做出的战略安排，是为迎接未来挑战而做的准备。从企业生存和发展的角度来讲，应该少在生存的层面进行权变，维持生存，而应该在发展的层面多进行权变，获得发展可能。现在的企业都只关注眼下生存问题，对未来发展问题投入的精力不足，没有留下发展空间。

战略空间的存在有助于企业以最小的成本和最低的风险平衡企业当下的生存和未来的发展问题。也正是因为未来发展的不确定性，企业必须允许有一定的容错空间，在变化中确定未来发展的道路。企业的战略空间与企业的关系有两种：一种是相关型，如纵向一体化或者横向一体化，通过纵向一体化或者横向一体化打通上下游产业链，实现产业整合。另一种是非相关型，即企业的战略空间与现有产业没有直接的关联。阿里巴巴对麦当劳的收购，就属于非相关型。

相关型和非相关型战略空间的选择对企业家的胆识、直觉和战略判断来说是一个直接的挑战，它关系着企业的生死存亡，但又确实很难判断，因此战略空间大小及方向的选择是门艺术。当然，作为艺术，尽管它有不确定性，但还是有迹可循的。企业家在预留战略空间时，一要坚持市场导向，即市场需要什么，企业就生产或提供什么。例如，腾讯公司的微信实际上提供的就是一种更高效的信息服务，顾客也许不能描绘出他们需要什么东西，但他们永远需要更方便、更便宜、更稳定的信息服务。市场的需要就是企业战略空间发展的导向。二要坚持技术导向。像华为一样能把产品做到现代科学基础理论极限的企业毕竟是少数。企业应该根据现有基础理论的边界及理论突破的方向定位未来发展的技术路径。三要选择资源导向。企业家要根据自己的资源禀赋，做好资源相关型战略空间的选择，既要有突破，体现战略性，也要考虑可能性，不能"竹篮打水一场空"。

引导自组织的发展

企业要实现弹性治理，必须注重自组织的发展，培养弹性治理的实施主体。企业的发展目标不应该仅仅是设计出更好的控制机制，而是要设计出能够自我检讨并自我更新的社会系统和实施主体。企业应该效仿生物界，通过自发组织，追求共同目标，在混沌中寻找秩序，从而在不断变化的环境下完成动态自我调节。通过自组织的建立，存在于个人或小团队的隐性知识可以被自由共享并转化为实际的创新理念，从而在更大范围和更高层面实现隐性知识的集成与分享，并由此引发新一轮的集成与分享。

自组织能够引发创新、促进弹性治理的原因在于，自组织中的活动是以个人中心和他人中心的平衡表达为基础的。当这种平衡表达被打破时，隐性知识便会显现出来，不同组织以不同的方式行动、思维和交流，会产生新知识的集成与分享。

要让自组织成为弹性治理的有效主体，首先，企业应寻求扁平化管理。只有通过扁平化管理，才能塑造弹性治理的组织环境，才能压缩管理层级，让自组织能够从企业获得足够多的资源和信息，让自组织的新知识以更快的速度、更便捷的渠道传播出去。其次，企业应该允许团队自治，建立利益共享、风险自担的机制。团队自治的核心是使自组织成为一个弹性治理的创新主体。这种创新主体的动力机制就是利益共享，约束机制就是风险自担。动力机制和约束机制的双重约束，使自组织成为一个有边界约束的自生主体，成为企业弹性治理的细胞。再次，企业应该建立自组织相关的评价系统和参数，赋予自组织发展的相关标准和参照系，做到有章可循、有法可依。最后，企业应该给予自组织必要的社会和智力支持，并有意保持企业的多样性，既给予培养自组织的土壤，又保持自组织发展的基因突变可能性。

第九节　公平与效率

康德认为，人们要按照大家都能接受的行为准则去行动，在任何时候都不应把自己和他人仅仅视为工具，而应该永远看作目的。一个行为是否符合道德规范并不取决于行为的后果，而取决于采取该行为的动机。公平与效率既是集成与分享的目标，也是集成与分享的手段。企业作为一个具有耗散结构的复杂巨系统，其管理是在组织稳定与不稳定、平衡与不平衡的时候，交替推行变革，从而使组织保持活力。当整个外部环境调整时，企业必须考虑通过变革来适应。迪拜是建立在荒漠上的城市，它成功的密码就是营造了一个开放的公平环境。在企业管理中，绝对公平和绝对效率都会导致极端的状态。用集成与分享的原理处理公平与效率问题，有利于实现公平与效率的优化。我们通过集约集成，普惠分享，寻找集成与分享的契合点，在环境权变的基础上，实现分享公约价值的最大化。

分享体现公平，集成提升效率

分享是指在集成的基础上，在组织内部及其辐射的一定范围内，在有道德约束条件下，共同享有新资源成果的过程。公平即公正、不偏不倚。"公"代表公正、合理，能获得广泛的支持；"平"代表平等、平均。相应地，社会公平体现的是人与人之间一种平等的社会关系，它是市场经济体制的基本内容，也是公共制度的本质要求。同时，市场经济条件下的社会公平，不是依据简单的平均原则，而是在权利与责任的基础上，收益与风险相匹配的一种社会机制。

现代市场经济体制下，公平包括 3 个方面的内容：生存公平、产权公平和发展公平。生存公平指的是，个人作为人类社会的一员，应该享有与其他人平等的生存权利，不允许一部分人剥夺另一部分人的生存权。社会保障、劳动权益等都是与生存公平有关的社会制度。产权公平指的是，对于一种资源而言，无论其主体是谁，都应享受平等的权益。我们知道，产权包括两种形式，一是个人对自身劳动力的所有权，二是除劳动力之外的各种资源的产权，当然这些资源的产权是通过交换、继承或者劳动的方式获得的。发展公平指的是，公民应享有平等的发展机会、发展权利，并履行相应的发展责任。由于一些原因，一些资源、信息、知识被少数人独占，剥夺了其他人拥有和使用的权利。

为了实现现代市场经济体制下的生存公平、产权公平及发展公平，首先要保障公共产品的分配是公平的，实现起点的公平和机会的公平。例如，教育资源的公平分配，行政资源的公平共享，法律规则的公平约束等。虽然市场经济可以为人们提供均等的发展机会和制度环境，但由于在资源禀赋和努力程度上存在差异，人们不可能得到同等的发展，这样总会使得一部分人对资源的占有量居多，一部分人较少。在这种情况下，只能通过分享机制，尽可能地促进资源在数量、空间和结构上均衡分布，使这些资源被更多的人使用。威茨曼和米德对分享经济理论的研究促进了企业分享理念的普及。

绝对的平均意味着效率的丧失，因为差异是发展的动力。绝对的平均在物理学上意味着势能的消失，在社会学上意味着动机的灭亡。因此，社会要发展，首先要承认差异的存在，这种差异的存在与绝对的平均是水火不容的。但是，差异如果不能统一，仅为彰显存在而存在是没有物理学或社会学意义的。差异只有通过集成统一起来，才能将其转化为社会所需要的能量。因此，差异是社会发展的动力源泉，但这种分散的动力差异如果不能通过集中转化为社会所能利用的能量，就没有效果。就如同处处存在的风能只有通过风力发电机转化为电能才能为人类所利用一样，集中是效率的源泉。

集成既是效率的源泉，也是效率的提升机。集成对效率的提升主要是通过对集成对象的选择、范围的控制、力度的拿捏、速度的平衡来实现的。集成对象的优劣、范围的多少、力度的大小和速度的快慢都会影响集成的效果。另外，集成与分享的平衡也会影响集成的效率。因为分享为集成提供物质基础和动力源泉，没有分享，集成将成为无源之水和无本之木，皮之不存，毛将焉附。因此，集成不是简单地集合和聚集，它是效果之源、效率之阀。

以集成实现分享价值的最大化

集成是指根据设定的目标，以组织为载体，按照既定的轨道，将资源在秩序、结构、功能等方面进行聚合重组，产生新的资源形态的过程。集成—分享的普惠性体现在：集成的结果并不是独占的、排他的，分享使得资源的占有者和使用者增多，更多的人能分享到成果或者利润。集成与分享的客观效果在于取得的各种效应：时间效应、空间效应和价值效应，并通过乘数效应和再循环效应使集成与分享的结果扩大。以知识分享为例，知识分享在使更多人获取知识的同时，不会使原知识占有者的知识占有量减少。知识分享已成为企业创新和管理过程中一个非常重要的方面，知识分享是企业知识传播的主要动力系统，通过知识分享，企业有效地推动了知识流动速度，提高了知识效用。分享除了让更多的人享受成果或利润外，还会为每个参与分享的人带来价值，即"分享越多，得到越多"。这种新型的分享促使新的商品和服务产生，它的价值分配也会在每个参与者身上体现。

通过分享，每个人、每个环节都叠加了一份创造性，促生了创造性系统，实现了系统与个体的共同成长。系统内可以进行分享的要素类型繁多，比如资源、知识、信息、技术等。以互联网分享为例，互联网的精神理念是"开放、平等、分享和协作"，互联网给用户提供了一个开放、自由的分享平台，在这个平台上，人们可以更加高效、自由和快速地获取信息和资源。物质的共享其实就是分享（Share），它符合质量守恒定律；而信息的分享是复制（Copy），不遵循守恒定律，它不是非此即彼的选择。在分享了经过集成的资源或信息后，人们可以进一步反馈自己的看法或者体验，分享者可以进一步改进资源或信息，并获得优化后的信息或者资源，从而实现分享价值的最大化。

效率平衡集成与分享

效率最优是指一种资源配置最为有效的理想状态。经济学理论认为，在一个自由选择的体制中，社会的各类人群在不断追求自身利益最大化的过程中，可以使整个社会的经济资源得到最合理的配置，如经济学中的帕累托最优。但是现实社会中存在许多情况，如不完全竞争、垄断、污染、外部性、资源稀缺等，使得系统并不以追求最优效率为唯一目标，而是要在效率、公平、环境保护、资源可持续等方面做出选择和平衡。

集成与分享的一个重要目标是提高系统效率，但并不以追求效率为唯一目的。在实现整合增效的同时，集成可以兼顾各方面的利益诉求。分享强调的是共同构建价值，能更好地兼顾效率与公平之间的关系。移动互联网是一个非常典型的集成与分享系统。通过将移动通信技术和互联网技术集成在一起，发挥移动通信和互联网的整合优势，极大提高了人们获取信息和服务的效率。同时，移动互联网是一个分享网络，给用户提供了一个更为广阔的分享资源的平台，人们获取信息和资源的成本大大降低。集成—分享的管理方式、发展理念，契合了社会主义市场经济所要求的社会公平与普惠式的发展关系。同时，集成—分享所体现的效率选择，与实现可持续发展的基本要求相一致：经济与社会系统并不以追求最优效率为唯一目标，而是要在效率、公平、环境保护、资源可持续等方面做出选择和平衡。

要实现效率最优，关键是要建立集成与分享的平衡机制。这种循环机制有两种基本机制，即正循环机制和信息传递机制。正循环机制又包括两种：成果奖罚机制和效果提升手段。通过成果奖罚机制，可以实现优胜劣汰，实现集成与分享的良性循环；而通过加强效果提升手段机制，包括物质基础、精神动力，可以为正循环机制创造基本条件。信息传递机制则要保证：集成与分享的平衡机制所需要的信息、所传递的信息能正确地传递到目标对象，范围不扩大也不缩小，对象要恰如其分；信息传递的内容在传递过程中不存在失真和延时现象，进而降低信息传递的效果。正循环机制和信息传递机制的建立，可以通过效率的最优平衡集成与分享。

悖论下的企业选择

作为集成与分享的方法论，如同鸡与蛋的悖论，效率与公平存在先与后的问题。当然，作为哲学原理的探讨，我们可以把它们放在一个无限虚空的环境中进行终极的理论探讨，但企业管理面对的是具体的问题，解决问题的是实际管理者。效率与公平的悖论在企业反而是个好解决的问题。企业肯定是以效率为优先的组织，但它毕竟也是社会的一个组织，它的公平影响着社会的整体公平并从更高层面影响着企业的效率。如果因为企业问题引发社会动荡，那么企业存在的土壤也将不复存在。因此，从外部大环境来讲，企业要注重公平问题。从企业内部小环境来讲，也要注重公平问题。这种公平不是结果的公平，更重要的是机会的公平。例如，人才制度是否公平，能否让有能力、有想法但没有资历的人有晋升的机会。企业内部的公平问题最终会影响企业的活力和创造力。年功序列制度对所有忠诚于企业不跳槽的人来说是种公平，但对于想创新发展的年轻人来说是种不公平，它会影响企业的效率，成为企业创新发展的障碍。日本企业创新不足与日本企业的效率与公平观有关。

认同是集成与分享方法论的基本组成部分和主要实践渠道。促进认同的主要结果是要在企业方方面面、各个层次、多个维度实现思想意识的统一，并最终形成集成与分享的成果，这种统一包括对集成与分享必要性、作用和意义的认同，也包括对集成与分享方式和渠道的认同。促进认同既是集成与分享的实施主体的方法论，也是集成与分享的实施客体的来源和构成。集成与分享的最高效方法首推认同。

第四章　**独特视角中的金融和组织**

集成与分享原理赋予我们一个独特视角，用以观察和分析金融、组织和产业领域内部及它们之间的集成与分享现象，使我们有条件和可能对金融、组织、产业的最新发展模式及它们之间新的融合发展模式，产生更感性、更深入的认知和理解。

技术的力量。从某种程度来讲，今后相当长一段时间内，人类经济社会发展的主要驱动力是信息技术的进步和跨越式发展。在这个过程中，集成与分享的层次、边界、规模等由于信息技术的进步而大大拓展，这是因为信息技术的进步使线上线下相结合成为可能，也使得"二八定律"的规模经济和长尾理论下的共享经济共生，从而在根本上改变了组织整合资源的方式，改变了管理和生产方式，改变了集成与分享的层次、范围、方式、效率和成本，还使得客户、消费者、投资者、生产者、融资者等主体之间的公平程度更高。

不同的金融功能在更高层次、更大规模以及更大范围内实现了集成与分享。在金融领域，以大规模、多层次、多类型客户的需求为出发点和落脚点，基于信息技术的进步，以集成与分享为行动的理念、方式，在以信息中介为核心的业务快速发展的基础上，通过金融中介或信用中介的集成与分享，金融服务在层次、多样性、规模、内容等方面均发生了深刻变化，这种变化对于历史来讲是一次巨大的进步和跨越，对未来而言则是一种趋势、一种发展方向。蚂蚁金服这个具有耗散结构的组织短期内的高速发展很好地诠释了这种现象，诠释了技术的力量，诠释了集成与分享的力量。

企业、行业、产业在更高层次、更大规模以及更大范围内实现了集成与分享。在组织领域，具体来讲就是在企业组织、产业组织这两个层面，信息技术的进步使得平台型、生态型信息中介成为一种独立的组织形态，在集成客户需求的情况下，使得企业组织、产业组织的集成与分享在层次、规模、内容等方面均发生了深刻变化。这种变化也在短时间内促成了信息中介的发展。自1999年至今，阿里巴巴集团的发展状况和态势，就是这种现象的典型案例，很好地诠释了信息中介组织通过集成与分享不断发展壮大的过程。

产融结合在更高层次、更大规模以及更大范围内实现了集成与分享。信息技术的进步，使得信息中介、信用中介的集成与分享在层次、多样性、规模、内容等方面均发生了很大的变化。这其中包括单一产业链与金融的结合，如"云信托＋地信托"模式；还包括多产业链与金融的结合，如阿里巴巴集团实业业务与金融业务（蚂蚁金服）的产融结合。阿里巴巴、蚂蚁金服的成功融合，是以广大客户的现实和潜在需求为出发点和落脚点的，两者通过互联网、移动互联网、大数据、云计算、智能终端等技术手段，集成不同的资源，形成不同的能力，开发并分享不同的信息、管理、营销、金融等服务，将不同层次、不同规模、不同性质的客户聚集在一起，在满足用户个性化需求的基础上，逐步形成了一个以理性和道德为基础、互惠互利的多边机制和经济生态系统。这个经济生态系统成就了阿里巴巴、蚂蚁金服，也成就了股东、债权人、政府、客户、员工、供货商、社区等。这个跨界与深度融合的多边机制和生态系统很好地解决了集体与个体、整体性和自组织性共同发展的问题，最大限度地体现了效率和公平。

在互联网时代，企业运营的重点不是产品，而是客户，不是以自我为中心，而是以客户为中心，企业正从产品的提供者、生产制造者、服务提供者转变为客户运营者，围绕客户需求提供各种服务。通过对阿里巴巴、蚂蚁金服及其共同成长、发展过程的分析，我们认识到客户思维和系统思维的重要性，认识到集成与分享原理以及实践的重要性。可以说，无论是阿里巴巴的发展，还是蚂蚁金服的发展，都是集成与分享在规模、边界、层次上不断演化和发展的过程。

从某种意义上讲，与农业社会、工业社会相比，信息社会的发展就是集成与分享的跨越式变化和发展。未来，企业和个人的成功，在很大程度上取决于对集成与分享的认知及应用程度。事实上，在各种企业与组织中，信息经济时代成功运用集成与分享原理的经典案例不是只有阿里巴巴、蚂蚁金服，还有华为、腾讯、百度、乐视等，它们都是其他组织学习的对象，追赶的目标。

通过集成与分享的视角我们看到，阿里巴巴、蚂蚁金服的发展历程，就是人类社会经济发展、进化的一个缩影。阿里巴巴、蚂蚁金服的发展历史、现状和趋势，很好地诠释了以系统论、复杂性科学和历史视角认知企业组织与金融领域发展的必要性、正确性，这也为我们正确研判、预测未来不同组织、产业发展的趋势提供了一种认识论、方法论和实践论。

知行合一。如果将我们对金融、组织、产业内部及它们之间集成与分享现象的独特认知和理解转化为具体的方案、行动、制度等，我们就有可能通过集成与分享的理念、方式和行动，将金融、组织、产业最新的发展模式推广到不同的行业、不同的组织，乃至不同的个体，并由此产生更高层次、更大规模、更具有实践意义的集成与分享的时间效应、空间效应和价值效应。

第一节　集成与分享原理在金融领域的应用

在集成与分享视角下，将金融作为一个系统看待，运用系统科学、复杂性科学的最新研究成果和理论重新审视金融、金融系统和金融概念，为探索金融、金融组织的制度设计、组织治理、运营、风险控制、服务创新、可持续发展等提供了更有价值的认识论、方法论、实践论及具体的行动指南。同时，与具体金融组织、一般性企业的实际情况、发展阶段等因素相结合，制定该企业的发展规划、运营计划等，这些金融组织、一般性企业的发展将会更加顺畅、更加健康，并在更大程度上实现可持续发展。

在集成与分享视角下，以蚂蚁金服为代表的新金融组织，在以客户、应用场景、金融普惠为目标的导向下，通过大力应用各种最新的信息技术成果，迅速发展，不仅在短时间内超越了传统金融组织的功能，以及金融服务的层次、范围、程度和规模，更在金融创新、金融服务便利性、共享等方面取得了重大突破。

新金融组织是系统科学视角下金融进化的最佳案例、最佳诠释和最新注脚，也是金融组织未来发展、进化的趋势及方向。在金融领域的这种最新变化之下，传统金融组织应该顺势、应时和识变，并将之转化为行动、实践，只有这样才能实现可持续发展。

系统科学视角下的金融概念

新金融：系统金融是金融的新起点

纵观人类的发展历史，人类已经跨越农业社会、工业社会，进入信息社会。在信息化社会，作为与实体经济相对应的虚拟经济，金融也应该有一种与人类认知、科学技术、实体经济的发展阶段和内容相对应的发展阶段和内容。

在系统科学之下，中国学者钱学森教授创立了系统工程的概念及体系，在新中国极端困难的条件下，为新中国国防工业的发展、壮大，为新中国的国际声誉，奠定了坚实的基础，这是系统工程独特的价值和贡献。在系统科学蓬勃发展的今天，有专家提出，今后医学的发展方向将是系统医学，而系统医学是以中国传统的中医为基础的整体论医学与西方的还原论医学融会贯通、紧密结合后涌现的新医学。在这种逻辑、理念之下，今后金融的发展方向也必将是以系统科学、复杂性科学为基础的新金融：系统金融。系统金融将会是金融发展、进化的新起点。

为系统金融法律法规体系建立法理基础

系统金融法律法规体系与目前的金融法律法规体系是有区别的，这是由系统金融的系统特性决定的。建立系统金融的法律法规体系，首先要建立系统金融的法理体系，当然这并不意味着目前的金融法律法规建设就不搞了。系统金融与目前金融的最大区别就是，一个是顶层设计式的，一个是摸着石头过河式的。

金融的本质

金融系统是随着人类社会、经济、技术的进步和发展，不断生成、发展和进化的。金融系统的复杂性进化表现为，金融系统是一个从无到有、从单一到多样、从简单到复杂、从无序到有序不断发展、进化的过程。金融环境复杂性的不断增强，也从客观上促进了金融系统复杂性的不断增加，主要表现为，人类社会制度、技术的不断完善和发展促进了金融系统复杂性的提高，以及金融系统的形态、层次、功能和结构的不断演变、进化和发展。作为一种不断进化的复杂适应系统，金融系统经历了由低级向高级、由单一向多样、由简单向复杂，再向越来越复杂的方向演化，并且还在不断进化和发展。

金融是商品价值跨时间、跨空间的运动、交换和升级。商品价值在不同时间、空间的形态、层级、功能和结构构成了金融系统不同的形态、层级、功能和结构。金融系统的形态、层级、功能和结构是金融系统"时间上的秩序"。商品价值在不同时间、不同空间进行的所有配置、交换都属于金融范畴。金融学就是研究商品价值跨时间、跨空间运动的科学和技术。

金融系统进化的目标

金融系统进化的目标是成为一个"智能化"，兼顾公平与效率的金融复杂适应系统。目前，社会已经进入智能化阶段，然而在国际范围内，即使是经济、金融最发达的美国，其金融系统也没有达到智能化和多样化（多形态、多层次、多功能）的"稳态"结构。金融系统自身的发展与进化要远远落后于图琴先生在"生命进化的阶梯"中所描述的生命的发展水平与状态。

与生物的进化过程一样，金融系统演化、进化、发展的趋势是一个不断适应外部环境，使自己不断优化的过程。"智能化"的金融系统应该是一个多样化（多形态、多层次、多功能）的金融架构，此时，金融系统将是稳定的、均衡的、富有弹性的，同时包括多样化（多形态、多层次、多功能）的融资方式。只要实现这个目标，金融系统就将会是一个兼顾公平、效率，有道德的金融复杂系统。

但是有一点是明确的，金融系统的发展与进化与其他复杂适应系统的进化过程相类似，存在着"雪崩式"的发展模式，特别是在"元系统跃迁"的过程中，即金融形态出现层级变化。所谓亚"雪崩式"的发展模式也会出现在金融亚形态的"元系统跃迁"的过程中。

金融的集成与分享及其进化

金融系统的实质是人类创造财富的价值运动，是人类所创造的价值的运动，是实体经济虚拟形式的运动，这种运动是逐渐从低级到高级、从简单到复杂的发展过程。这个过程就像是数学中求导的过程，基础是人们在商品生产过程中所创造的财富。货币是财富的一阶导数，债股是财富的二阶导数，信托是财富的三阶导数等。

金融系统是一个复杂系统。

如果将金融系统与中国古代哲学、理念、实践，如阴阳五行学说相比较，那简直就是如出一辙。阴阳学说、阴阳五行学说、道德经等中国传统的哲学、理念，让我们对金融系统各子系统（如金融的货币、债股、信托、期货、保险形态）的相互关系，以及它们的层级化表现形式充满了期待。

在地球生态系统中，生物之间有一个食物链，其实质是物质、能量、信息的存在形态和储量，不断从低到高、从低级到高级、从简单到复杂的发展过程。实际上，金融系统的进化也是这样一个过程。在地球生态系统中，由于能量流动在通过各营养级时会急剧减少，所以食物链不可能太长，生态系统中的营养级也不会太长，一般只有四五级，很少超过六级。

多形态、多层次、多功能的金融形态体系

● 人类社会金融形态的两个层次

人类社会的金融系统在经历了金融形态从货币化、债股化到信托化，以及融资方式从间接融资、直接融资到信托融资的进化以后，按照图琴的理论，金融系统作为一个与生命进化过程极其相似的复杂适应系统，其今后的发展和进化应该进入理性的纪元：生命的进化依次进入人类（思想）阶段、社会的整合（社会组合与文化）阶段。

（1）金融的动物层次。从生物的角度来看，它的最高规律是自我生存和繁殖的本能；从经济的角度来看，它的最高规律就是以追求效率为最高原则，公平次之，但是在金融的动物层次的 3 个阶段中，公平地位是在逐步提高的。

（2）金融的人类社会层次，从生物的角度来看，它是人类自身创造的社会组织，以追求公平为最高目标，当然这建立在人类财富高度发展的基础上，即在效率很高的水平上追求公平。

● 金融形态进化的 3 个纪元

金融系统起源于商品生产和交换。商品生产、交换及其生生不息的发展为金融系统的产生、发展和进化奠定了基础。从系统论角度出

发，参照"生命进化的阶梯"理论，应从功能和结构（含形态、层次）这种复杂系统"时间上的秩序"考察金融系统的进化和金融"时间上的秩序"，而不是从金融机构这种金融的外在表现形式考虑商品的价值运动形态。根据图琴"生命进化的阶梯"理论，作为一个复杂系统，金融系统也具有"动物精神、非理性繁荣与理性行动、社会行动"的特征。

金融系统自下而上应包括3个纪元：金融的基础纪元、金融的动物纪元、金融的理性纪元（见图4-1）。

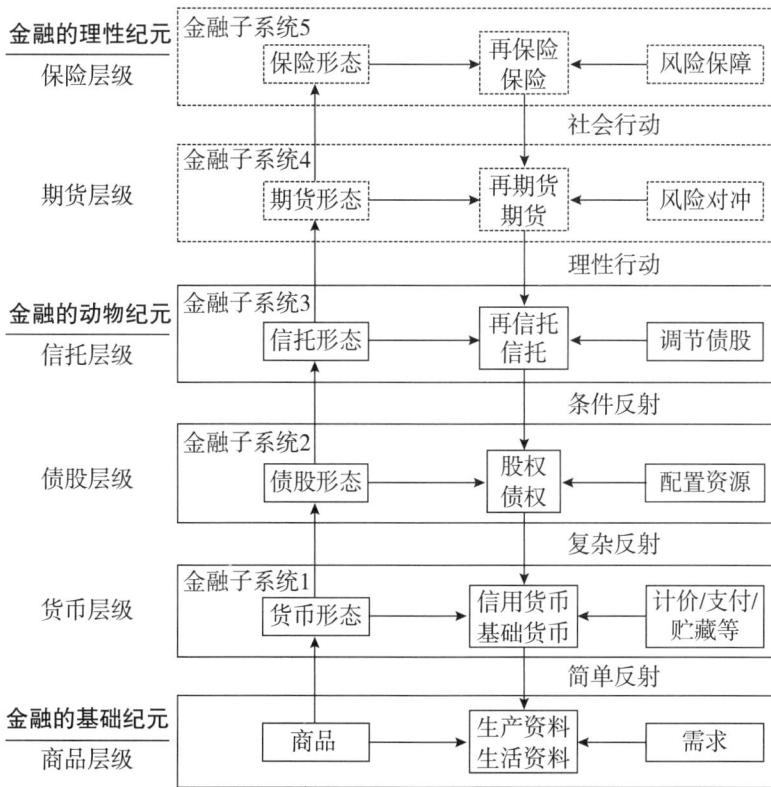

图4-1　金融"进化的阶梯"

金融的基础纪元就是商品层级，分为生产资料和生活资料两个亚层级，是金融及其进化的基础。

金融的动物纪元由货币、债股、信托形态 3 个层次组成，是一种由多样化的金融"执行"形态、层级、功能构成的金融执行架构。金融的动物纪元的主要功能包括：计价、支付、贮藏，配置资源，调节债股以提高系统的流动性等。该阶段利用分散配置资源的方式管理金融系统及金融形态的风险。

金融的理性纪元由期货、保险形态两个层次组成，是一种由多样化的金融"控制"形态、层级、功能构成的一种金融控制架构。金融的理性纪元主要承担对冲风险、风险保障等功能。该阶段利用对冲、保险的方式管理金融系统的整体风险。而整个金融系统，通过货币、债股、信托以及保险、期货（3 个层次、5 种形态）实现了 3 种完整的风险控制方式，即分散、保险和对冲。

- 融资方式的多样化

从控制论的角度分析，金融 3 种最基本的融资方式（间接融资、直接融资、信托融资）是对 5 种金融形态的 3 种不同控制方式。信息传递、金融机构责任、投资者与融资者关系、法律关系、金融模式、管理模式等方面的不同形成了金融 3 种最基本的融资方式（见表 4－1）。这与金融系统的成本、效率、公平有很大关系，因为自然法则、进化、自然规律最关注成本。在自然界中，存在着 3 种最基本的自然形态：物质、能量和信息。当这 3 种自然形态需要运动的时候，就需要不同的控制方式对它们加以控制，然后它们才会动起来。一般来讲，控制方式有 3 种：集中（中央、他组织）控制、分散（自组织）控制和集中控制与分散控制相结合。

表 4 – 1 3 种融资方式的比较

	间接融资	直接融资	信托融资
信息传递、投资者与融资者关系	• 信息被金融机构阻断 • 投资者与融资者之间不存在对应关系	• 信息穿透金融机构 • 投资者与融资者之间存在对应关系	• 信息穿透金融机构 • 投资者与融资者之间存在一一对应关系
法律关系、金融机构责任	• 委托中介关系 • 投资者拥有所有权，金融机构拥有使用权 • 金融机构有间接责任 • 存在旁观者效应、内部代理人现象	• 委托代理关系 • 投资者拥有所有权和使用权，金融机构无权 • 金融机构没有责任 • 存在旁观者效应、内部代理人现象	• 委托受托关系 • 投资者与金融者共同拥有所有权 • 金融机构在很大程度上有直接责任 • 至少抑制了旁观者效应、内部代理人现象
金融模式、管理模式	• 投资者资金池业务 • 融资者资金池业务 • 投资者和金融机构资产没有分开核算	• 投资者非资金池业务 • 融资者资金池业务 • 投资者和金融机构资产分开核算	• 投资者非资金池业务 • 融资者非资金池业务 • 投资者和金融机构资产分开核算

控制方式作用于金融系统，就产生了间接融资、直接融资、信托融资 3 种融资方式。在法律关系上，分别与委托中介关系、委托代理关系、委托受托关系相对应。在 3 种融资方式中，信托融资是最符合遗传规律的。

• 中询金融矩阵：金融形态—融资方式矩阵

金融工具，实际上是金融形态和融资方式集成所形成的一种产物或集成体。也就是说，单独的金融形态从金融的角度看是不能够独立存在的，就像在平面中，点的位置是由两个坐标共同定义的。

5 种金融形态、3 种融资方式都具有可分性。金融的 5 种形态可以分别细分为基础货币、信用货币、债权、股权、信托、再信托、期货、再期货、保险、再保险 10 种金融亚形态，这 10 种金融亚形态还可以再次细分。3 种融资方式可以按照时间、空间（公募、私募）等维度继续细分为 12 种不同的融资方式。这种可分性包括形态、层级或层次、功能，但不应该是无限的。

5 种金融形态与 3 种融资方式之间的关系构成了中询/CIEC金融矩阵。一个完整的金融系统由不同的金融形态和不同的融资方式共同构成。当金融系统中不同的金融形态遇上不同的融资方式时，就会产生不同的金融工具或金融资产。参照波士顿矩阵、麦肯锡矩阵命名的逻辑和方法，人们把金融要素矩阵，即金融形态—融资方式矩阵，命名为中询/CIEC 金融矩阵。中询/CIEC 金融矩阵呈现出一幅绚丽、丰富多彩的金融工具或金融资产光谱图（见表 4 - 2）。

表 4 - 2　中询/CIEC 金融矩阵（简）

形态层级/融资方式		间接融资方式	直接融资方式	信托融资方式
保险形态	再保险 二级	二级再社会保险	二级再商业保险	二级信托型再保险
	再保险 一级	一级再社会保险	一级再商业保险	一级信托型再保险
	保险 二级	二级社会保险	二级商业保险	二级信托型保险
	保险 一级	一级社会保险	一级商业保险	一级信托型保险
期货形态	再期货 二级	二级间接再期货	二级直接再期货	二级信托再期货
	再期货 一级	一级间接再期货	一级直接再期货	一级信托再期货
	期货 二级	二级间接期货	二级直接期货	二级信托期货
	期货 一级	一级间接期货	一级直接期货	一级信托期货

续表

形态层级/融资方式		间接融资方式	直接融资方式	信托融资方式
信托形态	再信托 二级	二级间接再信托资产	二级直接再信托资产	二级再信托资产
	再信托 一级	一级间接再信托资产	一级直接再信托资产	一级再信托资产
	信托 二级	二级间接信托资产	二级直接信托资产	二级信托资产
	信托 一级	一级间接信托资产	一级直接信托资产	一级信托资产
债股形态	股权 二级	（间接融资普通股）	普通股、一级资本	信托普通股
	股权 一级	（间接融资优先股）	优先股、二级资本	信托优先股
	债权 二级	银行中长期信贷资产	可转债	信托中长期贷款（可转债）
	债权 一级	银行中短期信贷资产	公司债、企业债	信托中短期贷款（信托债）
货币形态	信用货币 二级	银行票据、信用证/卡	直接票据、信用证/卡	信托票据、信用证/卡
	信用货币 一级	银行信用货币	直接信用货币	信托信用货币
	基础货币 二级	国债/地方债	国债/地方债、纸黄金	信托国债/地方债
	基础货币 一级	法定货币	金银、比特币	信托币
商品	生产资料 二级	社会型土地、人力、信息、知识、资本等要素	市场型生产要素制造企业	民事、商事信托；农用土地流转信托等
	生产资料 一级	社会型一般生产资料	市场型一般生产资料生产企业	民事、商事信托；财产管理、企业信托等
	生活资料 二级	社会型生活奢侈品	市场型奢侈品生产企业	民事、商事信托
	生活资料 一级	社会型生活必需品	市场型必需品生产企业	民事、商事信托

不同金融工具的重组或二次组合将产生新的金融工具或资产，如租赁业务。从融资模式讲，目前银行模式下的租赁业务是两次组合的结果：其一，成立租赁公司。作为一个实体公司，首先采用间接融资的方式从银行融通低成本的资金作为主要的业务资金来源。其二，开展租赁业务。以信托融资的方式形成租赁资产。只不过租赁公司在使用信托关系时，委托人和受托人是同一个人：租赁资产实际上是一种信托融资型资产。如果从金融的形态考虑，租赁是将一种生产资料首先货币化，然后再演变为租赁公司的表内资产、融资者的表外负债。所以，租赁业务是一种复合金融业务，是对金融主体的二次或重新组合，通过不同的金融标识、内部模型、模块，生成了租赁这个复合型、模块化的金融工具或金融资产。

金融系统的公平与效率

金融系统具有公平和效率两个属性。在金融系统中，随着金融层级的增加以及融资方式的多样化，金融的公平性在不断提高。

金融系统的动物纪元，效率优先，兼顾公平。但在金融的动物纪元中，随着效率的不断提高，公平的水平也在不断提高。

金融的动物纪元就是席勒教授所讲的"非理性繁荣"和"动物精神"在金融进化过程中的表现或现象。金融的理性纪元将主要体现公平。到了这个阶段，金融追求的是高效率基础上的公平，或者公平优先、讲究效率。所以，金融系统的进化就是出发于低效率但公平的时期，但是发展于效率优先、兼顾公平的阶段，最终走向以高效率为基础的公平。

公平和效率在金融子系统中也有所体现。在金融的货币、债股、信托、期货、保险形态中，公平以间接融资、公募的方式实现，效率以直接融资、私募的方式实现。5 种金融形态具有公平和效率的双重性，与不同的融资方式结合，这种双重性更复杂、更充分。3 种融资方式以不同的募集方式（公募、私募等）彰显其公平和效率的属性。

金融风险管理的手段和层次

● 风险管理手段

风险管理手段一般有 3 种：资产分散、对冲风险和保险。

资产分散主要由金融的债股形态、信托形态及它们的亚形态来完成，是金融系统执行阶段的风险管理手段。

对于金融系统来讲，通过对不同融资者、不同项目和不同资产配置资源，即通过债股权方式与不同的融资方式结合，可以在空间和时间上将资产分散，同时将风险分散。

对于金融系统来讲，通过信托形态，以及调节债股形态及其亚形态的比例关系，可以增加金融系统的流动性，降低和分散金融系统的风险。

期货、保险是金融系统独立的风险管理手段。期货、保险可以在时间和空间上对金融系统、金融系统的资产配置状况进行风险管理、经济调节。期货通过对冲风险的功能实现对风险的管理。例如，账户原油就是一种实物期货。保险以概率的计算为基础，通过金融的手段，实现对风险的管理、配置、覆盖。

保险和期货是金融系统风险管理、风险干预、风险平衡的一种机制。再保险和再期货是金融风险再管理、再干预、再平衡的一种机制，是一种下向因果关系的体现，是金融系统对子系统的管理、干预和平衡。从成本和效果的角度来看，再保险和再期货是一种更加高效的风险管理、干预和平衡方式。

但是，与货币、银行等金融工具一样，由于存在着较大的杠杆，上述金融工具自身的风险是较大的，所以自身的风险管理反倒是重中之重。

- 保险和期货的不同点

金融系统风险管理机制具有分层、分维的特性，包括时间维度和层次维度。保险和期货在时间维度、层次维度上具有不同的作用、功能。从复杂性科学的角度来看，保险和期货的风险控制方式不同，是集中式控制和分布式控制的结合。

从时间维度上看，期货主要是试图从未来的角度管理、影响、平衡金融系统的风险，但是也不排斥在现实中发挥作用；保险主要是试图从现实的角度来管理、影响、平衡金融及其子系统的风险，但是也不排斥从未来的角度发挥作用，实现风险管理的功能。

从层次维度上看，期货机制主要试图从整体的维度对金融系统的风险进行管理、影响和平衡，但是并不排斥从产品、子系统、个体层面发挥作用；而保险机制主要是试图从产品、子系统、个体层面对金融系统、金融子系统、金融系统组分的风险进行管理、影响和平衡，但是也不排斥从整体的维度对金融系统的风险进行管理、影响和平衡。

- 保险、期货的细分

按照不同的结构、层级、功能，期货可以分为期货与再期货、间接期货与直接期货、金融期货与实物期货、商业化期货与社会化期货等。

按照不同的结构、层级、功能，保险可以分为保险与再保险、间接期货与直接保险、金融期货与实物保险、商业化期货与社会化保险等。

案例研究：蚂蚁金服的集成与分享

经过十几年的发展，今天的阿里巴巴显然与刚刚成立时有了天壤之别。今天的阿里巴巴以 5 亿淘宝网注册用户、8 亿支付宝注册用户为后盾，以最初仅具支付功能的支付宝为起点，通过"平台上搭建平台，不断培育客户新体验""差异化策略，依托平台和互联网，集合小微客户""创造新规则，切入传统金融领域"等方式，不断集成不同的金融手段、金融功能，促使阿里金融，即当前的蚂蚁金服，持续、快速地渗透到银行业务、金融业务的核心功能。

蚂蚁金服是阿里巴巴信息服务或实业的发展过程中派生出来的，与货币的产生是贸易交换的结果一样，蚂蚁金服的产生及发展与一般性实业和金融发展、进化的路径、逻辑是一脉相承的。

蚂蚁金融服务集团，全称为"浙江蚂蚁小微金融服务集团有限公司"（简称"蚂蚁金服"），起步于 2004 年成立的支付宝，是由于当时中国的金融组织无法很好地满足阿里巴巴贸易业务的发展需求而产生的。2014 年 10 月，蚂蚁金服正式成立。蚂蚁金服以"为世界带来微小而美好的改变"为愿景，致力于打造开放的生态系统，通过"互联网推进器计划"助力金融机构和合作伙伴加速迈向"互联网 +"，为小微企业和个人消费者提供普惠金融服务。

2015 年 7 月初，蚂蚁金服正式对外宣布完成首轮融资，引入全国社保基金、中国人寿保险、国开金融、太平洋保险、新华人寿保险等机构。2016年4月底，蚂蚁金服宣布完成45亿美元B轮融资，为全球互联网领域规模最大的一轮私募融资，公司估值600亿美元。

蚂蚁金服的集成性

蚂蚁金服的集成性表现在：作为一个新型金融组织，它的金融功能、金融服务具有多层次、多功能、多样性。具体而言，蚂蚁金服旗下及相关业务包括生活服务平台（支付宝）、智慧理财平台（蚂蚁聚宝）、云计算服务平台（蚂蚁金融云）、独立第三方信用评价体系（芝麻信用）以及网商银行等。从金融功能、金融服务的角度来看，蚂蚁金服的主要业务范畴包含了信用货币、债权、股权、证券、保险等，涉及第三方支付、移动支付、O2O、小额贷款、网络银行、在线融资、在线理财、保险等领域。蚂蚁金服目前已经是一家拥有支付、基金、理财、保险、银行、小额贷款、征信、股权众筹、P2P、金融服务、金融IT系统等业务版图的超级互联网金融巨头。实际上，我们也不能够排除蚂蚁金服未来涉足期货等金融功能、金融服务的可能性，更可能的情况是蚂蚁金服会在不断拓展金融功能、金融服务多样性、多层次的道路上走得更远。

蚂蚁金服的集成性还表现在技术、附加服务的集成。蚂蚁金服一直致力于通过互联网技术为用户与合作伙伴带来价值。从2004年支付宝成立伊始，蚂蚁金服就秉承用技术创新提升用户体验的原则，不断磨砺技术，创造价值。蚂蚁金服的技术集成包括大数据、人脸识别、云计算、风控、人工智能等。蚂蚁金服总裁井贤栋曾表示，在整个蚂蚁金服的业务体系中，支付、理财、融资、保险等业务板块仅是浮出水面的一小部分，真正支撑这些业务的则是水面之下的云计算、大数据和信用体系等底层平台。这些底层平台的搭建，也是将蚂蚁金服与传统金融区分开来的核心。

蚂蚁金服的共享性

蚂蚁金服的共享性表现在集团文化方面。蚂蚁金服的愿景是"为世界带来微小而美好的改变"。具体而言，蚂蚁金服有 6 个价值观：客户第一，客户是衣食父母；团队合作，共享共担、非凡人平常心做非凡事；拥抱变化，迎接变化、勇于创新；诚信，诚实正直、言行坦荡；激情，乐观向上、永不言弃；敬业，专业执着、精益求精。

蚂蚁金服的共享性还表现在普惠金融方面。蚂蚁金服认为，普惠金融在于给所有具有真实金融服务需求的个人或者企业，提供平等无差异的金融服务。蚂蚁金服以支付宝等产品服务为基础，依托移动互联网，利用大数据、云计算等技术，面向最广大人群提供互联网金融服务，致力于打造开放的生态系统，为小微企业和个人消费者提供普惠金融服务，使用户具有平等的金融服务可获得性，大大扩展了普惠金融的惠及范围，提升了服务的效率。

蚂蚁金服已经制定了更大的分享目标。2016 年 10 月 16 日晚，在蚂蚁金服成立两周年的年会上，蚂蚁金服新任首席执行官井贤栋发表了他就任 CEO 后的首次演讲，并宣布未来蚂蚁金服的发展将聚焦 3 个方向：第一是全球化，未来 10 年与合作伙伴一起服务全球 20 亿人；第二是全面升级小微金融服务，从用户价值出发，用数据能力做 2 000 万小微企业的首席财务官（CFO）；第三是继续完善用大数据孵化的一套信用体系。井贤栋说，这套体系并不只属于蚂蚁金服，而属于整个社会，它将帮助全社会解决信用、信任问题，让商业更加智慧，更加以人为本。未来，支付宝将为这三大战略提供坚固的基石，理财、保险业务将贯穿这三大战略，也会变得更具有想象力。同时，在实现战略目标的过程中，蚂蚁会坚持开放，把支付能力、支付账号体系、风险管理能力、信用能力全部开放出去，让生态伙伴变得更强大，用智慧来服务好数亿消费者，以及数以千万计的小微企业。①

实际上，从蚂蚁金服的发展历程我们可以看到，集成与分享之下，理性与道德的力量、技术的力量，跨界与融合、多边机制、协同、制度、自组织性发展、公平与效率等集成与分享的概念和实践。这也在很大程度上坚定了我们对集成与分享原理和实践重要性的认识，也使我们更加坚信集成与分享原理应该是一种具有一般性、普遍性的客观存在。

第二节　集成与分享原理在组织领域的应用

在集成与分享视角下，在互联网背景下，以阿里巴巴为代表的新经济态势下的新组织形态，在以客户、应用场景、普惠为目标的导向下，在以客户需求为基础的前提下，通过集成并运用各种信息技术，迅速发展，不仅在短时间内超越了传统组织形态集成资源、服务的层次、范围、程度以及规模，更在业务创新、服务便利性等方面有所突破，在提高经济和社会系统效率、公平的前提下，社会资源、服务等

---

① 井贤栋接棒彭蕾正式出任蚂蚁金服 CEO，宣布未来 10 年三大战略。

的共享程度、共享范围等也与之前大大不同了。

系统科学视角下的组织概念

人类社会的组织体系是一个复杂系统

作为人类社会的重要组成部分，无论是金融系统，还是组织系统，都是一种复杂系统或复杂适应系统，是一种具有耗散结构性质的系统，它们都遵循系统科学、复杂性科学的一般规律。将系统科学、复杂性科学的基本概念、基本特征、基本规律等，与图琴先生的"元系统跃迁理论"、矩阵理论、复杂系统的控制方式等相结合，经过系统的思考，我们就会很自然地发现躲藏在人类社会运行、发展之中的"组织隐秩序"。

人类社会运行、发展的"组织隐秩序"，就是说人类社会的组织是一个复杂系统或复杂适应系统。在人类社会的组织系统或体系中，组织子系统是多形态、多层次的，具有不同的功能，所以人类社会的"组织隐秩序"是多形态、多层次、多功能的组织体系或系统。

随着人类社会、经济、技术的进步和发展，人类社会组织系统也是不断生成、发展和进化的。组织系统的复杂性进化表现为它是一个从无到有、从单一到多样、从简单到复杂、从无序到有序的发展、进化过程。人类社会组织环境复杂性的不断增强，也从客观上促进了组织系统复杂性的不断增加，主要表现为人类社会制度、技术的不断完善和发展，促进了组织系统的形态、层次、功能和结构的演变、进化和发展。

组织的系统科学、复杂性科学概念

实际上，系统论、控制论、信息论、耗散结构论和协同论等，都是从不同的侧面研究组织系统的。组织是指诸多要素按照一定方式相互联系构成的系统。从这个角度来看，组织和系统是同等程度的概念。所以，我们应该从系统的视角看待人类社会组织系统的产生、发展、进化和未来。只有这样，我们才能够更加接近事物的本质。

从系统科学、复杂性科学的角度来看，人类社会的组织及其系统就是一种资源配置、集合、聚集的方式。人类社会的组织是人们进行资源配置的跨时间、跨空间的运动、交换和升级的产物。人类利用资源，在不同的时间、空间的形态、层级、功能和结构就是组织系统不同的形态、层级、功能和结构，是"时间上的秩序"。所有人类在不同时间、不同空间进行的资源配置、交换、升级都属于组织范畴。组织学就是研究人类社会资源配置方式跨时间、跨空间运动、进化的科学技术。

人类社会组织系统进化的目标

人类社会组织系统进化的目标是成为一个"智能化"，同时兼顾公平与效率的组织复杂适应系统，是组织主体交互作用共同构成的、富有弹性的、复杂的组织架构或组织结构。该组织架构或组织结构由众多的组织工具或组织形式、组织主体构成。

在人类社会的组织架构中，自组织与他组织共同发挥作用，能够很好地解决个人能力的有限性与个人和社会需要的无限性之间的矛盾，很好地实现了各种完善的功能，同时能够很好地满足个人从生理到精神的各种需求，以及人类社会整体生存、延续、发展的需要。另外，这个系统在具备一定的稳定性、自适应性的同时，还具备开放性、动态性、涌现性等特性，这也为人类社会的组织系统向着一个我们现在还未知或完全认识不到的境界迸发奠定了很好的基础。

组织的集成与分享及其进化

多形态、多层次、多功能的组织形态体系

● 人类社会组织形态的两个层次

人类社会的组织系统在经历了组织形态从家庭化、公司化，到信托化，出现了政府和非政府两种组织形态，以及生产资料占有方式从公有制到私有制，再到共有制，最后再到公有制的同时，组织控制方式也从自组织，到自组织与他组织共同作用。按照图琴先生的理论，组织系统作为一个与生命的进化过程极其类似的复杂适应系统，其今后的发展和进化应该进入理性纪元：就像生命的进化进入人类（思想）阶段、社会的整合（社会组合与文化）阶段一样。

（1）人类社会组织形态的动物层次。从生物的角度来看，人类社会组织形态的最高规律是自我保存和进行繁殖的本能；从经济的角度来看，它的最高规律就是以追求效率为最高原则，公平次之，但是在人类社会组织形态的动物层次的3个阶段中，公平的地位是在逐步提高的。

（2）人类社会组织形态的社会层次。从生物的角度来看，它是人类自身创造的社会组织，以追求公平、追求人类自身的幸福为最高目标，当然这建立在人类财富、人类组织系统高度发展的基础之上，

是在效率很高的水平上追求公平。

- 人类社会组织形态进化的 3 个纪元

人类社会的组织系统起源于商品生产和人口的再生产。商品生产、人口再生产及其生生不息的发展为组织系统的产生、发展和进化奠定了基础。

根据图琴先生"生命进化的阶梯"理论，作为一个复杂系统，组织系统也具有动物精神、非理性繁荣与理性行动、社会行动的特征。据此，我们将组织系统划分为组织的基础纪元、组织的动物纪元、组织的理性纪元 3 个阶段。

人类社会始终存在着两种生产，即物质资料、精神资料的生产（衣、食、住及生产工具、文化产品的生产等）和人类自身的生产（人类的繁衍及婚姻家庭组织形式的发展），这就是人类社会组织系统的基础纪元。图琴先生在描述"生物进化的阶梯"理论时谈道：在生物进化的动物层级或动物纪元，它的最高规律就是自我保存、进行繁殖的本能。这个时期的主流是"非理性繁荣"和"动物精神"，它们发挥着重要作用。而人类社会进入理性纪元，它的最高规律就发生了转变，但是这种转变的基础是充分发达的动物纪元，它的最高规律是理性、社会性、和谐、协调、整体安全等。

- 组织"进化的阶梯"

从系统科学、复杂性科学的角度出发，参照"生命进化的阶梯"理论，从功能和结构（含形态、层次）这种复杂系统"时间上的秩序"考察组织系统的进化，组织自下而上应包括 3 个纪元：组织的基础纪元、动物纪元和理性纪元（见图 4-2）。

对于人类自身而言，作为大自然中的一个物种，与其他动植物

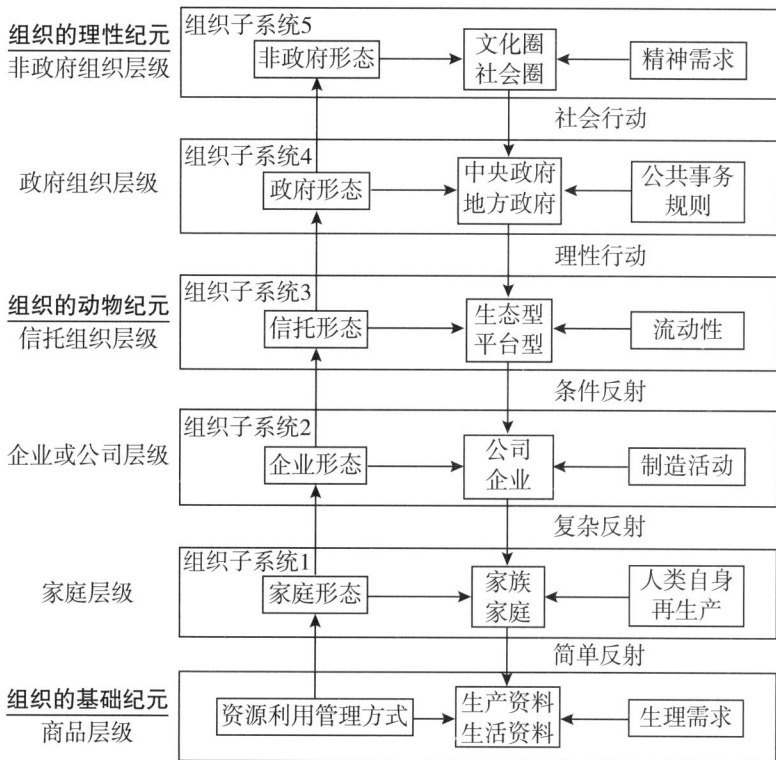

图 4 - 2　组织"进化的阶梯"

既有着本质区别，又有着很多相同点，其目标或需求有两类：其一
是作为一个个体、具体的人，他或她的需求；其二是人类社会整体
的需求。这两者之间是既有联系又有区别的，它们之间的关系是整
体和个体的关系。马斯洛的"需求层次理论"主要是从个体的角度
描述人的需要，包括生理需求（Physiological Needs）、安全需求
（Safety Needs）、爱和归属感（Love and Belonging，亦称为社交需
求）、尊重（Esteem）和自我实现（Self-actualization）五类。而从
人类社会整体的角度看待人的需求，那么它的首要任务是人类作为
一个物种在自然界的存在，即人类社会的延续，其次才是人类社会

的发展。

组织的基础纪元就是从人自身及其需求出发。作为一个层级，它是人类社会为了解决延续、生存和发展的基本问题——个人能力的有限性与个人和社会需求的无限性之间的矛盾——而采取的措施的出发点和起点，具体分为生活资料和生产资料两个亚层级，它是人类社会组织系统及其进化的基础和源泉。

组织的动物纪元由组织的家庭、企业或公司、信托组织3个层次组成，是一种由多样化的组织"执行"形态、层级、功能构成的组织执行架构。组织的动物纪元的主要功能包括人类社会自身的生产和发展、人类社会生产经营活动的发展升级，以提高和完善人类社会组织系统的流动性、流动功能等。该阶段通过分类、分层利用社会资源、自然资源的方式来降低人类社会自身生产、延续、生存、发展的风险。

组织的理性纪元由政府、非政府组织两个层次组成，是一种由多样化的组织"控制"形态、层级、功能构成的组织控制架构。组织的理性纪元主要承担公共事务、社会保障、长期事务、公益事务、文化事务等管理功能。在该阶段，通过政府和非政府这两种完全不同，但又相互补充的组织方式，实施上述管理功能，以对冲、覆盖人类社会生产、生存和发展的不确定性、盲区，从而有效地管理人类社会的整体风险，保障人类社会的可持续发展。

组织"进化的阶梯"，即一个组织系统的完整程度，最主要的是其社会性，就是说从整个人类社会的角度看待其发展，但它也有一定的国界性，在很大程度上同某个国家的经济发展水平、科技发展水平、文化发展水平以及人民受教育的程度有直接关系。

- 经济组织与社会组织

经济组织是指按一定方式组织生产要素进行生产、经营活动的单位，是一定的社会集团为了保证经济循环系统的正常运行，通过权责分配和相应层次结构所构成的一个完整的有机整体。

同时，经济组织也是指经济体系组织经济活动的体制，是社会经济活动在其上运行的经济结构基础，如资本主义、全球化。

社会学含义，即经济组织与"社会组织"概念相连，主要指社会中的一般组织，即从社会组织的角度考虑经济现象。

从控制论的角度来看，3种最基本的组织控制方式——集中控制方式、分散控制方式、信托（共同）控制方式——是对5种组织形态的3种不同的、最基本的控制方式，是否有专门的控制机构、决策者的角色和范围、信息、组织机构责任与功能、法律关系、管理模式等方面的不同，形成了3种最基本的组织控制方式，这与人类社会组织系统的成本、效率、公平有很大关系，因为自然法则、进化、自然规律最关注成本，同时关注公平和效率。

从生产资料的占有，即所有制的角度考虑，组织的控制方式有3种：公有制、私有制和共有制。人类社会最早产生的生产资料的所有制方式是原始共产主义，是原始公有制。在人类社会不断发展的过程中，逐渐产生了私有制，并且到目前为止仍是主流的所有制形态。但是，共有制也是一种一直存在的生产资料占有方式，并且随着人类社会的进步和发展，它将在应用范围、应用数量等方面得到长足的发展。

5种组织形态具有可分性。组织的5种形态可以细分为家庭、家族；企业、公司；网络型组织，即平台型信托组织、生态型信托组织；地方政府、中央政府；非政府组织、再非政府组织 10 种组织亚形态。这 10 种组织亚形态实际上还可以再次细分。

组织的 3 种控制方式及两种视角，都可以按照时间、空间等维度继续细分为不同的组织控制方式或者组合。这种可分性包括形态、层级或层次、功能，但不应该是无限的。

不同组织形式的重组或二次组合将产生新的组织形式、组织主体。在人类社会的组织系统中，存在着通过不同组织工具、组织方式、组织结构的重组或二次组合，产生一种新的组织工具或组织方式、组织结构、组织主体的现象。例如，混合所有制企业是不同所有制企业的组合，而互联网组织就是家庭、企业、公司等重构而成的一种新的组织形态。

组织系统的公平与效率

人类社会的组织系统具有公平与效率两个属性且整体能够兼顾。在人类社会的组织系统中，随着组织层级的增加以及组织功能的多样化，组织的公平性在不断增加，效率也在不断提高。

效率为主的组织的动物纪元，公平为主的组织的理性纪元。人类社会组织系统的进化也存在着非理性繁荣、动物精神与理性行动、社会行动。从组织系统的角度考察，公平、效率是整个组织系统的目标，主要靠组织系统整体的功能和各子系统的功能，通过整体与相对的个体两个层次来实现。

组织的动物纪元就是席勒教授讲的"非理性繁荣"和"动物精神"在组织进化过程中的表现或现象。组织的动物纪元的最高规律就是人类自我生存、繁殖的本能，首先解决的是人类社会生产、延续、生存、发展的效率问题，是人类创造的资源利用方式或商业化组织，是感性思维的体现。从经济学的角度来看，它更多体现的是效率，同时兼顾公平。但在组织的动物纪元中，在效率不断提高的同时，公平也是不断提高的。

组织的理性纪元首先解决的是人类社会生产、延续、生存、发展的公平问题，同时兼顾效率。效率的兼顾是随着组织动物纪元的组织形态、组织层级的多样化，以及政府组织、非政府组织的互动逐步实现的。组织的理性纪元将主要体现公平。这个阶段是在高效率基础上实现公平，或者公平优先、讲究效率。

组织的理性纪元是人们通过大脑、网络的逻辑、联系而形成的，是人类自身创造的社会组织或社会化组织，它的最高规律是理性和社会行动，是理性思维的体现。从经济学的角度来看，它更多体现的是公平，同时兼顾效率，是组织民主、组织普惠。

所以，组织的进化就是出发于低效率但公平的时期，发展于效率优先、兼顾公平的阶段，最终走向以高效率为基础的公平。

公平和效率在组织子系统中也有体现。在组织的家庭或家族、企业或公司、信托组织形态中，公平以公有制、共有制的方式实现，效率以私有制的方式实现。5 种组织形态具有公平与效率的双重性，与不同的组织控制方式结合，这种双重性更复杂、更充分。

在 3 种典型的组织控制方式，即私有制、公有制和共有制中，私有制效率为先、公平次之；公有制公平为先、效率次之；而共有制兼顾了公平和效率。

组织系统风险管理的手段和层次

人类社会的最高目标是人类自身的繁衍、生存、可持续发展，是生活资料、生产资料的生产和人口的再生产。另外，为了能够使人们生活得更幸福、更健康，还需要注重精神食粮的生产，这些生产关系到人类整体的可持续发展。

基于此，人类社会的风险产生于人类社会的目标，产生于目标的不确定性，产生于人类能力的有限性与人类需求的无限性之间的差距。具体来讲，就是人类的生产、物质食粮的生产和精神食粮的生产3个方面。

● 组织系统风险管理的手段

组织系统风险管理的手段一般有3种：功能分散、分层和风险覆盖。

人类社会的组织系统将生产资料、生活资料等物质产品的生产以及精神食粮的生产，主要分散、分层于家庭、企业、信托等不同的组织形态和组织层级。但是这些功能的分散、分层，是在组织系统的非理性阶段，在组织系统的执行阶段，这些组织形态的最高目标是盈利，它们都是营利性组织。所以，在某个时点或时间段，对于那些无法盈利的，但又是人类社会所必需的公共产品、公共服务等，就必须由政府组织和非政府组织来完成，以覆盖人类社会运行和发展过程中的风险。

政府、非政府组织是人类社会组织系统独立的风险管理系统和手段。政府、非政府组织可以在时间和空间上对组织系统，以及组织系统的目标、运行过程、不确定性、盲区进行风险管理、调节。政府组织通过制度的制定，实现对风险的管理。非政府组织通过公益性、慈善性的活动，以及组织的手段，实现对风险的管理、配置和覆盖。

政府、非政府组织形态是组织系统风险管理、风险干预、风险平衡的一种机制。政府、非政府组织形态的亚形态，是组织风险再管理、再干预、再平衡的一种机制，是一种下向因果关系的体现，是组织系统对子系统的管理、干预和平衡。从成本、效果的角度看，政府、非政府组织形态的亚形态是一种更加高效的风险管理、干预和平衡方式。

政府、非政府组织之间是一种互相补充的关系。但是，它们不仅是一种互补关系，还存在着像五行学说所说的"相生、相克、制化、胜复、相乘、相侮、相及"的复杂关系。这就是说，如果存在着较大的杠杆率，即如果政府、非政府组织的功能出现了"缺位、越位、错位"情况，其自身的风险还是较大的，所以组织系统风险管理的这些组织形态、亚形态自身的风险管理反倒是重中之重。

案例研究：阿里巴巴的集成与分享

阿里巴巴网络技术有限公司（简称"阿里巴巴"）于 1999 年在杭州创立。同年，阿里巴巴集团推出了专注于国内批发贸易的中国交易市场（现称"1688"）。

目前，阿里巴巴经营多项业务，并从关联公司的业务和服务中取得经营商业生态系统的支援。关联公司的业务包括：淘宝网、天猫、聚划算、全球速卖通、阿里巴巴国际交易市场、1688、阿里妈妈、阿里云、蚂蚁金服、菜鸟网络等。2014 年 9 月 19 日，阿里巴巴在纽约证券交易所正式挂牌上市。

阿里巴巴的集成性

- 阿里巴巴是一个物种丰富的新型生态

电子商务交易平台、物流、支付、软件、代运营等服务商共同组成了电子商务服务生态，为网商带来了丰富的信息、知识、客户等资源，有力促进了整个体系服务水平的提升和服务领域的扩展，使得生态系统的商业物种走向多样化，并推动了物种之间生态联系的不断深化。

在网络零售服务领域，交易服务平台普遍实施数据开放战略，大大推动了服务种群的协同扩张。众多专业服务商加入服务生态，不断为网商创造价值。以淘宝网为例，2012 年，淘宝开放平台上聚集的第三方服务商达到 49 万家，服务 900 多万免费用户和 100 万收费用户，依托淘宝平台的衍生服务的营业收入约 152 亿元。

阿里巴巴电子商务服务生态的协同创新主要分为 3 个层次：一是基于电子商务应用主体的协同创新，即不同企业在同一服务对象的不同业务环节上的协同；二是基于电子商务服务生态的协同创新，即同一项目实现跨行业、跨地区的联合、协同；三是基于服务生态—环境互动的协同创新，即实现商业生态的价值外溢，影响和改变外部自然、经济、社会环境的协同。

- 阿里巴巴：从生态群到生态圈

生物学中，生态圈是指不同物种按照一定顺序形成的有机系统，维持该系统正常运转的关键是各物种之间要形成良好的能量循环。借助这一概念，理论研究者和经济实践者也提出了商业生态圈的思想。所谓商业生态圈，就是商业活动的相关利益主体共同搭建一个价值平台，利用平台上所有参与者的能力实现价值创造和增值，以便共享利益。平台类似于有机系统，利益主体类似于物种，价值共享类似于能量传递，商业中的平台体系也就类似于生物学中的生态系统。

以电子商务为依托，通过战略选择优化、组织能力提升和价值创造，阿里巴巴也逐渐形成了以电子商务为主体的生态系统。在阿里巴巴生态系统中，支付宝、搜索、邮箱、P4P（按效果付费）就像是水系，是阿里巴巴生态群的公共资源；阿里巴巴的B2B、淘宝、雅虎中国、阿里软件、阿里妈妈、口碑网是一片片绿地；中小企业、个人创业者和消费者则是遍布于阿里生态群的3个部落。阿里巴巴所做的就是不断提供资源、优化生态环境、扩展生态群版图，推动这3个部落的生存、发展和繁荣。阿里巴巴一直致力于把已经形成的生态圈建成一个开放环境，让更多的合作伙伴加入其中，服务于"阿里巴巴三部落"。开放赋予了阿里生态圈新鲜的活力、更强大的能量和更值得想象的未来。

而阿里巴巴集团的生态群落基本上分为两个，一个是各子公司之间形成的相互依靠、相互支撑的生态系统，另一个是与第三方共荣的生态群。在新"七剑"成立前，这两个生态群落之间的协同和分享机制仍不理想。为了加速推进生态群落向生态圈发展，阿里巴巴集团在2012年7月将原有的子公司制调整为事业群制。调整后的阿里巴巴包括淘宝、一淘、天猫、聚划算、阿里国际业务、阿里小企业业务和阿里云7个事业群（即"七剑"）。"七剑"事业群制就是要打造一个电子商务生态系统，把阿里巴巴建设成为电子商务的"水、电、煤"基础设施平台，建立统一的数据、安全和风险防控及技术底层，构建阿里巴巴集团CBBS（消费者、渠道商、制造商、电子商务服务提供商）市场集群，从而实现从消费者到厂家，到原材料的全链条贯通。

CBBS 市场集群由淘宝网上的 C 店、零售商和渠道商的 B 店、生产制造商的大 B 店和服务商的 S 店组成。在整个产业链中，最后一个供应商应该是 B2B 平台上的小企业，它们通过服务商 S 连接起来，即消费者的需求驱动了平台商家的销售品种与数量，而平台商家的采购需求也驱动了生产型小企业的生产品种和数量。鉴于小企业是阿里生态圈的源头，阿里巴巴将原有的 B2B 业务按照属性划分为阿里国际业务和阿里小企业业务两个事业群。分割后的新事业群掌握了中国最好的生产厂家，最好的原材料、采购、工业品、零件源头供应商和服务商，并结合其他事业群打通了淘宝系的所有平台，阿里巴巴生态圈因此真正成为以互联网为基础的电子商务协同平台。

- 阿里巴巴：集成不同资源、功能的涉农业务布局

淘宝·中国特色馆是阿里巴巴整合地方商业资源，促进地区经济发展的重要战略，这可以从阿里巴巴在农业上的布局看出（见表 4 - 3）。淘宝·中国特色馆是以阿里巴巴网络平台为基础，地方政府或下属商业公司作为战略合作伙伴负责维护，招募地方特色食品、农产品加工和旅游领域网商参与运营的地方特色馆。淘宝·中国特色馆的建立和发展，为整合农产品供应链、促进农民增收提供了新的途径。

淘宝·中国特色馆对农产品供应链的创新作用。淘宝·中国特色馆的建设和发展，既是农产品电子交易进程的需要，更是整合农产品供应链的尝试。特色馆的三方组合管理能发挥各主体优势，促进农产品供应链的完善和发展。政府可以运用监管的优势，做好品质保证和食品安全的背书，确保农产品的质量安全。运营服务商可以以本地区

特色产品为导向，做好特色农产品的宣传和推广工作，完善农产品供应链的服务体系。阿里平台则可以在基础流量、引流分配上发挥作用，搭建农产品和卖家管理模块，促进农产品电子化交易的发展。从某种角度说，三方管理加农产品网商，组成了淘宝·中国特色馆电子商务发展的主体，其供应链的整合和发展更代表了未来农产品电子商务发展的趋势。

表4-3 阿里巴巴涉农业务布局

公司	部门	业务目标
中国事业部（CBU）	网站运营部—行业运营部—农业频道	国内农产品批发
国际事业部（ICBU）	信息平台—深度服务—农业类目	国际农产品批发
淘宝网	新农业发展部	探索绿色生态农产品的电子商务模式
	食品类目—特色中国项目	打造中国特色地方专业市场
天猫	食品类目	食品农产品的销售
	商家业务部—商家服务	发展涉农产品运营业务
	物流事业部—规划部—邮E站项目	部署农村网点、发展代邮业务
聚划算	生鲜类目	生鲜农产品销售
支付宝	新农村事业部	农村便利支付和农村金融服务

阿里巴巴的集成性表现在：作为一种新的经济组织形态，它在聚集、集成组织资源方面表现出一种空前的跨界、融合。这种状况在互联网技术出现之前是不可想象的。在互联网的背景下，作为一种新的

经济组织形态，阿里巴巴集团在短时间内，涵盖了电子商务服务、金融服务、物流服务、大数据云计算服务、广告服务、跨境贸易服务以及互联网服务。2012年7月23日，阿里巴巴对业务架构和组织进行调整，从子公司制调整为事业群制，成立淘宝、一淘、天猫、聚划算、阿里国际业务、阿里小企业业务和阿里云7个事业群。2013年1月10日，阿里巴巴集团再次对业务架构和组织进行调整，成立25个事业部。

阿里巴巴的集成性表现在：作为一种新的经济组织形态，它在聚集、集成组织资源方面表现出了一种空前的规模。从产业的角度来看，阿里巴巴的跨度包括金融、物流、医疗、体育、音乐、大文娱、汽车等。在阿里巴巴之前的任何组织中，这种跨度在如此短的时间里实现聚集、集成都是难以想象的。另外，2015年全年，即成立15年之后，阿里巴巴总营业收入达到943.84亿元，净利润688.44亿元。2014年11月8日，阿里巴巴市值首次超过通用电气公司，有人戏说，爱迪生及其后人花了122年的时间做到的规模，马云和成千上万败家的女人们只用了15年的时间就实现了。

阿里巴巴的集成性表现在：作为一种新的经济组织形态，它在聚集、集成组织资源方面表现出了一种空前的层次性。空前的层次性是阿里巴巴一个重要的特征。阿里巴巴具有很大的包容性，它向下兼容各种经济组织形态，包括个人、家庭、企业、公司，乃至政府、非政府组织等不同层次、不同功能的多种组织形态，形成了一个类似于自然界的，具有不同层次、层级的，不同功能的，多样性的经济物种生态。

阿里巴巴是世界进入数字时代的产物，是一家典型的基于 ICT

（Information、Communication、Technology，信息、通信和技术）、互联网技术和大数据的现代企业。但是，我们更应该看到的是，阿里巴巴的范围、边界之内，更像或就是一个小型社会、一个新的经济帝国、一个基于网络的、线上线下相互结合的新经济组织形态，这是空前的。

阿里巴巴的集成性还表现在：在电子商务领域，它兼具政府和非政府的某些角色、职能和功能。在电子商务领域，由于先行性，阿里巴巴集团在电子商务立法、大众监管创新、电子商务文化的培育与管理等方面做了大量的工作，这些工作为电子商务事业的顺利、高速发展起到了关键的作用。如果从组织的"进化的阶梯"角度看待阿里巴巴，实际上它已经兼具了政府和非政府的某些角色与功能，即公共事务规则制定、监管的角色与功能，也具备了非政府职能中文化培育、建设和管理的角色与功能。所以，更准确地讲，阿里巴巴应该是一个新的经济组织形态。

阿里巴巴的分享性

阿里巴巴的共享性或者分享性表现在：为消费者提供了更加方便、快捷、富有价值的多样性的交易平台、交易手段、交易功能。例如，创立于2003年5月的淘宝网，是注重多元化选择、价值和便利的中国消费者首选的网上购物平台，淘宝网展示了数以亿计的产品与服务信息，为消费者提供多样化的产品和服务。天猫创立于2008年4月，致力于为日益成熟的中国消费者提供选购顶级品牌产品的优质网购体验。聚划算于2010年3月推出，主要通过限时促销活动，结合众多消费者的需求，以优惠的价格提供优质的商品。全球速卖通创立于 2010 年 4 月，是为全球消费者而设的零售市场，其用户主要来自俄罗斯、美国和巴西。世界各地的消费者可以通过全球速卖通，直接以批发价从中国批发商和制造商购买产品。

阿里巴巴的分享性还表现在为：商家提供了多功能、多层次、多样性的公共服务、基础服务。例如，创立于 2007 年 11 月的阿里妈妈，是为阿里巴巴集团旗下交易市场的卖家提供个人计算机（PC）及移动营销服务的网上营销技术平台。此外，阿里妈妈也通过淘宝联盟，向这些卖家提供同类型又适用于第三方网站的营销服务。创立于 2009 年 9 月的阿里云计算，致力于开发具有高度可扩展性的云计算与数据管理平台。阿里云计算提供一整套云计算服务，以支持阿里巴巴集团网上及移动商业生态系统的参与者，其中包括卖家及其他第三方客户和企业。

阿里巴巴国际交易市场是阿里巴巴集团最先创立的业务，是领先的跨界批发贸易平台。小企业可以通过阿里巴巴国际交易市场，将产品销售到其他国家。创立于 1999 年的 1688，是中国领先的网上批发平台。

第三节　产融结合：组织与金融的集成与分享

在人类社会发展过程中，组织（即实业）的发展与金融的发展是结伴同行的，是不可分割的。

组织与金融的结合，也就是产融的结合。信息技术的进步，使得信息中介、信用中介的集成与分享，在层次、多样性、跨度、规模、内容等方面均发生了很大的变化。产融结合在更高层次、更大规模、更大范围实现了集成与分享。

集成与分享原理在组织、金融领域的综合应用，即实业与金融融合方面的应用，包括了单产业链、多产业链与金融的融合两个方面。单一产业链与金融的结合，如"云信托＋地信托"模式就是农业产业链与信托、金融相结合的产融结合模式；多产业链与金融的有机结合，如阿里巴巴集团有关实业的业务（贸易、物流、医疗等）与有关金融业务之间的融合发展。阿里巴巴最初业务与金融业务的结合与发展，使得阿里巴巴集团成为综合产融结合的一个新范例。①

产融结合的制高点：产业链金融、生态链金融

产融结合的概念和发展状况

金融是人类社会发展到一定阶段的产物，是人类为了提升生产的效率与生活的幸福感而发明的一种制度技术。所以说，金融既是"生产的金融"，也是"生活的金融"。由于生活是人的自我生产过程，因而金融归根结底是"生产的金融"。由此可见，"产"与"融"总是结合在一起的，有什么样的"产"，就会有什么样的"融"。②

产融结合，指产业资本和金融资本以股权关系为纽带，通过参

---

①　马云正用蚂蚁金服建造一个金融帝国，银行面临倒闭……2016 年 4 月 28 日．ht-tp：//cyzone. baijia. baidu. com/article/430303.

②　"产融结合"的昨天、今天和明天．2014 年 12 月 22 日．http：//finance. ce. cn/roll-ing/201412/22/t20141222_ 4172285. shtml.

股、控股和人事参与等方式进行的结合。从两种资本的载体来看，产业资本一般是指工商企业等非金融机构占有和控制的货币资本及实体资本；金融资本一般是指银行、保险、证券、信托、基金等金融机构占有和控制的货币及虚拟资本。

产业链金融是近期兴起的一种金融创新，它可以充分发挥金融机构资源配置平台的作用，整合产业链上下游企业的金融需求，将核心企业、供应商、经销商与金融机构紧密联系起来，通过提供全方位的金融服务，提高金融资本的使用效率，增强对全产业链的金融支持力度，有力促进产业的转型升级。同时通过对产业链资源和信息的整合，强化对全流程的交易掌控，实现由对单一企业风险控制向全产业链风险控制的转变，便于金融机构评估和掌控产业整体风险。

产融结合发展到今天，产业链金融、生态链金融是产融结合新的制高点。与供应链金融相比，产业链金融以全产业链的方式介入客户的金融需求，通过精选产业链，以及深入研究产业链横向、纵向的行业特点、金融需求和资金流向，对产业链金融服务进行全局的规划，设计出有针对性的商业模式，实现全方位的金融服务和资金流的闭合循环。如果产业链金融拓展到更大的范围，涉及与该产业链相关的产业，或者涉及数条产业链金融，则产业链金融将上升到生态链金融的范畴。

产融结合的制高点是产业链及其服务链与金融服务链的集成与分享

产业链金融或生态链金融，即通过整合金融服务链和产业链及其服务链，推动包含产业、行业在内的产融结合，将是未来产业、行业实现快速发展和产业升级的重要途径。

基于综合金融服务功能，产业链金融、生态链金融的金融服务方应该囊括所有的金融牌照和功能，借助这种全面的金融服务能力，可以为产业链放大资本杠杆、实现资产增值、用金融信用助力交易完成、用产融结合帮助交易组织，并借助互联网金融和大数据分析、物联网的互动，为产业、行业创造新的产业金融服务模式。产业方应该整合制造部分、行业协会、数据服务商、系统服务商、物联网等服务和功能，这样就能有效地为产业链降低成本，为行业生态圈创造价值。

产融结合是实现资源配置最大化的重要方式，无论是实业经济组织，还是金融经济组织，想要撬动更大的市场，赢得更好的发展，必须实施产融的有机结合，实现资源配置的最大化。产融结合是产融双方创造协同、提高竞争优势的一个重要手段，可以降低交易成本，也是企业提升自身价值的管理手段，起到了创新企业投资模式的作用。产融结合将促使参与各方共赢发展，有效整合资源，深度发掘跨界商机，广泛倡导融合和创新，促进货物运输流、信息流、资金流和商流有效结合、高速运转。

产融结合的重点是信息中介和信用中介之间的集成与分享

从产融结合的基础来看，它是产业这种"自然技术"与金融这种"制度技术"的结合；从产融结合的方式、手段来看，它是产业和金融"组织之间的结合""工具之间的结合"①；从产融结合的中介来讲，它是产业这种"信息中介"与金融这种"信用中介"的

---

① "产融结合"的昨天、今天和明天．2014 年 12 月 22 日．http：//finance．ce．cn/rolling/201412/22/t20141222_ 4172285．shtml．

结合。

但最重要的是，任何金融行为的实现，都离不开"信息中介""信用中介"所形成的两层中介架构。而产融结合最重要的就是，可以促成"信息中介"和"信用中介"的完美结合。如果能够促成"信息中介"和"信用中介"的完美结合，那么产融结合就有了基本保障。

案例研究："云信托 + 地信托"

在土地流转信托的理论下，将产业链信托、互联网信托、消费信托等作为相应的模块，经过深入的调查、研究分析，对它们进行有效的嵌入和整合，使它们能够真正地融合在一起，成为一个可行的、具有盈利模式的土地流转信托。

与农业产业链结合，是为土地流转信托找到一个农业产业信息中介，利用农业产业链这个信息中介去整合农业产业链上的相关内容。在这个过程中，农业产业链的具体平台或机构，成为一个产业中介、信息中介，更加突出土地流转信托的金融中介、信用中介的功能和作用。

与互联网结合，对于土地流转信托、农业产业链来说，互联网不仅仅是出口，也是降低成本、提高效率、保障公平的最优方法，或者称为战略性工具。

"云信托 + 地信托"的土地信托化盈利模式

"云信托"依据大数据，运用信托手段，实现农业与农业相关产业信息供应链的共生。所谓"云信托"，是以土地为标的，实现农业和农业相关产业之间的信息交流，遵循产业间不同的行为准则，农业及农业相关要素共同体成员之间存在显著的信息共生关系。

所谓"地信托"，是以土地为标的，依托农业产业的前向、后向的关联关系构成的一种网络。"地信托"是依托信托平台构建的产业关联关系，而产业关联关系的实质又是产业之间的供给与需求、投入与产出的关系。

一条比较完整的"地信托"农业生产链包括农产品从种苗培育到大田管理、农畜产品加工、保鲜，直至流通、市场销售等环节和流程。这些环节进一步细分为：农产品产前环节，即种苗业、饲料业、信息指导、产品规划；农产品产中环节，即田间管理、技术指导、农用物资、肥料业；农产品产后环节，即品级分化、包装加工、保鲜加工、食品加工、储存技术；农产品消费环节，即品种和品质提供、消费引导、营销促销等。

"云信托＋地信托"以土地为标的，在云数据的支持下，以信托为信用中介，由两个或多个市场主体，基于一定的地理信息系统（地域、环境等），以农业为纽带，按照一定的逻辑和时空关系，结成具有价值增值功能的链网式一体化组织。具体地说，是在农业产业政策和生态环境变量作用下，商流、物流、资金流、技术流、价值流、供给流的高度凝结体。

"云信托＋地信托"依托信托的三权分离，实现了土地的所有权、经营权和收益权的分离，在不改变所有权属性的基础上，避免了大地主的产生，合理转变农民对土地的占有方式，由实际占有转变为以信托资本的价值形态占有，把农民从对土地的依附关系中解放出来，释放了农民的灵性。

如果从金融的资金端、资产端理解，对于土地流转信托，要在资金端嵌入消费信托、互联网金融、财富管理等模块，在资产端打造产业链金融等，以此促成信托与产业的深度融合。

土地流转信托的成功不是一件容易的事情，也是信托责无旁贷的责任。所以，信托公司应该将其作为战略新兴业务，以及互联网时代转型的重点业务，进行战略性的投入。

中粮信托与"从田间到餐桌"的农业全产业链金融

拥有志在打造"从田间到餐桌"全产业链，同时拥有我买网的中粮集团这样的股东，中粮信托树立了"依托中粮集团行业优势，发挥信托制度优势，把中粮信托建设成有产业特色的金融股权投资管理平台、农业金融服务平台和财富管理平台"的企业愿景。在创新农业金融业务模式方面，中粮信托进行了一系列探索，例如，在上游的农产品种植环节，中粮信托在黑龙江试验的农业金融模式，在不触及土地产权改革的情况下，破解了农民贷款的抵押担保难题；在中游的农产品生产加工环节，中粮信托正在寻找能与中粮集团形成产业协同效应的股权投资机会；在下游的粮油食品流通环节，中粮信托已经开发出为经销商融资的供应链信托产品等。中粮信托还获批主导发起成立"中粮农业产业基金管理有限责任公司"，负责管理中粮集团主导发起的首只农业产业基金——中粮农业产业基金。

同时，中粮信托在土地流转信托、消费信托、供应链信托等方面进行探索。一是土地流转信托，以及进一步整合农资、地方政府、农业龙头企业等资源而发展的农事综合服务信托，针对农业荒地改造成耕地开发模式而开发的农地改造信托模式等；二是消费信托或以生物资产为投资标的的信托模式，如白酒信托、茶叶信托、生猪投资信托、肉鸡投资信托、肉牛指数信托等；三是供应链信托，通过引进保险公司、互联网金融机构，从而有别于银行的贸易融资模式，可以在养殖、牧业等核心企业的上下游复制。这一产品层次实质上是依靠信托制度优势形成对农业资产的专业化覆盖，针对农业食品行业的企业，对其上下游产业链条均能形成服务模式。

中粮集团的"我买网"是以生鲜电商为定位的网站，其建立伊始，就在广告和网站醒目处注明"中粮旗下食品网站"，彰显其强大的央企集团背景，并保证肉、油、米等产品质量，在生鲜领域脱颖而出。2013 年，网站在两个月内就完成了全年销售计划的 1/3。在市场份额方面，2015 年上半年，在食品电商网站分类中，"我买网"成为天猫（28%）、京东（22%）之后排名第三（17%）的网站，配送覆盖全国 142 个城市。2015 年 10 月，更是获得了 2.2 亿美元的融资，谋求上市，成为央企改革和创新的代表。"我买网"不仅用垂直模式销售中粮自己和其他供应商的产品，还谋划在未来提供菜谱定制、食品安全追踪等服务。当然，中粮集团的规模效应以及强大的生产、采购、物流、商品能力帮助"我买网"形成了相对低廉的价格和稳定的品质，也为其新业务的迅速发展创造了协同效应。

农业产业链 + 新农村建设的金融模式

将农业产业链在农村地区的发展与信托基金有效地结合在一起，整合的内容包括种植业、养殖业、食品加工业、供应链、超市（卖场）以及相应的土地开发、工业园区开发、房地产开发等，是一种跨越土地开发基金、产业发展基金、房地产开发基金等方式的组合基金形式，其中不仅包含了融资、融物，更有融智的成分在其中。当然，这个过程需要当地政府的合作与配合，也需要与银行、证券、保险等金融机构共同联手。

"云信托＋地信托"是公司制与信托制两种制度的集成与分享

"云信托＋地信托"这种土地信托化盈利模式包含了信托平台、农业产业链和农业产业信息链等。其中，信托平台是以信托制度为基础构建的土地流转信托模式，而农业产业链、农业产业信息链是以公司制度为基础构建的互联网模式。以中信信托的安徽农村土地流转信托项目为例，该项目打造了"粮食生产供应链经营管理"的新模式，全面满足粮食生产专业户（种粮大户、农业合作社、农垦企业）的粮食生产需求；构建了"粮食生产供应链生产要素资源集合平台"，实现要素资源的线上交易和线下服务，为大农业生产提供保障；成立了安徽天禾中信农业服务有限公司，把"粮食生产供应链模式"和"农事服务能力"应用到农业生产实践；合作创建了"中信天禾新型农业职业经理人商学院"，把种粮专业户从"传统农民"的角色培养成"现代农业企业家和农场主"。

土地制度问题的核心在于解决产权私有化与经营分散化之间的矛盾，在此背景下，创新性的土地信托制度应运而生。实际上，我们可以看到，用土地流转信托的方式解决农村土地的私有化和规模经营问题，是一种公司向信托回归的方式。在土地流转信托的方案中，整体方案虽然是以信托制度为基础展开的，但是方案之中，还大量嵌入了公司制的财产管理方式，以实现特定的目的。

由此可见，信托制与公司制这两种不同的财产转移、财产管理、财产分割方式的有机结合，就像是一种复合材料，克服了两种基本材料的弱点，强化了它们的优点。信托制与公司制的有机结合，有可能产生一种近乎完美的财产管理、转移制度，一种近乎完美的切断财产所有人与财产之间直接联系的资产分割方式，将为公有制下的土地问题、国有企业改革问题带来突破性方法，也将会是中国信托人对信托的历史性贡献。

案例研究：阿里巴巴与蚂蚁金服的综合集成与分享

阿里巴巴集团自 1999 年到现在，实现了跨越式发展，其在中国社会、经济中的地位和作用，乃至在国际社会、经济中的地位和作用，日益凸显。在不到 20 年的时间里，阿里巴巴以其在美国上市的业务，首先实现、完成了第一个千亿美元市值的征程。实际上，2014 年 9 月 19 日，阿里巴巴在美国纽交所上市，每股从发行价 68 美元涨到收盘价 93.89 美元，市值高达 2 314 亿美元。预计阿里巴巴第二个千亿美元市值的目标将由蚂蚁金服实现，因为蚂蚁金服目前的估值就有 600 亿美元。预计阿里巴巴第三个千亿美元市值的目标将由其菜鸟网络完成，即通过 8～10 年，由一期投资 1 000 亿元人民币，二期投资 2 000 亿元人民币的中国智能物流骨干网（或称浙江菜鸟供应链管理有限公司）来实现。也就是说，如果顺利的话，阿里巴巴将在 2020 年左右，以阿里巴巴美国上市公司、蚂蚁金服和菜鸟网络三块业务实现和完成 3 个千亿美元的市值。

阿里巴巴的这种发展速度，以及对中国社会、经济乃至世界社会、经济的影响力和冲击力，用传统的、诞生于工业社会的组织理论、经济理论来解释是比较困难的。所以，阿里巴巴的模式一定是一种不同于传统工业社会的经济组织、金融组织。我们必须以创新的方式方法来恰当地解释阿里巴巴的发展历程。

阿里巴巴和蚂蚁金服在业务上有着密切协同

蚂蚁金服将自己定位为互联网金融服务生态系统，通过对外投资与内生发展，逐步形成了五大业务板块：支付、理财、融资、综合金融与金融基础设施。按照里昂证券的估值模型，蚂蚁金服87%的价值来自支付、理财和融资三大业务，这些业务中绝大多数产品是蚂蚁金服自有的，比如理财业务中的招财宝与蚂蚁聚宝，融资业务中的蚂蚁花呗、蚂蚁微贷、蚂蚁借呗等。在其投资布局中，涉及这三大核心业务的只有天弘基金和消费金融公司趣分期，而蚂蚁金服所投资的项目主要集中在其他两个业务板块——综合金融与金融基础设施，这两个板块将为蚂蚁金服未来估值进一步增长提供动力。

据统计，截至2016年9月26日，蚂蚁金服共进行了30项对外投资，其中有一项仍在等待监管部门的审批。据不完全统计，其投资金额总计223.7亿元人民币（33.9亿美元）以上。这30项投资不仅覆盖了银行、股票、证券、保险、基金、消费金融等金融类项目，还涉及餐饮、媒体、影视等非金融类项目。

蚂蚁金服在最近6个月里，密集投资了10家公司，从滴滴出行到百胜中国，覆盖了餐饮O2O、交通出行、影视、私募基金、生物识别技术等领域。事实上，蚂蚁金服自正式成立以来，其投融资活动一直非常活跃。

蚂蚁金服一位投融资负责人表示，阿里集团和蚂蚁金服在业务上有着密切协同，阿里集团提供电商、物流、云计算等一系列服务，蚂蚁金服提供系统的金融服务。因此，双方在国际化、农村业务，以及支持整个阿里生态体系上有很多合作，分别投入资金和资源。

蚂蚁金服的海外投资版图扩张几乎和阿里巴巴一致。蚂蚁金服目前正在印度和东南亚投资本地力量，以试图连接各国支付渠道。蚂蚁金服的这些努力与阿里巴巴的国际化战略几乎是同步的。

阿里巴巴本质上是一个信息集成与分享服务商

经过十多年的发展，阿里巴巴已经形成一个通过自有电商平台沉淀以及 UC、高德地图、企业微博等端口导流，围绕电商核心业务及支撑电商体系的金融业务，以及配套的本地生活服务、健康医疗等，囊括游戏、视频、音乐等泛娱乐业务和智能终端业务的完整商业生态圈。这一商业生态圈的核心是数据及流量共享，基础是营销服务及云服务，有效数据的整合抓手是支付宝。

以淘宝的发展为例，作为平台，淘宝掌握着大量的后台交易数据，能够判断消费者的动态和购买意向。在电商品类结构的变化升级过程中，这一平台起到了主导的作用——就像一家大型购物中心，在招商时需要明确各个类别的商品以及想要引入的目标品牌。淘宝通过大数据获得了对市场消费动向的了解，逐步扩大了产品品类的构成。如果打开 2003 年的淘宝会发现，主要品类是服装配饰、电子产品、家居用品等。但是到了 2014 年，生鲜、旅游、保险、生活服务（缴纳水电费、装修、月嫂、婚庆）等都出现在淘宝上了。

阿里巴巴以信息为基础和前提，集成不同行业、产业、服务、技术和金融并共享之

目前，阿里巴巴集团的核心业务模块应该是 3 个部分：一是沿着原来阿里巴巴业务发展的诸多围绕电商的核心业务，包括淘宝网、天

猫、聚划算、全球速卖通、阿里巴巴国际交易市场、1688、阿里妈妈、阿里云等；二是以蚂蚁金服为核心的金融板块业务，包括支付、基金、理财、保险、银行、小额贷款、征信、股权众筹、P2P、金融服务、金融 IT 系统等；三是以菜鸟网络及其中国智能物流骨干网为核心的物流服务和物流信息服务。这三大业务之间以商业信息、金融信息为前提和基础，既相互独立，又相互关联，互为前提和条件，共同形成了一个有机整体，以实现线上线下的有机结合。

阿里巴巴作为一个信息服务提供商，正在通过集成物流产业链上的诸多要素，实现线上线下的有机贯通

以菜鸟网络为例，阿里巴巴于 2013 年 5 月 28 日，与银泰百货集团、复星集团、富春集团、顺丰速运（集团）有限公司、上海申通物流有限公司、圆通、中通、韵达快递等合作，共同成立了中国智能物流骨干网（或称"浙江菜鸟供应链管理有限公司"），致力于满足未来中国网上和移动商务在物流方面的需求。中国智能物流骨干网经营的物流信息平台，一方面为买家及卖家提供实时信息，另一方面向物流服务供应商提供有助于其改善服务效率和效益的信息。阿里巴巴意欲通过 8～10 年的建设，为中国物流行业打造出一个前所未有的智能物流骨干网络，使其能够支持日均 300 亿（年度约 10 万亿）包裹单，让全国任何一个地区做到 24 小时内送货必达的目标。"中国智能物流骨干网"在阿里巴巴集团内部被称为"地网"，这也是阿里巴巴集团继架构调整、筹备成立小微金融服务集团后的又一战略性举措。

该智能物流骨干网将在继续完善物流信息系统的同时，依托城镇化的推进，在全国范围内建设物流仓储基地网络，并向所有的制造商、网商、快递物流公司、第三方服务公司开放，与产业链中的各个参与环节共同发展。这些基础设施主要包括两部分：一是在全国几百个城市通过"自建＋合作"的方式建设物理层面的仓储设施；二是利用物联网、云计算等技术，建立基于上述仓储设施的数据应用平台，并与电子商务企业、物流公司、仓储企业、第三方物流服务商以及供应链服务商共享。

此前，阿里巴巴集团董事局主席马云曾在一个非公开场合表示，这个智能物流骨干网不是电子商务的基础设施，而是未来中国商务的基础设施。他认为，今天中国很多成功的企业不能支撑中国未来经济的发展。未来的新型企业，是基于互联网思考、基于互联网技术、基于对未来判断成长起来的企业，并将支撑整个社会经济发展。打造中国智能物流骨干网就是通过构建一个新型网络物流枢纽，为中国未来商务建立基础设施。

在阿里巴巴集团内部，定位于数据化分析、追踪的物流宝的代号是"天网"，而涉足实体仓储投资的菜鸟网络是"地网"。2011 年年初，阿里巴巴正式推出的"物流宝"，是通过接入第三方快递、仓储的信息，为卖家提供入库、发货、上门揽件等方面信息的调配服务提供商。阿里巴巴表示，其真正专长的是互联网，"就是把大量互联网之前原本各自独立的信息连通起来，在这个过程中，那些更敢于否定自己以前成功的人，会比阿里巴巴更早找到商机"。

身为菜鸟网络董事长的马云称，继首期规划投资 1 000 亿元后，菜鸟网络的二期投资为 2 000 亿元，希望用这 3 000 亿元来撬动国家在物流基础设施上业已投入的几十万亿元，让国家的基础设施发挥出更大效应。

阿里巴巴通过集成信息、金融、物流等，涉足医疗行业①

以阿里巴巴进入医疗、医院行业为例。阿里巴巴城市未来医院的雏形初步显现，截至目前，全国近400家大中型医院纷纷加入马云的"未来医院"，覆盖全国90%的省份。阿里巴巴意欲通过支付宝，使患者能享受挂号、缴费、查报告、B超取号、手机问诊等全流程服务，让看病更方便、时间更短，再通过支付宝给医院、医生进行评价。通过支付宝，患者还可以根据距离远近、评价来选择医院。

2016年8月，阿里巴巴与武汉市中心医院签署合作协议推出网络医院，老百姓可以通过当地农村淘宝服务站进行视频就诊，包括消化内科、内分泌科、中医科、皮肤科等13个科室，诊断完毕开出电子处方，送药上门。天猫医药馆已成为国内最大的第三方医药平台，2015的销售额已达60亿元人民币。未来，老百姓只需在当地农村淘宝进行就诊，然后根据医生开出的电子处方，上马云药馆下单，系统自动让离你最近的实体药店进行送药，全程价格透明，就诊方便。

淘宝通过发展和集成工具，促成买卖交易的完成

在发展过程中，淘宝利用资金、人才和资源优势，不断开发有助于平台生态圈发展的工具，合并建立规则，帮助买卖双方交流和交易的达成。

支付宝的诞生就是为了解决网购中的诚信问题。2003年，淘宝与

---

① 马云拿下400家城市医院，又一场新变革即将到来. 云阿云百万社区O2O. 2016年8月14日.

易趣商战正酣，当时电商发展受限的原因之一是，交易双方主要采取线下银行汇款方式，买方担心付款之后收不到货，而货到付款的方式对卖家又有一定风险。2004 年支付宝的上线，最大限度地承担了"担保交易"的功能，在买家收到货品之前，资金都保留在淘宝，只有买家满意之后，账款才会支付给卖家，大大化解了买卖双方的交易风险。除了支付宝，即时通信工具"淘宝旺旺"的上线，也助推了买卖双方之间的交流，并记录了沟通内容，为可能产生的纠纷留下了处理凭证。之后，淘宝为了促成交易而开发的金融工具，如支付宝、"花呗"贷款功能、"余额宝"理财功能、"运费险"保险功能等，为阿里巴巴向金融服务领域的发展奠定了基础，蚂蚁金服也逐渐壮大起来。

阿里巴巴集团发展史：以包容胸怀共创天下

从阿里巴巴集团的发展过程，我们能够看到其平台价值观逐步成熟的过程。"让天下没有难做的生意"是阿里巴巴一直坚持的目标，这反映了阿里集团多方共赢的平台理念，就是以包容的胸怀与商业伙伴一起共创天下。在阿里集团商业版图的构建过程中，它没有遵循传统商业世界"你死我活"的思维方式，而是早早提出了平台上各参与者合作共赢的概念。阿里巴巴的发展史，是一部平台价值观的发展史：从平台的基础概念——信息交流，到清晰的平台战略——阿里电商事业，到进一步发展平台价值——小公司小事业部面对市场，到大平台生态圈下创造更多的小平台，共同面对市场。

阿里的关键绩效指标（KPI）考核评价也处处体现着价值观的重要性。阿里的考核分为两块，除了业务指标，还对员工的价值观进行考核，并占有一半的权重，以确保员工价值观的一致性。业务指标共有 3

个维度：第一个维度是"创新"。以案例制进行考核，不考察具体的数字，而是看员工具体做了什么创新的业务或行动。第二个维度是"协同"。阿里巴巴要建设生态系统，需要25个事业部之间紧密合作，各事业部之间的利益紧密相关，紧密协同和合作才能共赢。通过案例制考核，帮助员工审视自己为其他事业部提供了什么协同。第三个维度是"今天和明天"。考察员工为明天做了什么准备，为未来打下了什么基础。

需要强调的是，在研究产融结合的过程中，在以阿里巴巴与蚂蚁金服作为产融结合具体研究对象的过程中，我们依然可以看到在集成与分享之下，理性与道德的力量、技术的力量，看到跨界与融合、多边机制、协同、制度、自组织性发展、公平与效率等集成与分享的概念和实践。这也在很大程度上，更加坚定了我们对集成与分享原理和实践重要性的认识，也使我们更加坚信并且坚定了集成与分享原理应该是一种具有一般性、普遍性的客观存在。

需要指出的是，从人类组织发展的演化、进化的角度，我们应该站在更高的高度，看待阿里巴巴等新型组织形态的产生、发展的过程、结果和效能，从理论上对其进行更加深入的分析、研究，充分认识到阿里巴巴、蚂蚁金服发展的历史、历程对经济组织发展、演化、进化的重要性、意义。

如果我们将工业社会与公司这种伟大的组织相对应，那么从组织结构视角，信息社会只能够与像阿里巴巴这样的新型组织形态相对应。而今后一些传统企业、公司的发展趋势、方向，需要转变为阿里巴巴这样的生态型经济组织。也就是说，阿里巴巴的发展经验、历程，为传统经济组织的发展提供了顶层设计的实践、案例。

第五章　**实践是思想成熟的砥砺石**

一个成熟的管理原理需要在管理实践中不断砥砺，尤其在知识经济迅猛发展的时代，商业模式、管理手段不断被修正甚至被颠覆，集成与分享原理在被检验的同时，也面临着如何丰富、完善的挑战，这可能是一个时代的命题。

第一节　共享经济的商业模式创新

集成与分享原理在商业领域的最成功实践就是共享经济的商业模式创新。企业的使命就是创造价值，商业模式就是企业家为了创造顾客价值、最大化企业价值而构建的为所有利益相关者提供服务的交易结构。商业模式的本质就是价值创造，其外在表现是一系列的交易结构，即一系列的集成与分享过程。

互联网时代的商业模式在经历了用户流量、O2O（线上到线下）之后，正在进入以"实现资源优化配置"为核心的共享经济创业这一创新阶段。

美国的优步（Uber）整合了私家车资源，通过一个租车 App 软件使自己成为一家按需提供交通服务的企业，在全球范围内掀起了一场出租车行业的革命，让每一个用户只需要点击一下手机就能够找到一辆出租车，车辆会在最短的时间内到达用户约定的地点，并且将用户送至他想去的地方，通过租车平台，优步集成了私家车主的资源和出行者的需求，为私家车主带来额外收益，为出行者带来高质量、便利的出行享受，并节约了成本。

优步旗下没有任何一辆属于自己的出租车，它凭借集成的强大伙伴司机网络，每天为全世界的人提供超过 100 万次的通勤服务，这是典型的利用集成与分享原理创造的共享经济商业模式。

空中食宿（Airbnb）整合了私人闲置居所资源，Airbnb 公司相信，人们即便彼此非常陌生，仍然愿意把自己的空闲房间分享出去。截至 2014 年年底，Airbnb 的用户数量已经达到了 2 000 万，2015 年该网站已经在全球范围内提供了 80 万个房间，运营和提供的房间总数已经超过了希尔顿全球酒店集团、洲际酒店集团以及世界上任何一家连锁酒店的客房数。Airbnb 利用集成与分享原理创建的这个家庭房间分享帝国已经成为全球最大的寄宿提供商。

优步与 Airbnb 利用集成与分享原理创造的商业模式，颠覆了人们对出行、旅行的思考方式，也颠覆了出租车行业、住宿行业的很多巨头企业的运作模式，为公司自身和在公司运营平台上提供车辆、房屋的用户带来数十亿美元的收入。通过闲置资源的集成，创造了可以分享的价值，价值分享反过来为集成提供了动力，形成了一个价值创造的良性循环。

互联网确实为我们的生活方式和生产方式带来了本质变化，但没有改变人的本质和企业的本质。人的本质是永远都希望用最优的价格买到最好的产品，希望未来更美好。企业的本质也不会改变，企业必须创造价值、提供最有价值的产品，必须提升效率、降低成本，营销传播更快、更广。共享经济的商业模式就是，基于互联网科技因为消除信息不对称而带来的透明化机制，利用集成与分享原理构建平台，高效激活闲置资源，通过集成充分聚合和利用存量资源，分享建立共有、共享机制，形成良性的价值发现、价值创造、价值评估、价值分配的商业循环。

共享经济商业模式创新的内在逻辑

刘国华、吴博认为，人类有共享合作的本能，并将共享经济定义为构筑平台高效激活闲置资源。通过 Uber 拼车出行，通过 Airbnb 住在当地人家里，不去餐馆而是选择私厨，都体现了移动互联网时代共享经济对法律、商业模式、管理模式的巨大影响。

共享经济模式内在的逻辑到底是什么？其内在逻辑就是集成与分享原理在发挥着作用（见图 5 - 1）。通过重新审视分享的社会价值，以及社会资源的集成与分享，集成与分享模式在个体利益与社会团体

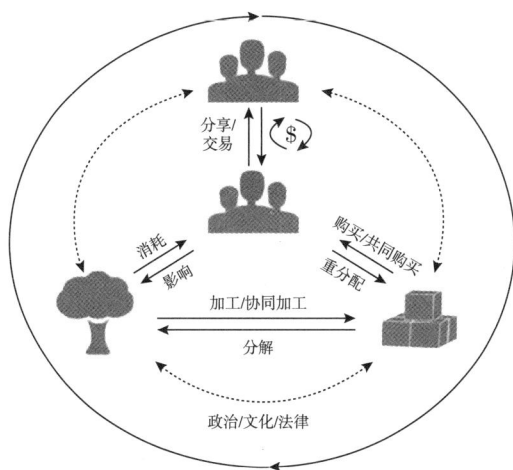

图 5 - 1　共享经济商业模式的内在逻辑①

_____

① 十分钟让你看懂"共享经济"到底是什么？2015 年 8 月 18 日 . http：//www. woshipm. com/it/190611. html.

利益之间找到了更好的平衡点，通过集成与分享，更多的人可以更积极地参与组织行为及社会行为。避免了牺牲个体利益甚至个性的弊端，带来买卖双方的共赢，人们可以大胆地享受共享带来的福利，在人与人之间建立一种健康良好的信任关系、合作意识，并不再一味追求产权的所有、产权的所在，而是资源的所用。或许正如《第三次工业革命》一书的作者杰里米·里夫金所认为的，所有权被使用权代替，"交换价值"被"共享价值"代替，人类进入协同共享的新经济模式。

共享经济的商业模式通过网络平台建立连接，以协同消费的方式共享资源、共享成果，共享的前提是通过平台将各自的资源进行集成，用最低的成本带来更大的价值，从而实现可持续发展。这就是一个资源的集成与分享不断迭代的过程。Uber 之所以能成功，核心原因在于通过集成与分享的迭代解决了乘客与车辆资源的精准供需匹配，大大提升了人们出行的效率。近年流行的滴滴出行，就是基于 Uber 的跨国模仿和中国版创新。集成与分享不只是简单地盘活了资源，改善了效率，而是在供给和需求两端都产生增量，建立新的运行流程和商业模式，实现价值创造，打造共享经济模式。

按照集成与分享原理建立共享经济商业模式主要包括 4 个核心要素，即资源渠道、共享平台、按需分配、获得回报。资源渠道是根基，通过有效的渠道找到过剩或低成本的资源，寻找的方向应该是资源过剩的领域，因为无论是时间、物品，还是知识，只有出现盈余之后才会被共享，因此通过构建企业生存状态、推进知识管理，有效地实现资源的聚合和重构。在共享经济中，资源过剩是共享经济的根基，如果没有这个先决条件，其他要素可能都是无效的。共享平台是建立资源链接和集成的介质，通过建立多边机制、制造均衡点打造共享平台，实现协同，这是资源集成和共享机制的依托，互联网平台以及 App 将这种平台无限扩大并高效利用起来，产生巨大的经济效益。通过共享机制实现按需分配和保证参与者最后获得回报，就是要让共享者可以在整个体系中获得回报，形成良性循环，这是遵从道德机制发挥作用的结果与体现，是实现效率与公平选择的保证。

共享商业模式的内在管理逻辑就是集成与分享原理，可以说共享经济商业模式就是集成与分享原理在移动互联网时代的商业利用硕果。这种商业模式一方面充分利用了闲置的资源，另一方面填补了市场对于某些产品或服务的巨大需求的不足，从而实现了资源的优化配置。

众筹与众包

互联网为集成与分享提供了先进的技术工具，极大地扩展了集成与分享的时间效应、空间效应和价值效应。1946 年世界上第一台电子计算机在美国的宾夕法尼亚大学诞生，1969 年为了阻止苏联的核战争威胁，美国国防部建立了阿帕网（ARPAnet），标志着现代计算机网络诞生，1980 年 TCP/IP 协议（传输控制协议/因特网互联协议）研制成功，1982 年世界上第一台 IBM 个人计算机诞生，1986 年美国国家科学基金会（NSF）资助建成了基于 TCP/IP 技术的主干网 NSF-NET。世界上第一个互联网产生，迅速连接到世界各地。1986 年，北京市计算机应用技术研究所实施的国际联网项目，即中国学术网（Chinese Academic Network，CANET）启动，1987 年 9 月，CANET 在北京计算机应用技术研究所内正式建成中国第一个国际互联网电子邮件节点，并于 9 月 14 日发出了中国第一封电子邮件："Across the Great Wall, we can reach every corner in the world（越过长城，走向世界）"，揭开了中国人使用互联网的序幕。这封电子邮件是通过意大利公用分组网 ITAPAC 设在北京的 PAD 机，经由意大利 ITAPAC 和德国 DATEX – P 分组网，实现了和合作伙伴德国卡尔斯鲁厄大学（University of Karlsruhe）的连接，通信速率最初为 300bps。

互联网时代

互联网发展至今已经经历 3 个发展阶段，第一个阶段是门户网站时代（1997 ~ 2002 年），这一阶段的标杆产品是新浪、搜狐、网易等门户网站，其典型特征是信息展示，信息基本上是广播模式，体现的是单向的互动。第二个阶段是搜索/社交时代（2002 ~ 2012 年），这一阶段的标杆产品是新浪微博、人人网等，其典型特征是实现了人与人之间的双向互动，用户生成内容。第三阶段是大互联时代（2012 年至今），就是所谓的互联网 3.0 时代，其典型特征是多对多交互，既包括人与人交互，还包括人机交互以及多个终端的交互，互联网 3.0 时代是基于物联网、大数据和云计算的智能生活时代，实现了整个人类"每个个体、时刻联网、各取所需、实时互动"的状态，这将是一个真正"以人为本"的时代。

1995 年杨致远创立雅虎（Yahoo）公司正式标志着网络经济时代开启，21 世纪是网络经济与网络社会的时代。2015 年 5 月 27 日，凯鹏华盈（KPCB）的玛丽·米克（Maryo Meeker）在美国科技博客 Recode 召开的"Code 大会"（Code Conference）上发布了 2015 年互联网趋势报告，根据该报告，截至 2014 年，全球互联网用户达到 28 亿人，其中智能手机用户达到 21 亿，占互联网用户的 76%（见图 5 – 2）。

2016 年 1 月中国互联网络信息中心（CNNIC）发布的《中国互联网络发展状况统计报告》显示，截至 2015 年年底，中国的互联网用户数量达到 6.88 亿，其中手机网民 6.20 亿，使用手机上网的网民比例达到 90.1%（见图 5－3、图 5－4）。

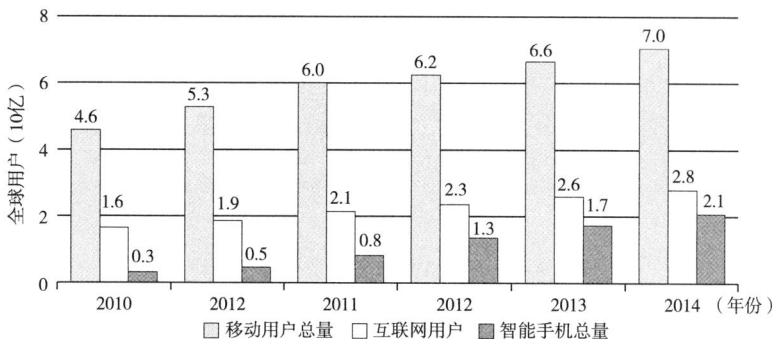

图 5－2　全球互联网用户发展趋势

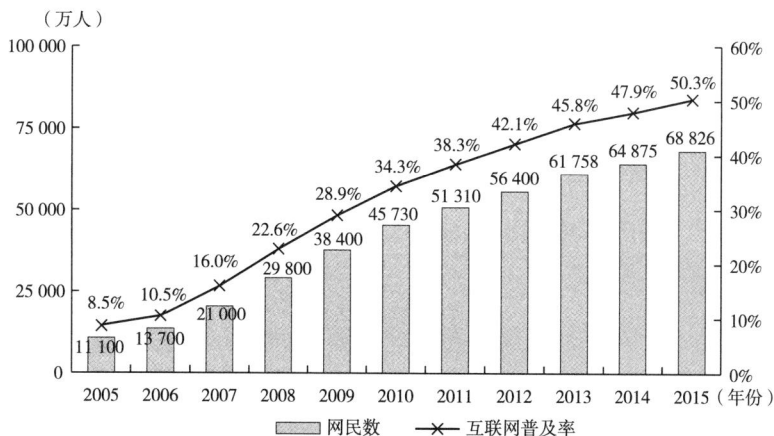

图 5－3　中国网民规模与互联网普及率

资料来源：CNNIC，中国互联网络发展状况统计调查，2015 年 12 月

互联网的普及和网络化时代信息的高速流动与共享，使得整个社会的信息分布趋于对称，信息交换的成本几乎为零，企业之间的商品

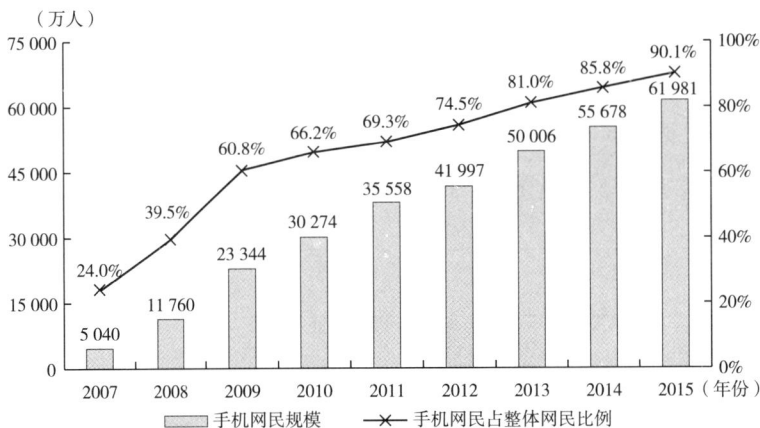

图5-4 中国手机网民规模及其占网民比例
资料来源：CNNIC，中国互联网络发展状况统计调查，2015年12月

交易行为、管理决策行为、技术开发行为与资源互换行为等，都可以通过众筹、众包等新形式，以不同的方式进行整合与融合，共享集成与分享带来的精神食粮和经济红利。共享经济激活闲置资源的使用权并实现转移，整合社会一切的闲散物资、剩余劳动力、闲置教育医疗资源为社会所共享。共享经济的三大主体，即商品或服务的需求方、供给方和共享平台通过互联网被整合到了一起，实现了集成与分享的环境与条件。互联网带来了资源共享、超越时空、实时交互性、个性化、人性化和公平性的巨大优势，互联网时代创造了新的需求，改变了我们认识世界的方式，形成了新的互联网思维模式和新的商业模式。

互联网思维

集成与分享是互联网思维的本质特征。所谓的互联网思维，就是在（移动）"互联网＋"、大数据、云计算等科技不断发展的背景下，对市场、用户、产品、企业价值链，乃至对整个商业生态进行重新审视的思考方式，以创新和协同方式进行资源的整合、融合，在新的背景下实现相关方的功能互补、资源互补，减少和节约内部与外部的交易成本，建立新的价值链接模式，创造新的超额价值，并进行新规则下的利益分配，实现资源的持续导入、不断聚合、动态平衡、连续分享的完整商业过程。

2011 年百度公司 CEO 李彦宏首次在《中国互联网创业的三个新机会》的演讲中提出互联网思维的概念，不论是小米公司雷军的"专注、极致、口碑、快"的互联网思维七字诀，还是腾讯公司马化腾的"马十条"（其中第一条是"将一切人、物、钱、服务都连接"），再到《互联网思维》一书里提出互联网思维的"独孤九剑"（见图 5 - 5）以及二十二条法则，都是对传统商业思维的颠覆与重构。

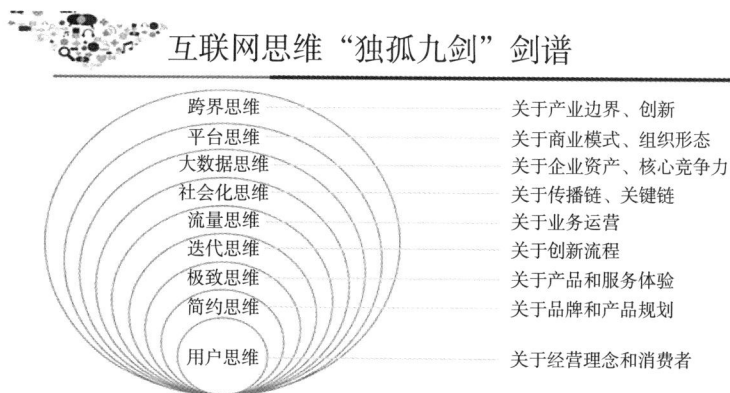

图 5 - 5　互联网的 9 种思维①

---

①　互联网思维．独孤九剑：读书笔记 PPT. 2014 年 4 月 13 日．http：//xueqiu.com/4426513281/28756878.

互联网思维的核心就是用户思维、创新思维、集成与分享思维。通过集成与分享，建立有效的利益均衡机制，选择合理的盈利方式和利润空间，实现利益主体之间的博弈平衡，更好地实现创新与协同。

用户思维就是在企业价值链的各个环节都要"以用户为中心"，企业的商业价值必须以用户价值为前提，在用户价值的基础上形成自己的商业价值。企业必须在市场定位、产品研发、生产销售乃至售后服务整个价值链的各个环节，建立"以用户为中心"的企业文化，深度理解用户，只有深度理解用户，才能生存。互联网思维就是以用户为中心，以客户为导向。创新思维就是把产品和服务做到极致，为客户创造价值，用互联网的方法创造性地解决管理、营销、维护等各个环节的问题，达到效率更高、成本更低，这是商业的本质。按照互联网所带来的时间消解、空间消解、媒体互动、关系渠道的架构进行商业模式创新，重新定义和重构商业生态、消费生态、企业运营、营销传播、个人生活。

互联网思维也是创新思维，集成与分享思维在于打造一个多主体共赢互利的生态圈，建立以分享为前提的资源集成机制。通过高效率整合低效率，对传统产业要素进行重新分配，对生产关系进行创新重构，提升运营效率和组织效率。集成与分享是平台思维与跨界思维的思想源泉。用户永远是企业核心资产，自由是一切创新的基础，集成与分享思维要求企业打破部门障碍和组织层级的桎梏，缩短企业与消费者之间信息、资金及物流的距离。用互联网思维再造传统企业，在客户营销与服务方面，实现以用户为中心的社群运营，参与互动，实现品牌社会化；在产品创新方面，极致创新，用户参与，开发创新平台（或众包）；在全供应链效率提升方面，打通每个环节，降低成本；在生产制造环节，应对市场需求快速反应与协同，资产与外协轻重平衡。

众筹模式

集成的前提是资源按照特定轨道进行导入与聚合。众筹就是将众多个人的金融资源汇集起来，共同使一个创意转化成一个项目或商机，这就是典型的集成过程。借助互联网和社会性网络服务（SNS）向公众募集项目资金的众筹模式，由发起人、支持者和平台组成，发起人是有创造能力但缺乏资金的人，支持者是对筹资者的故事和回报感兴趣的、有能力支持的人，平台就是连接发起人和支持者的互联网终端，是一个专业的大众集资网站，创业者将他的想法和设计原型以视频、图片和文字的方式进行展示，假如投资人感觉这个想法很靠谱，就可以把钱投给创业者以换取相应的承诺。在这种商业模式下，任何人都可以成为投资者，因为众筹平台的准入门槛很低（见图5-6）。

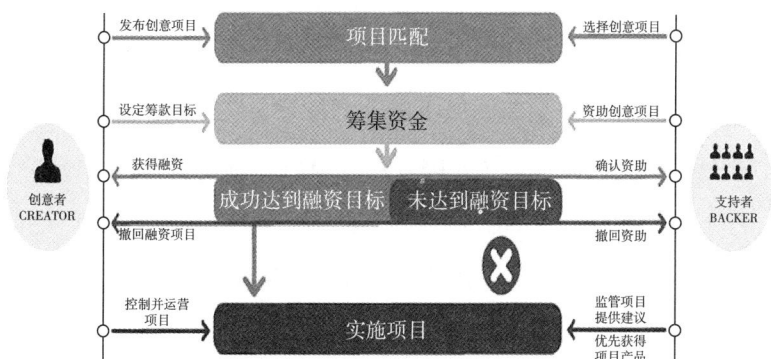

图5-6 众筹的流程

众筹模式主要分为股权众筹、债权众筹、捐赠众筹和回报众筹四大类。其中，股权众筹、债权众筹具有类金融融资的属性，本质上是出售创业公司的部分股份或以创业公司、个人为借款主体的借贷行为，属于金融脱媒现象。债权众筹就是投资者对项目或公司进行投资，获得其一定比例的债权，未来获取利息收益并收回本金；股权众筹就是投资者对项目或公司进行投资，并获得其一定比例的股权；回报众筹就是投资者对项目或公司进行投资，获得产品或服务；捐赠众筹就是投资者对项目或公司进行无偿捐赠。

Kickstarter 是全球最大、最知名的众筹平台，2009 年成立，美国第一个众筹网站。截至 2012 年 9 月，Kickstarter 已经成功推出 73 065 个项目，该平台抽取成功项目总集资额的 5% 作为佣金，资助的项目包括 Pebble Watch、Elevation iPhone Dock、Ouya Games Console，共融得 3.77 亿美元的投资。点名时间是较早一批模仿 Kickstarter，目前比较知名的一个众筹网站，2011 年 7 月上线，据其公开数据，上线不到两年就已经接到了 7 000 多个项目提案，有近 700 个项目上线，项目成功率接近 50%。截至 2013 年 4 月，点名时间是国内众筹单个项目最高筹资金额 50 万元人民币的纪录保持者。

众筹网是网信金融集团旗下的众筹网站，为项目发起者提供募资、投资、孵化、运营一站式综合众筹服务，自 2013 年 2 月成立以来，已上线众筹网、众筹制造、开放平台、众筹国际、金融众筹五大板块，股权众筹即将上线。众筹网联合长安保险推出的"爱情保险"项目创出了国内融资额最高纪录，筹资额超过 600 万元；"快男电影"项目近 4 万人参与，创出投资人最多的纪录。

首先，众筹模式的创新之处在于实现了管理上的动车理论，比如创业项目的股权众筹，就是把投资者、消费者和推广者合为一个整体。给你出钱的那个人，既是你的股东，又是你的客户，还积极为你的项目推广传播，所有的问题同时解决了。每个人都出一点点力气，项目就能顺利开展，从而避免了所有的事情都要创业者一个人干。就像火车一样，只有车头是动力，其他车厢全是被动行动，导致以前火车跑不快。现在的动车为什么跑得快，就是因为动车的每一节车厢都是动力。众筹模式通过这种集成与分享实现了项目管理的动车机制。

其次，众筹模式的创新之处在于实现了管理的长板理论。长板理论就是只要你有一项能力很强，靠一项很强的能力，迅速把其他很强的能力凑在一起，就达到了意想不到的高度。众筹合作中，跟各行业第一名合作，每个人做自己最擅长的事情，很快就把优势资源组合起来，通过集成与分享机制实现了管理的长板机制。

众筹模式通过集成与分享创造了价值，发起人通过众筹平台不仅可以得到项目的启动资金，还可以在量产前测试他们的产品是不是真的被大众接受，即使没有获得投资，创业者至少不用再为一款不被认可的产品浪费时间和金钱。支持者可以获得相应的实物、股权、服务或者媒体内容回报。平台可以收取相应的佣金。众筹模式的运行逻辑就是集成与分享原理。

众包模式

众包模式也是一个利用集成与分享整合资源的典型模式。众包模式是指一个公司或机构把过去由员工执行的工作任务，以自由自愿的形式外包给非特定的（而且通常是大型的）大众网络的模式。众包的任务通常由个人承担，但如果涉及需要多人协作完成，也有可能以依靠开源的个体生产的形式出现。众包模式也是一个利用集成与分享原理整合资源的典型模式。

融智网就是面向中小企业成长过程中对智务服务的需求（如 IT 服务、设计服务、法律服务、金融服务等），通过"在线咨询、智务商城、项目众包、云端应用"等服务体系，解决中小企业"咨询难、服务乱、信用差、应用少"等问题的一站式在线服务平台。其商业模式是通过"众包"平台，采集中小企业的需求，再把需求的实现过程进行拆分，交给不同的企业或个人去开发和实现，然后选择性价比最优的部分进行整合，最终交付给中小企业用户使用（见图 5-7）。

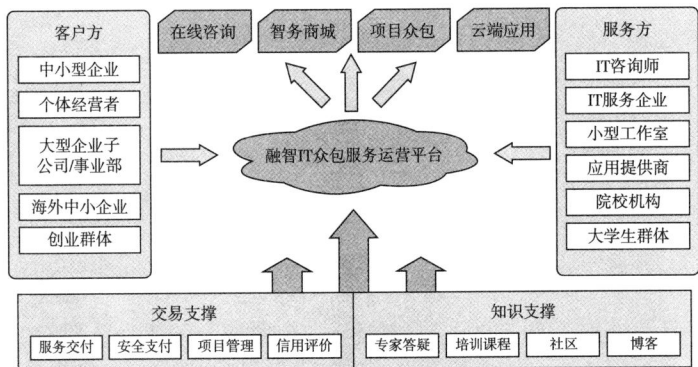

图 5-7　众包商业模式①

维基百科、YouTube 等 UGC② 网站就是典型的众包模式，企业、组织的核心价值几乎完全来自用户进行的价值创造，而且不产生任何直接成本。众包模式成功的一个重要基础，就是人们开始把创造当作一种娱乐，并享受因此带来的自我价值实现，典型的众包平台是猪八戒网。随着网络的发展，越来越多的传统企业，正在互联网领域之外

———————

① 中小企业 IT 应用"众包"平台．2012 年 5 月 15 日．
② UGC 是指用户原创内容，是伴随着以提倡个性化为主要特点的 Web 2.0 概念而兴起的。

复制众包的价值创造模式，并取得成功。

众包通过一对多的方式，将借助互联网平台，聚合众人的力量、智慧来完成个人或企业的诉求。比如一家企业要对投放的户外广告做定期监测，如果利用"拍了么"平台来完成这项工作，就能够在很短时间内找到成百上千的线下闲置人员，系统会将监测内容按照区域、地点、类别等维度拆分成单独的任务点，平台上的用户可以领取离自己最近或感兴趣的任务，完成任务之后用户也能够获得相应的报酬，这种模式不但效率极高，而且成本更低。杰夫·豪将众包模式分为 4 种基本应用类型：集体智慧（Crowd Wisdom）、集体创造（Crowd Creation）、集体投票（Crowd Voting）以及众筹（Crowd Funding），其核心就是把创意、人力资源、资金资源通过社会网络进行分包，让项目资源获取方式社会化，获取支持最大化，体现了集成与分享的管理理念。

利用集成与分享管理理念，借助互联网，对信息、剩余劳动力、资金等资源进行重新整合，将有需求的人和有供给的人联系起来，打造众包商业模式。众包模式的关键是建立有效的利益均衡机制，选择合理的盈利方式和利润空间，实现利益主体之间的博弈平衡，一方面通过制衡有效地约束企业成员的行为，另一方面能有效地防止利益格局调整与机构分化过程中的社会断裂与冲突，降低企业运行的成本和代价。利益均衡机制的建立，使集成与分享能在利益均衡的框架下有序转换、循环发展，避免形成集成与分享割裂或者单向沉淀行为。集成与分享的割裂或者单向沉淀行为，造成了在集成与分享循环之后保持沉淀静止状态，不再向对方的方向进行转换，形成只有集成或只有分享的格局。这种割裂和沉淀状态都将以逆行为状态来破坏着集成与分享的实现。因此，企业必须建立协同利益合理的分配机制和流动机制，防止出现集成与分享的单方面沉淀行为。

案例研究： 滴滴出行的商业模式创新

滴滴出行是由 2012 年 6 月 6 日成立的北京小桔科技有限公司开发和推广的一款打车平台软件，2012 年 9 月 9 日在北京上线，目前已经成为全国最大的打车软件平台，覆盖 360 多个城市，用户超过 1.5 亿，公司总估值超过 150 亿美元。滴滴出行的成功充分展示了基于移动互联网的共享经济模式的成功，是集成与分享管理理念的成功应用。

截至 2014 年 3 月底，滴滴打车在全国已经突破 1 亿用户，日均订单量也突破了 521.83 万，覆盖了北、上、广、深等超过 178 座城市，使用滴滴打车的司机也超过了 90 万人。2014 年年底，滴滴打车用户数已突破 1.5 亿人，高峰期日订单量达 1 217 万单。2015 年，合并之后的滴滴、快的，订单量更是有增无减，5 月 26 日的滴滴快车免单日，仅快车订单一项，全国就超过 215 万单。"滴滴打车"通过整合客户需求资源和供给端的汽车资源，改变了传统打车方式，建立和培养了移动互联网时代引领的用户现代化汽车出行方式。与传统的电话叫车与路边招手即停的打车方式相比，滴滴打车的诞生改变了传统打车市场格局，颠覆了路边拦车概念，利用移动互联网特点，将线上与线下融合，从打车需求产生的初始阶段到下车线上支付车费，建构了一个乘客与司机紧密相连的 O2O 商业模式运营的完美闭环，最大限度优化了乘客打车体验，改变了传统出租司机等客方式，让司机师傅根据乘客目的地按意愿"接单"，节约了司机与乘客的沟通成本，降低了空驶率，最大程度节省司乘双方的资源与时间。

我们分析一下滴滴快车的商业模式，滴滴打车构建了一个软件平台，并通过这一平台对 3 个方面的资源进行了集成与分享，包括平台支撑体系的技术资源、需求端乘客资源、供给端出租司机资源，基于分享的理念进行资源整合，依靠完善的流程体系保证为客户提供最美的出行体验，省时省力又舒适，同时降低了出行成本；出租司机降低空驶率，增加了收入。

滴滴软件运行平台的构建基于腾讯的云平台技术，最大限度地利用腾讯云平台，随着订单的增多和用户大量涌入，依靠滴滴自身的 IT 基础架构扩容速度和采购机器的速度完全不能满足业务的发展需求，为了避免传统扩容方式需要花费的大量精力和时间，滴滴的解决办法是将系统整体搬到腾讯云。腾讯云自身的业务，如微信、QQ，都是海量用户高并发的实际案例，其稳定性和安全性得到了很好的体现，选择腾讯云等于选择了安全的公有云服务。腾讯云在安全防护、网络运维乃至大数据服务方面都可以给予专家级的运营建议和产品选择。滴滴选择公有云服务，就可以将注意力完全放在自身的业务创新，技术设施和运维等方面的工作完全交给腾讯云处理。滴滴选择了腾讯公有云，就代表着专注于业务，通过集成资源和技术实现平台的系统运维，滴滴则将核心的人力和精力投入业务创新，而不是系统运维。这种云商业模式的魅力之处就在于集成与分享的理念。

滴滴打车通过集成与分享模式建立多边机制，实现了资源的合理配置，并对新创造价值进行了有效共享，产生共赢激励，实现利益均衡。乘客打车难、出租司机空载多是由来已久的矛盾，根本问题是信息的不对称、不对接、不集成，通过软件打车平台沟通双方的信息，乘客电话预约叫车，不用等待，节省时间；出租司机等待乘客"送上门"，不用满街空驶找活儿，提高了出租车的实载率，对于双方而言，乘客节约了时间和成本，出租司机提高了实载率，增加了收入。核心是，平台通过资源集成节约了成本，创造了价值，新的价值通过共享，在乘客、司机和平台之间进行了有效分享。

平台构建充分整合了现有技术资源，自己则专注于业务创新与软件开发，IT基础架构利用腾讯云公共平台，地图利用集成高德地图与百度地图，支付工具利用腾讯的微信支付，在打车团建平台上集成了各领域的高端资源，自己专注于核心能力打造，专注于业务创新。腾讯支付的用户群、地图的用户群均变成滴滴的潜在用户，集成资源的结果是共享了用户资源，滴滴所表现出来的模式，就是互联网模式的变形版，基于用户的根本性用车需求，通过巨大的补贴甚至免费刺激，迅速做大用户量，滴滴出行作为互联网成功商业模式的范例，诠释了基于庞大的用户量提供服务获得成功的有效路径。

滴滴的商业模式，无论是早期的地推，还是现在的分享补贴，都是要实现两个根本目标，第一个目标是获取用户量，第二个目标是加强现有用户的黏性。通过运行平台技术资源的集成与分享，从显性的商业模式看，滴滴走的是一条正确的道路。

滴滴出行秉承"让出行更美好"的使命，通过互联网平台的力量整合关于出行的所有资源，通过集成与分享的理念与方式、创新与协同机制，创造了巨大的社会与经济价值。

第二节　利益相关者的责权利均衡

　　企业组织需要包容，包容就是要尽量均衡地考虑所有利益相关者的利益诉求，考虑所有利益相关者的利益。企业家要做到包容，就要学会听取各种意见，接纳不同声音，这不仅需要企业管理者具备管理能力及责任感，同时需要掌握集成与分享的原理和方法，二滩水电开发有限责任公司在二滩水电项目开发过程中，以分享为理念和前提，以项目开发为平台，有效集成各方的资源和利益需求，尽最大可能满足各方诉求，体现了妥协精神和必要的牺牲精神，有效地实现了包容性项目开发与项目所有利益相关者的责权利均衡，集成与分享原理为实现利益相关者的责权利均衡管理提供了管理原则与方法论。

　　在互联网技术与互联网思维的推动下，依托互联网平台的商业模式创新不断涌现和实践，互联网平台成为新时代平台经济的主要载体，而且日益呈现出未来经济的网络化效应。陈威如将平台定义为快速汇集资源的生态圈，通过平台链接两个或两个以上的特定群体，这些特定群体都有各自的资源积累与价值诉求，并通过平台提供的互动机制以及完善的交易规则与互动环境相互吸引和交流，在通过资源的聚合不断壮大自己的同时，通过分享机制牵引着相关方一起成长，从而实现所有群体的公约价值最大化的需求，用最快的速度把各种资源汇集到一起，满足消费者新时代的个性化需求。集成与分享管理原理就是适应移动互联时代的管理理念与管理原理。为了不断寻求集成与分享公约价值的最大化，集成与分享在同一认知条件下兼顾了集成与分享的动态均衡，实现了包容性增长。在集成阶段，按照预先设定的目标，以组织为载体，按照既定的轨道，对内外部资源进行秩序、结构、功能等诸要素的聚合重组，产生新的资源形态，然后在集成的基础上，在组织内部及其辐射的一定范围内，在有道德约束条件下共同享有精神或物质上的新资源、新成果。

集成与分享原理集中体现了网聚、分享和开放的互联网精神，集成与分享是网络时代的一种普遍现象。在互联网商业思维成为时代主流商业观念的背景下，所有的企业，不论是国有企业还是外资企业，抑或是民营企业，不论是生产制造企业还是服务企业，抑或是创新型互联网企业，集成与分享理念模型都具有重要的理论指导意义和实践启示意义。

公司的本质是一种创造财富的有效机制，公司系统包括治理系统和管理系统，治理和管理都是这种机制的组成部分。所谓公司治理①，就是关于企业所有权的一种制度设计，通过对公司的剩余控制权和剩余索取权进行契约安排，形成一整套法律、文化和制度设计。这种制度设计的结果决定了一家公司的战略目标选择与经营管理行为导向，决定了在投资股东、各类债权人、政府与社区、经营管理者、企业员工、产业链上的供应商、合作伙伴和客户等众多利益相关者中，由谁来控制和管理公司，怎样控制和管理公司，如何在不同利益相关者之间进行风险和收益的分配等。同时，作为一个经济组织，企业必须按照市场的需求，通过创新对资源投入进行计划、组织、领导

---

① 本书认为，公司治理就是公司经营的"管控软件"，既包含了狭义的有关公司董事会的功能、结构，董事长或经理层权力和监管方面的制度安排，也包含了公司的各项收益分配激励制度、经理人选聘与人事管理制度、财务制度、公司战略发展决策体系、公司组织结构、企业文化以及一切与企业高层管控有关的其他制度。

和控制，最后输出有竞争力的产品，实现财富的创造。

企业财富创造的管理过程在很大程度上取决于高层经营管理者的素质和能力，特别是战略管理能力。既然公司的决策会影响所有利益相关者的利益，高层经营管理者就应该对所有利益相关者负有道德诚信与财富增值责任，而且这种道德诚信与财富增值责任要在投资股东、各类债权人、政府与社区、客户、员工、供货商以及合作伙伴的利益之间求得平衡，实现公约价值最大化的目标。

新时代的公司不应该仅仅作为追求投资股东利益最大化的工具，而应最大限度地追求和实现包括股东在内的公司所有利益相关者的利益，并为此公约价值的最大化而做出组织体系或制度体系的设计安排。公司的权利实质上来自公司所有利益相关者的信任与委托，并不是单纯来自投资股东的委托与授予，因此，现代公司应该基于公约价值最大化原则对公司所有利益相关者负责，而不应仅限于对投资股东负责。如何在高层经营管理者对公司利益相关者的诚信与责任和其自主管理创新自由与权力之间进行权衡，也是现代公司治理的核心问题。

因此，集成与分享原理是实现所有利益相关者权利均衡的有效方法和途径。因为尽管组成公司的各利益相关主体对获得公司利益有着相同的偏好，但是对各自承担为获得这一利益需支出的成本没有共同的兴趣，公司治理要解决的核心问题就是以公约价值最大化为目标，以效率和公平为前提，在各相关利益主体之间进行责、权、利相互制衡的制度安排，即通过公司这一平台集成所有利益相关者的期望和利益诉求，集成、整合和重组资源，通过价值创造过程形成高效成果产出，并通过共享的方式实现责、权、利的均衡制度安排，实现公司发展共赢、多赢的制度结果，从而真正使所有利益相关者的目标在公司这个组织平台上获得最大公约数。

公司治理与决策权配置

集成与分享原理的方法论中，促进认同、建立多边机制、寻找均衡点是观察和分析公司治理机制和重置公司决策权的基本视角。公司治理结构是公司的一组合约安排，必须包括个人理性约束和激励相容约束，从而使这些合约具有合理性和可行性。同时，在竞争的市场上，一个有效的公司治理结构一定是一个多赢的制度安排。

为了使公司的治理机制能够有效运行，至少必须对如下 4 项制度进行设计：第一是体现所有权本质的产权制度安排，在公司内外部进行剩余控制权和剩余索取权的配置与设计；第二是基于民事关系的法律制度安排，强调法律上的诚信与道德责任；第三是市场竞争和信誉制度安排；第四是经理人的薪酬激励制度安排。张维迎认为，股东主导模式在大多数情况下是一种更有效率的公司治理机构，并强调企业承担社会责任与股东主导的治理模式并不冲突和矛盾。在股东主导模式下，股东将通过正式的控制权安排和经理人在法律上对其所负的诚信责任来保护自身的利益，通过法律制度制约、市场竞争机制以及经理人的道德约束与信誉机制来维护其他利益相关者的利益。吴淑琨认为，公司治理属于基础制度层面，主要是对各利益相关者之间的关系做出契约性安排，包括市场治理和内部治理两个方面的基本内容，并提出公司治理是指联系企业各相关利益主体的一系列制度安排和结构关系的网络。吴淑琨认为，公司治理逐渐注重对利益相关者的考虑，以利益相关者的相互责权利为基础，但股东仍是进行问题分析的逻辑起点，从市场竞争出发强调企业管理者的创新自由与权力及对股东及其他利益相关者责任的重要性，同时寻求从企业内部改善公司治理结构，提高决策效率，以实现前面两个目标。

在现代企业的治理结构中，股东会作为公司的最高权力机构选举产生董事会（监事会），董事会聘用经理人团队，核心目的是实现各利益相关主体责权利的对等，确定一个高效的责任体系框架，保证高层管理者具有创新的动力（见图5-8）。

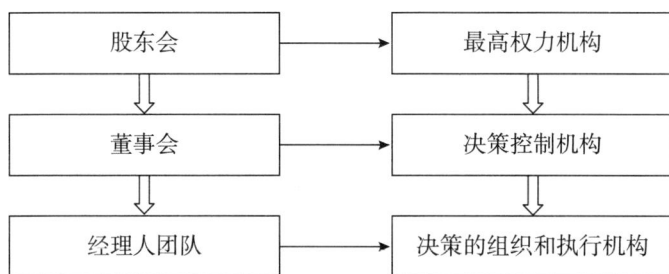

图5-8 公司的治理结构

公司不同利益相关者的利益诉求存在着较大差别，甚至有些利益诉求在短期内存在冲突和矛盾，企业不可能同时满足所有的利益诉求，必须根据自身的条件对这些利益诉求进行协调和平衡，实现最大的包容性和公约数，陈辉宏总结了企业内部存在的9种不同利益相关者的利益诉求（见表5-1）。

表5-1 不同利益相关者的利益诉求

利益相关者	利益诉求
股东	长期生存发展、高额利润回报
员工	工资、福利
高管人员	高额薪酬、社会地位

利益相关者	利益诉求
顾客	合格的产品质量、价格
债权人	及时收回贷款、长期生存发展
供应商	稳定需求、及时付款
政府	税收、维持社会秩序
社区	提供就业、改善经济状况
分销商	及时供货、企业稳定生产

资料来源：陈宏辉．企业的利益相关者理论与实证研究［D］．杭州：浙江大学，2003

　　具有不同利益诉求的相关方在企业发展过程与治理机制中需要建立共同的认同规则，以及共同遵循的基本信念和认知。这种认同就是信仰、利益和规则的一致。在经济发展全球化、信息传递网络化、价值观多元化的大背景下，企业利益的多元化成为企业发展的主流趋势，企业发展的多元化决定了企业推进集成与分享必须引进认同机制，集成与分享提供了差异化的利益主体实施认同的可行性。

　　企业信仰、规则和利益的认同经历了集成与分享的3个阶段，导入阶段、聚合阶段、分享阶段，导入阶段和聚合阶段是集成的主要阶段。按照委托代理理论的观点，公司的"所有者"就是那些投资于公司专用性资产并享有剩余索取权的人，也就是真金白银的资本投入和资产投入。人们一般认为，企业资金与资产等非人力资本相对于人力资本更具有专用性，并且承担着企业经营的财务风险，所以股东应该获得剩余收入，最后企业出资者（资本家）顺理成章地应该成为企业所有者，享有企业的剩余控制权和剩余索取权。按照这个逻辑，企业是投资者即股东的企业，实现股东价值的最大化是企业的最终目标。随着治理实践的发展以及研究的深入，我们发现越来越多的事实表明，作为出资者的股东单方面享有企业所有权，并不完全符合风险与收益对应的理论逻辑和企业所有权结构发展变化的现实。随着网络互联时代的来临，人力资本的重要性越来越明显，企业的估值理论也不断地向人力资源倾斜，资本雇佣劳动的传统逻辑逐步演变为劳动雇佣资本的趋势，现在很多企业认可并付诸实施的制度安排是人力资本所有者与非人力资本所有者及其他利益相关者共同拥有和分享企业所有权，要求实现人力资本与非人力资本的集成与分享。

如何合理地解释这种现象？从理论研究和论证的角度，一些理论研究者认为，人力资本与其他资产一样具有资产专用性，企业中的经营管理者、核心技术人员、关键业务人员和包括广大一般员工在内的其他利益相关者同企业股东出资人具有平等的地位，承担相似的风险水平，应该获得相同水平的剩余控制权和剩余索取权，并共同分享剩余控制权和剩余索取权，最后的分配结果取决于各要素所有者在资产专用性评价、资源稀缺程度判断、对企业的价值贡献大小估值和当事人风险偏好等方面的相对谈判实力。因此，我们发现，现实中的企业治理结构是一种博弈的结果，是企业各利益相关者相互之间展开复杂博弈的产物。只有利益相关者共同分享企业的剩余控制权和剩余索取权，才能产生一个有效率的治理结构，传统的股东单边治理不必然能产生有效率的治理结构，新时代需要的是利益相关者的共同治理结构安排，两者的根本区别在于，利益相关者的共同治理强调利益相关者与出资者共同拥有剩余企业控制权和剩余索取权，扩大了集成与分享的范围和内涵。

从企业经营管理实践的角度看，公司的决策机构董事会一般都要吸收公司高层经理人员、关键的供应商、主要客户等合伙伙伴与部分一般雇员加入，与企业的出资者董事（股东董事）共同参与企业的各项决策，行使战略决策权、一般经营决策权或管理监督权；企业同样授予企业内部高层经理人员和一般雇员享有剩余索取权，比如在很多企业中，企业管理人员和一般雇员的工资采取年度奖金、任期激励以及股权与期权激励等，使高层人员的收入组成包括了基本工资、年度奖金、任期激励以及股权或期权等基本单元，年度奖金和任期激励及股权或期权都要与企业的经营成果挂钩，体现了剩余控制权与剩余索取权的基本管理内涵，还有员工持股计划等，这种日趋多元化的激励报酬制度体现了共同治理的共享利益机制特征。公司治理结构从传统的股东单边治理向利益相关者共同治理发展的趋势，反映了在企业价值创造过程中各种要素的重要性在发生变化，人力资本的重要性在不断提高，物质资本的重要性日益下降，特别是在以创新驱动为基本动力的经济发展阶段，这是一种不断发展的历史趋势。这种管理实践和发展现实，证明了与此相对应的利益相关者理论具有较强生命力。

因此，作为各个利益相关者共同发展的价值创造与分享平台，现代企业必须在尽可能大的范围、尽可能深的层次集成多方资源与利益主体，构建以利益相关者共同分享价值与风险为核心目标的战略决策与经营管理决策机制。中国的公司必须建立以投资者、政府机构、经营管理者、企业职工、债权人、客户、供应商、社区等多元利益相关者为主体共同治理的开放机制，保证各利益相关者都能够作为平等的权利主体参与决策，共同承担风险并享受平等待遇。公司治理机制与具体制度的设计应坚持股东与利益相关者的平等原则，不得在股东之间、股东与利益相关者之间实行不平等待遇，应该按照对等原则、风险与收益匹配原则，根据股东所持股份的性质和数额、各利益相关者所提供要素的估值与风险价值实行平等待遇。公司治理机制与具体制度的设计既要有利于保护股东权益，也应有利于维护债权人及其他所有利益相关者的利益，以规避经营风险，培育商业信用；公司治理机制与具体制度的设计既要体现股东的意志，也应尊重高层经理人和全体职工等其他利益相关者的意志，以维护其正当权益和职业尊严。公司治理机制与具体制度的设计，必须要充分激励利益相关者关心并投入公司的发展，愿意并且能够有顺畅的通道为公司长期绩效的提高而努力，从而形成一个基于集成与分享理念的利益相关者共同治理结构或机制，实现高效率的公司治理（见图 5 - 9）。

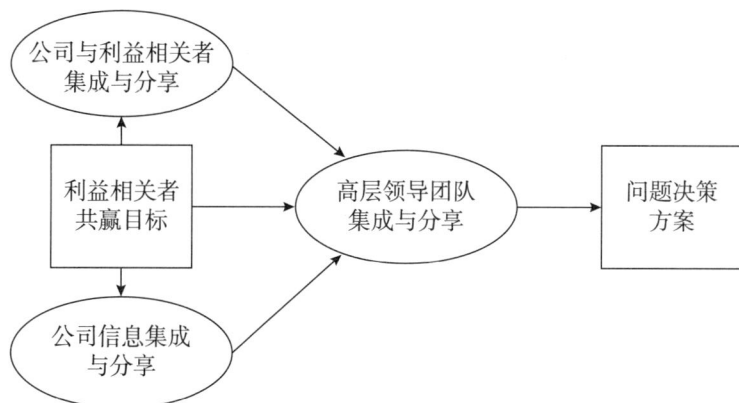

图 5 - 9　以集成与分享为基本理念的战略决策方案形成模式

公司治理与公司管理是企业完整体系的两个基本组成部分，战略管理是维系公司治理和公司管理的根本纽带。企业的战略规划与战略管理实践表明，公司战略决策方案的形成以及战略方案实施效果的优劣，取决于企业与利益相关者、高层领导团队、公司信息 3 个方面的集成效率与分享效果，核心是利益相关者建立和形成共赢目标，而最终战略决策方案的落脚点是以高层领导团队为核心集成与分享，企业利益相关者的集成与分享、利益相关者共赢目标的实现、企业信息的集成与分享最终要落脚在企业高层领导团队的集成与分享，最终由高层领导团队制定出战略决策方案，并组织实施战略决策方案，实现企业的发展目标。

公司作为社会责任主体，需要在集成与分享原理的指导下建立多边治理机制，本质上就是保持各利益相关主体有充分表达诉求的机会和渠道，把公司置于公众化的平台上。目前，局限于"预测和控制"层面的运行机制为单边力量主导公司治理培植了土壤，必须建立多边机制实行集成与分享，改变"预测和控制"的基础，把公司放在更广阔的多边机制范畴里，使其成为上市的、公开计价的、可交易的公众化公司，接受多边机制形成的、公允价值判断基础上的经营决策，成为公司可持续发展的必然方向。在公众化组织的建设进程中，多边机制既关注公司的整体均衡，也关注影响整体均衡的动态因素，采取的有效办法就是广泛实行专业委员会制度，主要的治理和管理环节广泛建立委员会议事决策制度，吸纳外部专家，导入外部专业智力资源，为外部专家表达意见搭建多边平台，形成有执行价值的集成方案，建立决策制衡机制，完善公司治理结构，同时活化原职能部门僵化的职能作用，把重要的职能提升并放大到公司层面，进而减少运行成本、提高职能效率。

案例研究： 二滩水电开发有限责任公司对利益相关者利益的协调与平衡

1995 年，国家开发投资公司、四川省投资集团公司和中国华电集团公司三方作为股东单位分别以 48%、48%、4% 的出资比例，对 1991 年成立的二滩水电开发公司进行改组，组成二滩水电开发有限责任公司（简称"二滩公司"）。为了实现雅砻江水电资源的流域、梯级、滚动、综合开发，国家发展和改革委员会 2003 年 10 月发文批准二滩水电开发有限责任公司负责全面开发雅砻江流域的水能资源，并全面负责雅砻江梯级水电建设与管理任务。2009 年，二滩公司所承担的锦屏一级、二级、官地、桐梓林 4 个电站相继开工，两河口等也在加紧前期准备，公司建设开发任务繁重，而且还需要管理现有电站的电力生产、经营和销售，公司正处在高速发展时期。在这样一个发展阶段，二滩公司要实现持续、健康、快速发展，必须要处理好公司各利益相关者的关系。众所周知，区域水电开发是一项参与主体众多的复杂系统工程，包括中央政府及部门、地方政府及部门、当地居民、投资机构、建设部门、工程监理部门、环保部门等，众多的参与主体面对的问题和利益诉求各异，这就决定了水电开发企业必须充分关注他们面临的问题和利益要求。二滩公司作为一个水电开发企业，特别是作为一个负责整个雅砻江水电资源流域、梯级、滚动、综合开发的水电企业，充分认识到所承担项目投资额巨大，项目建设周期长，对周围环境和当地居民的生产和生活将带来重大影响，项目的成功完成必然离不开各利益相关者的支持和参与，二滩公司对利益相关者具有很强的依赖性，这种环境与项目格局决定了二滩公司必须比一般企业更加重视其利益相关者。

二滩公司协调与平衡利益相关者的实践体现了集成与分享的原理与过程。

首先，二滩公司明确了必须建立利益相关者的利益平衡机制的发展理念。二滩水电企业所处的地区经济非常落后，居民多为少数民族，二滩水电开发项目将对当地的自然生态环境和少数民族成员的生活状况产生巨大的影响。一方面，二滩公司作为企业，必须追求自身发展，另一方面，必须承担重要的社会责任，在自身发展过程中需要协调好自身发展利益与社会利益之间的关系。因此，二滩公司将二滩水电项目作为带动区域经济发展这一长期的战略目标和长远任务来完成，确立了发展过程中既要注重自身利益，也要重视社会利益，通过发展追求自身利益与社会利益相互协调与平衡的理念。

其次，针对不同的利益相关者采取不同的协调策略和管理措施。经过分析，二滩公司将公司的主要利益相关者划分为11大类，即股东单位、高管人员、企业员工、贷款银行、各级政府、顾客、设计单位、施工单位、监理单位、供应商和当地居民。针对这11大类利益相关者的不同情况，公司认为在初期开发阶段，各方所拥有的资源是企业发展必不可少的因素，充分挖掘利益相关方的资源潜力，使其有效地投入到项目中来，是企业该发展阶段最为重要的利益相关者任务。在调动利益相关者为企业提供资源的同时，这些利益相关者也向二滩公司提出了自身的利益诉求，二滩公司实事求是地权衡自身发展的需求与实力，满足这些合理的要求。

最后，针对不同的发展阶段设计不同的利益平衡机制。二滩公司的项目中，两河口处于前期准备阶段，锦屏一级、二级、官地、桐梓林4个电站已经相继开工，处于建设施工阶段，关键是要处理好多项目管理问题和流域管理与区域经济的互动问题。多项目管理问题概括起来就是处理好在建项目间的协调问题，在建项目与已建项目的运营、销售的协调问题、资金问题以及技术问题；对于流域管理与区域经济的互动问题，现阶段最主要的是居民迁移问题。这两个问题的解决与二滩公司的各利益相关者密不可分，从单一项目建设到多项目建设阶段，从项目建设阶段到以后的项目运营、销售阶段，二滩公司始终处于动态发展的状态，不同阶段公司面临的主要问题是不同的，因此必须设计不同的管理策略与利益平衡机制。从前期项目准备阶段、建设阶段到运营阶段，从企业解决生存问题、快速扩张问题到今后的稳定运营问题，不同发展阶段公司面临的问题是不同的，所需的关键资源是不同的，需要关注的主要利益相关者也是不同的。

在不同发展阶段，二滩公司根据项目发展需要设计不同的利益平衡机制，及时对各类利益相关者的利益诉求进行协调与平衡。二滩公司敢于转变经营理念，树立利益相关者经营理念，制定了相应的管理框架及绩效指标，从管理体系和制度保障上保证了利益相关者经营理念的贯彻实施，并建立了有效的利益相关者表达和参与机制，有效的利益相关者表达和参与机制是二滩公司实施的保证企业利益相关者利益均衡的最关键措施。二滩公司通过管理机制实现了真正意义上的利益相关者的利益均衡。

二滩公司从企业发展需要和自身实力出发，通过集成利益相关者的资源解决利益相关者的问题，通过管理理念、管理体系、制度体系、参与机制等保障利益相关者的问题和利益得到解决，不断发展壮大企业，顺利实施项目，根据企业自身实力满足利益相关者的诉求。二滩公司从总体平衡、相互匹配的角度分享利益，实现了利益相关者的责权利均衡，保证了项目的顺利实施。

案例研究：四川航空公司利益相关者均衡的商业模式创新①

　　四川航空公司实行的大巴车免费乘坐模式，充分体现了集成与分享战略决策模式的共赢机制与共赢效果。为了实现飞机旅客下了飞机以后，能够低成本、高效率地到达城市中心区目的地的目标，中国四川成都双流机场建立了拥有 150 台运营车辆的完全免费的黄色休旅车，"免费接送"下机后前往市区的乘客，帮助旅客平均节省 150 元的出租车费用。只要一台车坐满了，司机就会发车带乘客去市区的任何一个地点。这个就是我们要研究的四川航空公司的商业创新案例。

　　在该模式中，四川航空公司为了延伸服务空间，必须挑选适合飞机旅客选择的高品质的商务车作为航空服务班车，以提高川航的航空服务的水平。川航认为，作为航空服务班车，需要具备可靠品质和服务，大方美观的车型外观，车辆的动力、内饰、节能环保、操控性和舒适性等方面都要能够达到航空客户的基本要求，最后川航一次性从风行汽车订购 150 台风行菱智 MPV，以提供免费的机场到市区的接送服务。川航一方面为旅客提供五折机票，另一方面为乘客提供免费接送服务，这个商业模式不仅提高了川航对旅客的吸引力，而且为四川航空带来亿元规模的利润。

　　这个商业模式的核心就是集成与分享理念。首先是买车，一台风行菱智 MPV 休旅车原价 14.8 万元人民币，因为一次性集中采购 150台，四川航空要求以每台 9 万元的价格购买，同时为了回报风行汽车

---

　　① 四川航空靠 150 辆免费大巴盈利过亿：秘诀何在？2013 年 12 月 23 日．http：//company. chinaventure. com. cn/14/172/1387762217. shtml.

优惠待遇，川航要求所有司机必须在载客过程中向乘客详细介绍该MPV车辆的性能、价格以及厂家介绍，相当于免费为汽车厂商提供定向广告服务，在乘客的乘坐体验中宣传汽车的优点和车商的服务。按照每一部车载客7人，每辆车平均运行3趟，150辆运营车辆每年带来的广告受众将是约230万人次（$7 \times 6 \times 365 \times 150 = 229.95$万人次），免费获得超过200万的高品质受众群体，对于汽车厂商来说是愿意接受的，其资源投入意愿强烈并实现了利益诉求。其次是车辆运营与150名司机如何组织？考虑到四川下岗人员中，有相当多的人员想从事出租车行业，但是无力负担先缴的相当于一辆轿车费用的保证金，而且他们只有出租车的使用权，不具有所有权。基于这个判断，四川航空针对这一群体，将150辆休旅车以一台17.8万的价格出售给这些准司机，并且承诺由他们专营从机场到市区的川航旅客，每搭载一个乘客川航支付25元人民币。这样，四川航空立即获得1 320万元人民币的车辆收益，对于司机群体来说，四川航空为他们提供了一条客源稳定的路线，比起一般出租车要在路上到处寻找客人或者趴活，四川航空的休旅车具有强烈的诱因能够吸引司机来应征和买车。每位司机所支付的17.8万元购车款里，实际上包含了稳定的客户源、特许经营费用和管理费用，司机可以获得稳定的收益并能够有效回收投资，司机是愿意接受的。为了保证旅客选择乘用这些车辆，四川航空推出了只要购买五折票价以上的机票，就送免费市区接送的促销活动，这样一方面吸引了更多的乘客，另一方面激励了乘客下机后优先选择免费的接送服务。

在这一案例中，资源整合的商业模式已经很明显。对于乘客而言，节省了150元的车费，解决了机场到市区的交通问题，客户是愿意接受的。对于汽车厂商而言，以低价出售风行旅行车，公司免费获得了150名业务员为其进行广告宣传，广告预算节约并获得一个稳定的广告通路，汽车厂商是愿意接受的。对汽车司机而言，自己开出租车需要同样的投资，不如通过投资购车成为四川航空的专线司机，获得稳定的收入来源，司机也愿意接受。对于四川航空而言，统一形象的150台印有"免费接送"的旅行车每天在市区跑来跑去，让川航的优惠讯息传遍大街小巷，根据统计，该商业模式形成后，四川航空平均每天多卖了10 000张机票。在促进航空主业业务发展的同时，川航获得了1 320万元的购车利润，同时还将与汽车厂商签约，在合同期限届满后开始酌收广告费并且可以出租车体广告。

通过分析这个案例不难看出，川航的商业模式就是搭建了一个服务平台，集成整合了所有利益相关者的核心资源和利益诉求，找到更多的人为平台支付成本，创造利润，并在创造价值的过程中实现充分的共享。四川航空设计的这套商业模式，充分挖掘和整合了企业的利益相关者（如乘客、司机、风行汽车公司）的资源与利益诉求，与川航自己的资源进行充分的协调与对接，汽车厂商低价销售汽车，免费获得广告资源；司机购车获得稳定的业务与收入来源，并义务充当汽车厂商的业务员；飞机乘客获得免费接送服务，同时成为汽车的潜在消费者，在某种程度上让消耗者变成消费者，这本身是让企业价值得到最大化发挥。服务平台上的各个利益相关者的利益都得到照顾，各取所需。利益相关方参与平台服务，实质上是在为其他利益相关者提供服务的同时，也获得了自己的业务机会。

川航通过集成与分享商业平台上所有利益相关者的责权利，形成了一个良好的经济生态环境，一方面能够使自身的价值最大化，另一方面在自身价值最大化过程中为其他利益相关者提供服务和业务机会，通过为其他利益相关者提供服务和机会，又让他们为自身带来业务机会，相互促进，从而形成多赢、共赢的格局。这个过程所中形成的交易结构，就是四川航空的商业模式。

第三节　知识管理综合集成

德鲁克在阐述知识工作者时指出，在当今社会里，虽然作为传统生产要素的土地、劳动、资本的作用并没有消失，但已经退居次要地位，知识是个人和整个经济的基础资源。未来企业的成功越来越依赖自身所拥有知识的质量，只要掌握了专门知识，就能够有效地获得和整合土地、劳动和资本，专门知识在与一项任务整合后就具有了生产力。企业组织的目的和职能就是将各种不同的专门知识同一项共同任务整合在一起，充分挖掘和利用企业所拥有的专门知识为企业创造竞争优势，知识劳动者成为最重要的资产。腾讯公司通过建立知识共享平台，建立知识管理机制，实现了创新发展和强有力的竞争能力。如何通过知识管理获得持续竞争优势对企业来说始终是一个挑战。

阿肖克（Ashok）从跨学科的多维度给出了知识管理的集成定义，知识管理就是利用适当的技术和文化环境，开发、利用和共享人类知识（显性知识和隐性知识），以增加组织的智力资本、提高绩效的过程。激烈的市场竞争和开放的市场环境使各项资源可以在全球范围内流动，企业需要通过资源的集成与分享战略及提升集成与分享能力来优化资源配置，增强企业的竞争优势。

知识管理本质上是基于资源的战略观，是企业能力理论和基于知识的战略观的进一步深化。知识管理理论被扩展到企业所有资源的管理当中，成为形成企业资源"集成与分享"原理和模型的重要借鉴。企业内的各种资源能够通过集成活动产生最大化效益，而分享活动则在更深的层面体现了知识等资源的公共产品性质。

信息管理和人力资源管理是知识管理的两个重要方向和组成部分，从集成与分享的角度分析，跨学科链接是知识管理中最值得关注的重要发展方向。知识管理是一个动态管理流程，这个动态管理流程由一系列知识管理活动构成，具体包括知识积累、知识应用、知识共享、知识交流和知识创新5个关键活动，这个流程实现了使知识不断增值的价值创造过程。知识管理方法的实践应用类型按照出现的先后顺序，包括个人应用、图书应用、企业应用、项目应用、设计和产品应用五大类，集成化知识管理方法应用是发展的主要方向和趋势。

知识管理的综合集成

我们讨论知识管理体系，一般包括知识管理理念和知识管理系统两个基本部分，知识管理理念涉及企业制度与企业文化，知识管理系统涉及硬件系统和软件系统的配置，知识管理体系就是对理念与系统的综合集成。中国腾讯公司以"成为最受尊敬的互联网企业"为发展愿景，在知识管理实践中摸索出，知识管理就是对知识发现、知识聚集、知识创造和知识运用四大主题的集成与分享过程（见图5-10），是一个知识管理战略、知识管理主题、知识管理技术的集成与分享过程。腾讯公司的知识管理体系，就是在公司内部构建一个可量化与可质化的知识系统，引导和推动企业内部的信息和知识，经过获得、记录、存取、分享、整合、更新、创新、创造等运行过程，不断回馈到知识系统，不断累积个人知识与组织知识，最后形成组织的智慧循环。知识管理的核心目的就是让知识在企业组织中成为管理与应用的智慧资本，有助于企业做出正确的决策，以适应外部环境与行业市场的变迁。

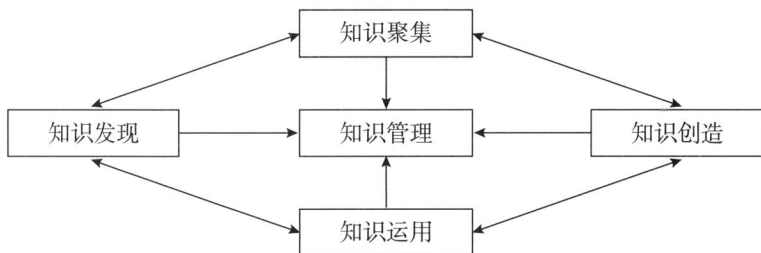

图 5 - 10　知识管理的四大主题[①]

　　安小米提出，知识管理是一个涉及多主体、多要素、多活动、多层次的复杂系统。知识管理综合集成就是在知识管理过程中，将知识管理的主体要素人以及业务活动、文件和工具等要素有机融合为整体系统的过程。人是一切知识的源泉，业务活动是知识管理的主线和价值实现，文件是知识管理的基石。为了实现知识管理的综合集成，需要使业务连续体管理、文件管理和知识管理形成一个综合集成管理体系，从而做到网络环境下组织证据、记忆和知识的跨时空与跨组织的动态积累、实时共享和交换。知识管理综合集成方法论强调各组织智力资本的管理，增强知识管理中组织的适应性，为整个社会创造最大

---

　　① 腾讯公司的知识管理实践．http：//wenku. baidu. com/view/ef284bc358f5f61fb73666c2. html？re＝view.

价值。

知识经济时代，知识价值成为收入分配的核心要素，决定了面向知识经济的企业管理理念中集成与分享的重要性。企业除了传统的物质资本以外，还有比物质资本更重要的知识、智力资本，掌握这类知识资本的智力型劳动者的产出增加，除得到更多的报酬外，还应当分享企业的经营成果，把知识作为收入分配的重要因素。管理者只有建立这样的认识，才能善于调动和利用企业的智力资源，把"知识就是力量"变为现实。

知识管理中的集成与分享

1991年德姆塞茨（Demsetz）最早提出了知识集成的概念，1996年格兰特（Grant）正式提出企业的主要任务和能力本质就是知识集成。知识集成可以为企业带来持续的竞争优势。加鲁德（Garud）和内亚（Nayyar）认为，企业只有通过集成和整合专业知识才能产生价值。科纳（Conner）、普拉哈拉德（Prahalad）和格兰特认为，组织的首要任务就是为知识提供集成的环境和手段。赵宝天认为，知识集成是指在产品创新中根据项目的需求，利用常规化形式或集体互动形式，持续地汇聚、优化重组和再建构不同的知识源、诀窍、技能和经验，从而产生一种系统的、参与人员共同理解的知识体系，提高组织平台的创新能力和价值创造能力。王茹娟认为，知识集成就是将不同来源、不同层次、不同结构、不同内容的知识运用科学的方法进行综合和再建构，使单一知识、零散知识、新旧知识、显性知识和隐性知识经过集成形成新的知识体系。

知识集成与分享能力决定了企业的产品创新能力，产品创新能力决定了企业能否获得持续的竞争优势。换句话说，企业竞争优势来自企业的知识集成能力而非企业拥有的知识本身。因此，如何建立企业知识管理的综合集成平台就成为一个根本问题，通过知识管理综合集成平台实现最大程度的知识集成与分享，成为企业发展的关键。构建企业知识管理综合集成平台，需要解决 3 个方面的问题：培育知识共享文化、建立学习型组织、构建知识集成平台。

培育知识共享的文化

实践表明，很多知识管理系统的失败并不是技术因素的疏忽，而是源于文化因素，文化常常被定义为植根于组织成员的价值观、信仰和设想。构建知识管理综合集成平台首先要创造知识分享型文化，并且使组织成员相信知识分享型文化有助于企业的知识创新和业绩提升。知识集成被企业高层认为是一项困难的工作，困难之一就是共享的意愿（willingness）太低。因此，从文化的角度，有利于知识创新的主要因素在于关怀文化的形成，关怀文化主要体现为组织成员的高信任度、积极的共鸣、存在帮助的渠道、裁决的宽容以及鼓励为主的氛围。所以，公司高层管理者必须必须采取一些措施，树立关怀的文化氛围，努力转变员工们传统的观念，建立企业知识共享的文化，充分发挥文化管理的导向功能、凝聚功能和激励功能，使员工愿意和有渠道进行知识共享和交流。建立有利于知识共享的企业关怀文化，实质是塑造一个"软"环境氛围，使知识共享的意识渗透到员工们的日常工作中，有利于知识的创造与创新，知识共享意识成为企业全体员工的价值共识和行为风向标，在企业内部形成知识共享、相互支持合作的文化氛围。

建立学习型组织

彼得·圣吉将组织视为人们思考、互动的产物，以学习型组织为导向，将学习型组织定义为一个"地方"，即人们持续提升能力、创造期望结果、拓展思维模式、实现共同抱负、不断学习的地方，并提出建立这样的组织需要围绕自我超越、团队学习、系统思考、心智模式、共同愿景 5 项进行不同的修炼。建立学习型组织的目的就是知识管理，知识管理是学习型组织中的一个流程。学习型组织是上位系统，知识管理是其中的子系统。学习型组织就是这样一种组织，能够建立一种有利于知识交流和获取的组织结构，能够最大程度利用企业已经拥有的知识和尽快获取新知识，有利于实现知识集成与共享。

野中郁次郎将知识按存在方式分为显性知识（explicit knowledge）和隐性知识（tacit knowledge），并提出了组织创造的五阶段综合模型，认为理想的知识创造过程包括共享隐性知识、创造概念、概念验证、建造模型、转移知识 5 个基本阶段，不断地将隐性知识显性化，成为组织共享的显性知识。所谓显性知识就是指那些能够以正式的语言明确表达的，易于在人们之间传递和交流的知识。所谓的隐性知识是指那些难以表达、难以描述的知识。隐性知识向显性知识转换就是知识集成与分享的目的和追求的结果。

从知识的表现形式分析，我们还可以将知识分为个人知识、团队知识和组织知识。知识集成与分享的最终结果取决于企业能否成功地将隐性知识转化为显性知识，再将组织的显性知识升华转化为个人的隐性知识，形成个人知识转化为组织知识，组织知识转化为个人知识，并最终将知识转化为企业创新产品的良性循环。知识管理是组织学习的结果，而各种知识的转化需要一种组织氛围，一种组织机制和制度安排，学习型组织就具有这种氛围、机制和制度安排。

构建知识集成平台

知识管理需要被集成到日常工作中，也就是说，知识集成必须在学习型组织的层面整合人和技术两个要素，具体表现为信息系统、信息技术和智力资本等主题，建立一个知识集成平台。所谓知识集成平台就是人和技术的集成，人们相互协作共同完成集成任务的一套基础体系，知识库建设是知识集成的先决条件。

构建知识集成平台，首先要构建知识库，即需要对与企业经营发展有关的各种数据、信息、知识和经验进行收集、清理、去冗、分类，并提供相应的检索手段，使数据信息化、信息知识化、知识有序化，加快知识传播和流动的速度，为企业员工进行内外部知识的共享和使用建立必备的基础结构和先决条件，形成企业知识资源的集散中心，以及企业产品创新的知识源泉。其次，要建立内部学习和交流网络，在组织内部集成各类信息管理系统，形成一个统一、开放、标准、简捷的网络学习与交流平台，这个基于信息技术的学习与交流平台不仅是组织内部信息发布系统，还是组织成员之间的交流平台，可以有效地解决组织系统内部知识共享与集成的问题。最后，要构建组织内部知识地图，通过知识地图，企业员工能够迅速找到解决问题所需要的知识或能够解决该问题的人，高效促进了知识的共享和协同工作。

知识集成是一个系统工程，知识集成平台的建立实现了知识管理嵌入日常工作，实现了学习型组织层面的组织学习过程，实现了组织学习的几种重要活动包括：系统地解决问题、实验、经验学习、替代学习和标杆管理、知识共享等。

知识的集成与分享是集成与分享理念的具体运用，知识集成利用集体的智慧提高企业的应变和创新能力，在企业中建构一个量化与质化的知识系统。知识的综合集成为企业实现显性知识分享和隐性知识贡献提供了新途径，企业中的信息和知识通过提取、生产、共享、集合、整理、保存、维护等集成与分享过程，不断地回馈到知识系统，不断地充实知识库，形成永不间断的累积个人知识与组织知识成为组织智慧的循环，成为企业管理和应用的重要知识资产和智慧资本，有助于企业做出正确决策，以应对市场的变迁，实现了企业组织学习、知识创造、持续创新、竞争优势的良性循环和螺旋式上升。知识只有被人掌握才能直接应用于经济活动，某一时刻掌握知识的人数及掌握知识的人所处的位置决定了知识的可使用规模及知识的使用方向。我们必须认识到，企业中知识的分布与企业对知识的需求分布很少一致，岗位、人和知识常常处于不匹配的状态。作为配置知识资源的两个手段，人的流动和知识的共享各有特点，人的流动比较快捷，但人的流动将使包括环境知识在内的部分知识失效；知识的共享比较缓慢、成本较高，但知识共享可以实现知识的重新组合，增加人力资本，提高工作效率。

在新经济时代，组织的核心竞争力首先来自持续不断的创新能力。面对经济全球化，企业与技术发展潮流保持同步的唯一方法就是通过组织学习机制充分利用集体知识优势，加快知识共享。由于员工之间存在知识壁垒，如果一个企业能够整合比别的企业更多、更快的创新资源，那么它的竞争力将会更强。不论通过何种途径，人类知识的创造是隐性知识和显性知识互动的过程。在知识创造过程中，不同思想的交融和知识的再利用是主要特征。在具有不同的背景、观点和动机的人们之间进行知识共享，是组织知识创造的关键步骤。知识创造利用组织成员的专业知识，通过学习扩展了组织的能力。知识产生于知识共享的过程，而且交流和共享越多，产生出来的知识就越丰富。在许多有形、无形的知识实现共享之后，围绕着组织的核心能力，集成与分享可以创造出大量的知识资产，如专利、著作权、商业模式等，使组织的核心能力得到增强。

案例研究：　腾讯的知识管理实践

中国腾讯公司（Tencent）是中国三大互联网综合服务提供商BAT成员之一，成立于1998年，业务范围包括即时通信、网络游戏、社交网络、互联网增值服务等。腾讯公司以"成为最受尊敬的互联网企业"为发展愿景，确立了"通过互联网服务提升人类生活品质"的使命，形成了"正直、尽责、合作、创新"的核心价值观成和鲜明的企业文化。腾讯公司作为技术领先的互联网服务公司，其知识管理实践经验值得研究和借鉴。通过知识管理和技术创新，腾讯公司在即时通信、电子商务、在线支付、搜索引擎、信息安全以及游戏等方面都拥有相当数量的专利，形成了持续的创新能力和竞争优势。

腾讯公司高度重视企业知识集成平台的建设，从理念、规划、技术3个层面系统思考，集成人和信息系统知识管理两大基础要素，树立以人为本的先进理念，及时采用先进的管理技术，如较具代表性的数据仓库、数据挖掘、群件等，将企业知识管理的流程有效地嵌入企业的业务流程，将知识发现、知识聚集、知识创造、知识运用四大管理主题服务于企业战略方向与业务开拓，建立了创新导向的知识管理基本体系（见图5-11）。

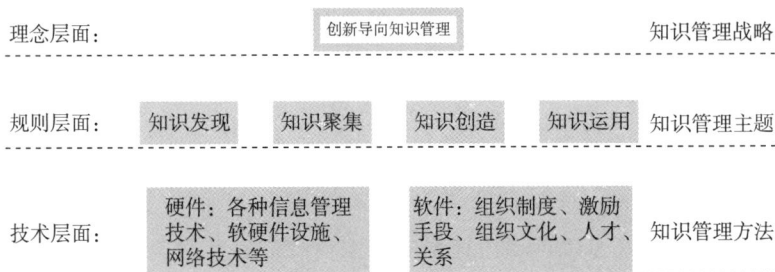

理念层面：	创新导向知识管理	知识管理战略
规则层面：	知识发现　知识聚集　知识创造　知识运用	知识管理主题
技术层面：	硬件：各种信息管理技术、软硬件设施、网络技术等　　软件：组织制度、激励手段、组织文化、人才、关系	知识管理方法

图5-11　腾讯公司创新导向的知识管理体系

创新创造价值的知识管理理念

腾讯公司通过自身的实践总结出"没有创新，就没有腾讯"。腾讯公司的创业发展历程，就是一个"模仿、引进、学习、创新"的发展过程，公司已经走过了"学习型创新、整合创新和战略创新"3个发展阶段，创新的理念和基因被持之以恒地坚持下来，逐渐融入腾讯公司的文化，成为腾讯公司快速向前发展的不竭动力。

腾讯公司的成功也是从模仿开始的，核心产品QQ便是这种模仿创新的典型案例，最初的QQ是作为ICQ的一个模仿者出现在中国用户面前的，但其成功的经验就是必须要在模仿中进行有效的创新。腾讯公司目前众多的产品几乎都能找到这种模仿式创新的影子，如网络游戏、电子商务（拍拍网）、无线增值以及门户网站（www. qq. com）等，模仿是企业提高技术能力的重要学习过程，创新对于公司和个人来说都非常重要。随着腾讯公司创新机制的建立，自主创新的理念已经融入公司文化。为使每个人都能保持工作的激情，腾讯公司尽量为每一位同事提供创新的机会和氛围，任何人在任何时候都可以进行创新。腾讯公司已经将创新的内涵从技术创新、产品创新层面，逐渐扩展到商业模式的创新、用户体验的创新等层面，公司内部掀起新一轮的战略创新，为竞争者设置更高的进入壁垒。

可以说，创新已经成为腾讯公司的文化基因，创新创造价值的知识管理理念已经融入腾讯的日常工作。

能力与价值导向的知识管理体系

腾讯公司的知识管理特别强调能力导向和价值创造，并突出体现知识发现、知识聚集、知识创造、知识运用四大管理主题。

通过知识发现扩张腾讯公司的敏锐触角。腾讯知识管理的重要基础就是广泛收集信息、发现有效知识，发现知识要求腾讯公司必须及时跟踪国际信息技术前沿，了解网络发展的趋势和未来，寻找公司发展所需要的各类知识和人才，通过知识发现扩张腾讯的敏锐触角是腾讯优于其他公司的鲜明特征。腾讯公司的知识发现方式有4种。一是通过模仿创新发现知识。二是通过跟踪国际前沿发现知识。腾讯公司2002年设立美国办事处，其中包含的重要职能就是每周向深圳总部抄送一份美国互联网的趋势汇报。2006年9月设立韩国首尔办事处，有效推进韩国网络游戏代理业务，协调员工前来韩国学习观摩游戏开发，同时可以更为密切地收集韩国的互联网信息。三是广泛收集创意发现知识。腾讯公司通过与社会单位合作以及公司内部举办"创新大赛"活动，收集和发现丰富的产品创意和发展机遇。发挥"产品试用平台"的作用。收集有关新产品的改进知识。可以说，腾讯公司的知识发现对象实现了包括知识员工、竞争对手、合作伙伴、服务对象（消费者）、政府中介以及其他可能相关者在内的一切可以接触的领域全覆盖。腾讯公司已经成功地建立了一张有形和无形相结合的知识发现网络，延伸其发现知识的敏锐触角到一切想去的地方。四是通过搜索引擎发现知识。腾讯公司已经将腾讯SOSO与其他产品和服务进行整合，成为信息传递和知识获取重要通道，并在公司内外得到广泛应用，成为公司发现知识的重要途径。

通过知识聚集塑造腾讯公司的创新能力。2006年7月，腾讯公司成立"腾讯创新中心"，专门负责公司创新业务，并作为公司级业务单位进行管理，其最高管理团队是由首席技术官（CTO）、创新中心主任在内的5人组成的管理委员会，创新中心的职责是搜集、整理公司各个业务部门以及外部用户提供的创意，经过筛选后在公司内部的创新平台上提出，经由员工投票之后，再由管理委员会从中选择可行的项目，最后再一次让公司全体员工评价。项目在进入创新中心后会由一个创意演变成一个可行的产品，直到成熟可供商用后，这个项目就会整体转移到其他一线业务平台。创新中心成了腾讯内部的"创新孵化器"。

腾讯公司将"腾讯创新中心"逐渐建设成为公司的知识仓库，对内收集员工的创意，对外汇总用户的灵感，为公司的知识创造提供了有效保障。

腾讯的知识管理体系通过"在线生活产业模式"的创新，整合公司既有知识与新知识，再把一种创新从一个想法变成一项业务，力求和既有业务保持一定的整体性。不论是什么样的新业务，腾讯公司总能巧妙地将其融入自身的大社区中，并与其他业务有机地结合在一起。从用户需求出发，为用户打造"一站式"的互联网社区，让用户在腾讯社区能够轻易地找到满足其自身需求的业务，特别强调用户体验。"在线生活产业模式"成为腾讯公司整合各种知识的重要平台。

通过知识创造构筑腾讯公司的竞争优势。腾讯把创新能力看作未来公司竞争力的一个最核心元素，技术创新是腾讯公司生存和发展的核心支柱，创新精神更是腾讯企业文化的核心内涵。在内部，腾讯公司积极推动公司的"创新大赛"与"创业大赛"，将公司员工产生的好创意、好想法、好产品、好建议有组织地系统收集起来，成为创新中心产品开发的备选。在外部，腾讯公司 2006 年启动了面向全国高校学子和社会精英的"创新创造价值"的创新大赛，该大赛包括互联网软件设计、腾讯通 RTX 应用、QQ 直播应用、QQ 休闲游戏社区和中型养成网游五类，为腾讯公司的知识创新带来巨大的动力，通过这一活动实现了外部知识创新与内部知识创新的融合发展。目前，腾讯公司在网络安全、存储技术、数据挖掘、视频多媒体、中文处理和 P2P 分布网络六大核心技术领域，拥有大大小小几百项专利。这些专利技术不仅推动了腾讯公司各业务的迅速发展，部分技术已经在世界范围内遥遥领先。

通过知识运用创造腾讯公司的商业价值。知识创造价值，如何将知识创新成果尽快实现其价值，是腾讯公司知识管理关注的重点问题。创新必须能让更多用户享受服务，只有这样，才能真正创造公司所追求的商业价值。腾讯公司在运用知识创造价值方面，力戒"空喊创新，成果转化不力"的状况，通过开放式创新，从自身的产品开始，鼓励任何和互联网有关或互联网之外的创新设计。发现、挖掘和培养创新型人才，将创新成果转化为产品应用，为广大用户不断创造价值。在知识运用中实现知识共享，而不是仅强调知识共享。腾讯公司提倡在公司范围内共享知识经验，针对具体项目，聚集群体智慧，共同出谋划策，在知识运用中实现知识的共享。从公司战略高度实施知识产权战略，采用"版权＋商标权""版权＋商业秘密保护""版权＋专利保护"等复合立体维权战略，并严格管理知识产权许可，保证企业可持续发展。在知识运用中实现知识保护，维护腾讯公司的商业利益。腾讯公司在组织机构和内部机制上的知识创新与知识产权保护提供充分支持，在机构上设置法务部，全面管理公司的知识产权；研发部门设置专利组，负责管理和保护公司的技术发明和专利。专利的管理人员与技术人员共同挖掘专利，在产品规划初期就参与项目组共同制定产品布局，组织培训、培养技术人员的专利意识。腾讯公司建立了域名、商标、版权、专利等全方位的知识产权保护办法，专门开发了专利电子平台，以支持公司内部专利的管理流程。

充分利用信息技术搭建腾讯公司的发展平台

腾讯公司始终充分重视利用先进的知识管理技术和信息技术手段，搭建了知识库和知识管理平台，打造了内外两张网作为产品创新的展示平台，作为接收用户建议、创意的知识接收平台。作为一家IT公司，腾讯公司内部的电子公告牌系统（BBS）和内部通信系统（RTX）为全体员工提供了及时交流、传递信息和知识的平台，腾讯公司开通了idea. qq. com，方便员工将自己的创意及时发表供大家参考，对外推出腾讯实验室（labs. qq. com），加强与用户的沟通，把公司的创新创意产品放到这个平台上，供用户试用，不断地及时收集用户对产品的意见和更多的创意，完善产品体验。腾讯公司将人才视为公司发展的最宝贵财富，搭建先进的技术平台，促进员工学习和创新，不惜重金购买了全球领先的人才及学习管理解决方案供应商 Sum Total Systems Inc 的 TotalLMS（学习管理系统）、ToolBook 软件模拟及在线学习内容制作方案的许可证，将学习管理系统（LMS）转化为由一线经理、员工和培训经理使用的全面学习工具。腾讯公司借助 TotalLMS 和 ToolBook，创建了基于标准的模拟、指导、评估、课程和互动式内容，通过及时培训，精确地将公司战略、文化和流程传递给每一位员工，员工个人的经验和专长显性化，成为组织的显性知识，被整个企业共享。

腾讯的知识管理实践说明，对企业来讲最大的竞争财富是员工的判断力和经验，仅仅把重要知识被动地存储在个体大脑中已经远远不能适应知识发展的形势了。劳动力的流动速度加快、教育水平下降以及业务变化频繁，都意味着不能再依赖个体员工所表现的洞察力。无组织地分散在员工队伍里的知识，必须通过杠杆作用提高到企业的层次上来。在企业层次上，因整体利益的一致性并通过有效的管理，就能够更好地获取、综合、增加知识并延展学习。企业组织和员工都必须在企业的不同功能和层次上快速而有序地学习知识。

第四节　客户关系

互联网时代，企业与客户需要建立命运共同体机制，建立命运共同体是集成与分享促进认同的必然结果。客户需要企业建立必信力，期待公司能够积极主动地保护他们的利益。随着市场环境变化，企业管理理念逐步从产品中心论转向客户中心论，在竞争激烈、变化迅速的市场中，单靠产品竞争力很难维持持续的竞争优势，但是企业与忠诚的客户关系具有稳定性，在一定程度上能够消除环境变化的冲击，通过关注客户需求，提供个性化的产品与服务，维持一种和谐的亲密关系，可以提高客户满意度与忠诚度，实现企业与客户双赢。

在移动互联时代，绝对的产品竞争优势和服务领先优势已不复存在且易模仿，而长期稳定的客户关系却不能复制，成为企业重要的核心竞争力。企业与客户之间应摒弃基于交易思维的"零和游戏"规则，建立一种基于合作思维的客户关系，着眼于通过建立客户的价值来建立企业自身的价值。企业和用户之间存在信息不对称，从而产生互不信任的逻辑空间，过去的传统经济时代，信息不对称的主动权在企业一方，互联网经济时代，信息不对称的主动权转移到用户一方。一般情形下，用户可以知道所有企业的信息，单独一家企业则很难知道所有用户的信息，互联网时代的到来导致了用户主导企业。因此，必须重视客户关系管理。

小米手机是北京小米科技有限责任公司研发的一款高性能发烧级智能手机，其成功得益于独特的商业模式和手机质量。小米手机基础层面上的核心竞争能力主要有两个方面：一是利用互联网平台；二是"高配置、低价格"。小米手机在设计外观时以"没有设计的就是最好的设计"为核心观念，其设计出的手机符合消费者预期生活时尚，没有复杂的外观，流畅的外观让人产生一种舒服的感觉。简洁、流畅的手机外观难免会让人在这个快节奏的生活中找到一种安定的心态。小米手机的这款设计加入了消费者的细腻因素，与客户一起开发，这种能符合大众消费群体的产品更容易激起消费者的购买欲望。

客户认同集成与分享理念的最终结果就是命运共同体的建立，企业与客户建立命运共同体是企业集成与分享理论和实践的共同结晶。命运共同体在本质上是一种理性的创制，通过管理公约，约束共同体中的每个相关方。在企业管理的层面，面对激烈的市场竞争，企业、客户、供应商、员工及其利益相关者都有可能遇到自身能力无法应付的情况，只有通过联合，形成命运共同体，才能存在和发展。企业要建立命运共同体，需要在目标、责任、意识和行动方面做到一致，形成"'行'神"兼备的命运共同体。命运共同体的建设可以分为利益共同体、责任共同体、命运共同体3个持续进行的阶段。首先，企业要与客户建立利益共同体。企业的利益共同体由企业和客户组成，并形成一个整体，这个共同体是以客户价值取向和企业价值取向一致为前提和基础的。企业的利益共同体集中反映了客户和企业的共同利益目标和机制取向，是企业与客户共同利益的集成。共同体自身的稳定性、长久性依赖于客户对企业整体的认同感。客户可能只是一个偶然的存在，但他可以借助认同感，确定自身身份，获得企业厂商的尊重和认可。认同感一旦形成，利益共同体便可以利用这些认同感，与客户在价值观、利益观上统一，从而使每位客户成为与企业相关联的个体。其次，要建立组织的责任共同体。企业对客户的责任关系是一切关系的基础，与客户形成互为责任的责任共同体，通过合作、集成与分享等一系列动作，企业可以获得不竭的发展动力。如果某一个责任环节出现混乱，导致相应的责任没有承担和执行，企业的责任共同体就会坍塌。为了避免这种情况，企业应时刻认识到责任共同体的重要性，切实落实自身应承担的责任，使企业与客户互惠互利，创造双赢。最后，要培养组织的危机忧患意识。企业与其利益相关方之间应坚持实现共同、综合、合作、可持续的安全。由于全球经济一体化以及互联网技术的迅猛发展，企业面临着前所未有的发展环境；由于资源的不断枯竭、环境的持续恶化，可持续发展也成为企业不可回避的棘手难题。企业必须与客户建立更加有效的沟通机制，加强对话与合作，发挥相互"补台"精神，做到优势互补，通过企业战略规划与风险管理，多管齐下、协调推进，建立解决重大问题的协商治理体系以及多边机制，形成良性循环的企业发展生态系统。

移动互联时代消费者主权催生了客户关系管理

移动互联时代的真正变革在于互联网让普通消费者拥有了更大的话语权，每个人都能够在网上发布博客、信息，当普通消费者沟通方式和信息源非常发达的时候，便会对传统基于产品的营销提出挑战。因此，菲利普·科特勒指出："当营销从传统时代转向数字时代，新时代营销的任务就变成通过新的渠道创建价值、沟通价值、交付价值。"市场营销理念正在不断演化，企业营销最初都建立在产品之上，即所谓的营销1.0时代，企业要对产品进行营销，就是以销售为目的，典型的理论就是4P营销理论。但在营销2.0时代，企业要对产品理念进行营销，从情感上打动客户。企业要让消费者充分了解产品的内涵，并全方位理解消费者的预期，然后吸引和引导消费者购买产品。现在营销3.0时代的营销策略则达到了思想、心灵、精神的层次，首先企业要在理性的层面上打动消费者的思想，然后才能达到情感和精神的吸引，营销也不再是简单意义上的生产和销售。

企业作为一种商业性营利组织必须拥有客户，每一个企业组织的经营目标都可以简单地概括为获得和保留更多的客户，使客户得到成长。客户关系管理最初就是一种技术或者软件解决方案，帮助企业跟踪客户的信息和数据，从而可以为客户提供更好的服务。美国的高德纳咨询公司（Gartner Group）首先提出客户系管理（CRM）这个概念，并提出 CRM 就是按照客户分类有效地组织企业资源，以客户为中心组织经营行为并实施以客户为中心的业务流程，通过专注于客户服务来提高企业盈利能力与客户满意度。IBM 公司认为，CRM 就是建立长期、稳定、相互信任的客户关系，不断地吸引新客户，维系老客户，为客户提供高性能、高品质的产品，增强顾客服务，提高顾客交付价值和顾客满意度，从而提高企业的效益水平和竞争优势。思爱普（SAP）公司认为，CRM 系统的核心是建立客户数据库并管理客户数据，记录企业在市场营销与销售过程中和客户发生的各种交互行为，记录各类市场活动的状态，提供各类数据模型，支持企业的各种经营分析和决策。作者认为，CRM 是现代信息技术与现代营销思想的结合体，即利用信息技术手段建立成功的、有利可图的客户关系，通过创造客户价值来增加企业自身价值。CRM 遵循以客户为中心的经营理念，利用信息技术重新组合和设计企业业务流程，形成一个自动化的解决方案，帮助企业从专注于销售和制造的传统模式转型为专注于客户的新模式，形成一种持续的战略变化过程，提高客户的忠诚度，并最终实现企业自身收入和利润的增加。以客户为中心的经营理念是 CRM 的核心所在，一个企业最有价值的资产是它的客户。客户关系管理是一种旨在集成客户信息，满足客户需求，分享知识，改善企业与客户之间的关系，提高客户忠诚度和满意度的新型管理机制。

客户关系管理中的集成与分享

管理客户关系要求企业从总体上不断增加客户的价值。倾听消费者的声音，建立客户关系管理系统，为顾客创造更多的价值，才能真正实现顾客与企业的"双赢"。现代的营销努力集中于以客户为中心的4R，即关系（Relationships）、节省（Retrenchment）、关联（Relevancy）和酬谢（Rewards），4R代表着4种基本的客户导向的营销策略。传统的营销努力集中于4P，即产品（Product）、价格（Price）、渠道（Place）、促销（Promotion），4P代表着以企业为中心的交易型营销策略（见图5-12）。今天的营销不能视客户为对手，以单独的交易为中心，企业必须与消费者之间建立牢固与信任的关系，着眼于解决客户所面临的问题。廖建文从用户的"价值创造"和企业的"价值获取"两个视角出发，构建了一个全新的"4C"模型①，提出在移动互联和社会化网络主导的新时代，企业竞争优势的构建需要新的4C商业规则，即共同创造（Co-creation）、产品核心（Commodity）、社群生存（Community）和组织网络（Connecting）（见图5-13）。"去中心化"和"去中介化"这两股力量也在相互作用和相互影响，彼此相互推动，带来持续的影响和变化，驱动着商业形态和社会经济不断变化发展。

所谓共同创造（Co-creation）就是以体验设计为核心，与用户共同创造新的商业模式。用户体验比功能更重要，用户体验从来都是

---

① 后互联网时代的商业新规则——伴随移动社交网络而来的新冲击、新挑战、新机遇. 2014年3月14日. http://www.ckgsb.edu.cn/about/article_detail/78/1251.html.

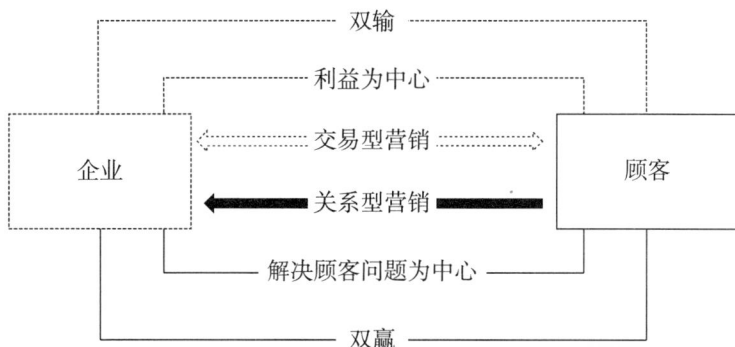

图 5 – 12 客户关系管理

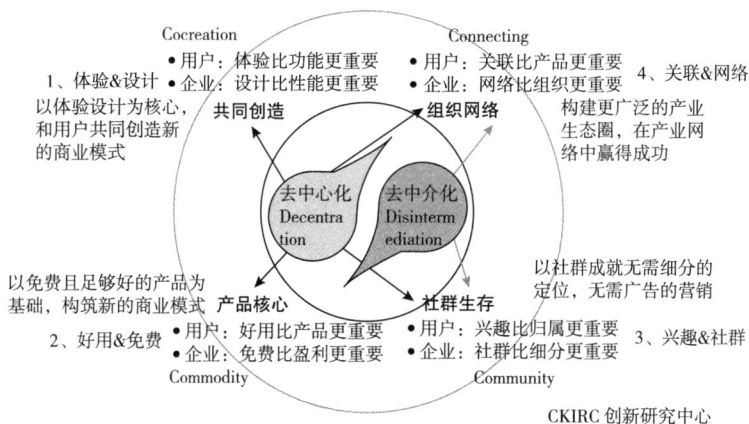

图 5 – 13 移动互联时代的 4C 模型

重要的商业元素，尤其是高端产品，如珠宝、汽车等。

所谓产品核心（Commodity） 就是以免费且足够好的产品为基础，构筑新的商业模式。用户好用比产品更重要，供给的丰富和产品信息的易得，使用户愈加倾向于选择能够解决自己问题的"好用"产品，而不再那么依靠对品牌的认知和信赖。这也是"用户权利"的集中体现。足够好才是真的好，产品不需要完美，却需要具有能够快速黏住用户的吸引力。用户的认可只是成功的开始而非结果。产品并不是核心，销售也不是目的。新商业的成功，在于用一切手段赢得用户。

所谓社群生存（Community） 就是以社群成就无须细分的定位、无须广告的营销。用户兴趣比归属更重要，社交网络时代，真正将消费者聚合起来的并不是他们外在的共性和归属，而是他们的兴趣。通过智能手机，每个人都可以接入移动社交网络，无论天涯海角，都有意气相投的朋友同在。唯有主动地构建和培育用户社群，才有可能赢得成功。

所谓组织网络（Connecting） 就是构建更广泛的产业生态圈，在产业网络中赢得成功。用户关联比产品更重要，并不是说大众不再喜欢流行产品，只是用户更希望通过产品来满员自己个性化的需求。在互联互通的世界里，产品逐步成为连接的工具和端口，构建的是用户和解决自己问题的某种服务，是用户和用户之间的联系网络。产品本身也正在成为一个网络——一个连接着整个产业生态圈的网络。

客户是企业价值创造的起点，从本质上分析 CRM 系统我们发现，其本质就是对企业主动编码和管理与客户互动过程中产生的信息和知识，挖掘客户知识并对客户类别进行批处理，从而实现为有价值的客户提供更加个性化的增值服务。CRM 系统是客户需求及知识的集成与分享平台，CRM 管理系统提供了一个上述 4C 规则实现的客户端平台。CRM 系统消除了企业与客户共享与交易的障碍，将企业与客户的关系向前延伸至产品开发、试用阶段，向后延伸至制造、服务、响应阶段。客户关系管理要求企业解决好客户信息的收集和客户知识的提炼及利用的问题。企业建立一套有效的封闭式回路程序，获取正确的客户，有效地运用客户知识，扩展客户知识的深度，运用最合适的方法产生客户知识，系统地整理和运用客户知识。企业建立了一个"客户""知识"和"管理"的封闭式循环体系，并利用这个循环体系中的客户知识挖掘客户价值，服务客户价值，从客户关系中获取最大的收益（见图 5 – 14）。

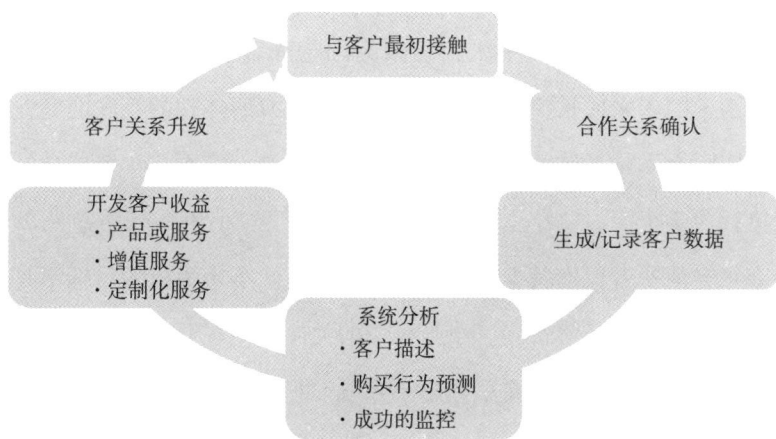

图 5 – 14 客户关系管理系统（CRM）示意图

案例研究： 小米手机的成功背后[①]

2014 年，雷军依靠小米手机，小米手机凭借互联网销售与营销模式，改变了整个中国手机市场的格局。截至 2014 年 2 月底，小米公司在 3 年时间里，手机产品共出货 3 231 万台。2014 年，小米手机

---

① 学会小米的三项基本原则，你也能赢. 2016 年 3 月 13 日. http：//baigang. baijia. baidu. com/article/7196.

的全年供货目标6 000万台，销售额目标750亿~800亿元。2014年第一季度，小米手机全系列产品预计出货量将达到1 100万台，在小米手机的销售规划中，小米手机2015年计划出货目标1亿~1.2亿台，销售额将超越1 000亿元；2016年计划出货目标是1.5亿~2亿台。

小米手机以客户为中心的战略意图得到了充分的实践。通过小米手机的销售来聚集顾客，通过构建顾客社区来呼应顾客价值观、深化与顾客的一体化关系，小米公司成为围绕顾客生活方式的综合供应商。小米的未来成长空间不可想象。小米手机所体现的互联网商业思维，实际上不是具体的技术，而是一种方法论。雷军将小米成功的经验概括为7个字："专注、极致、口碑、快"。小米的战略意图就是抢夺年轻消费者，使其聚集到自己的平台上。小米手机的目标不是销量，而是抢夺年轻消费者。小米公司的关注点不在业务规模上，而是打好平台模式的根基。雷军提出小米要"坚持三项基本原则"，是针对平台模式的三大根本点，也是小米持续发展的基础。

第一，小米始终坚持客户为本。小米持续奋战的动力和不断创新的源泉就是和用户一起玩，一起成长，致力于和用户建立朋友关系。小米深知，用户是根本。企业的重心不是产品，而是用户。小米是在构建"用户的平台"，企业与用户互动、用户与用户互动，最终企业与用户的关系得以深化。小米的用户平台更有力量。小米的业务重心是智能手机，但工作重心是小米网及其线下服务体系——这是小米深化顾客关系的有力武器。他们通过爆米花节、同城会、才艺秀等若干与产品销售无关的活动，让顾客认识到小米理解他们的生活方式和价值观，与他们零距离。顾客关系不断强化，小米就有不断整合产品的强大基础。所以，除了与用户一起玩，小米在 2013 年还建立了 18 家小米之家旗舰店、436 家维修网点等，这些都是在不断强化平台的聚合力。现在是粉丝经济时代，只有与用户交朋友，才能有更好的生存基础。所谓粉丝经济，指的是我购买你，是因为我喜欢你，而不是你有特色。信息爆炸的时代，消费者出于降低决策时间成本的考虑，会对信息进行选择性过滤，大量信息会被直接筛掉。但粉丝不会过滤你，只会过滤竞争对手。

第二，小米始终坚持产品为基。小米一切商业模式、产品策略、营销方法成立的前提就是小米提供的产品要能让用户尖叫，产品本身追求超高性能和超高性价比。用户是根本，产品就是基础，产品竞争力是争夺用户并强化用户关系的基础。小米以极致精神追求产品竞争力，一是走进顾客生活或生产方式去理解顾客需求，即进入顾客价值链；二是在客户综合体验上超过竞争对手，即对标。

小米的成功告诉我们，决定产品竞争力的是综合体验，不是单一的产品特色。产品本身不是目的，只是用户解决问题或满足需求的手段。用户需要的不是产品，而是解决方案。解决方案的综合体验决定了顾客满意度，而且性价比还要很高。互联网最大限度地消除了信息不对称，使品牌附加值趋于合理化，越来越靠近产品价值。品牌的最大意义不再是获得超额利润，而是获得顾客忠诚，让顾客持续购买，并推荐别人购买。

第三，小米始终坚持伙伴共赢。小米与富士康、英华达、高通、联发科、英伟达等合作伙伴一起开创了手机行业的新格局，并形成了一个生态圈，成为一家卓越的产业价值链的组织者。随着社会的专业化分工越来越发达，分工之后的协同也自然变得困难，只有能把专业分工体系组织起来的卓越企业，才有可能成为产业领袖。但组织产业链并不容易，组织者必须有能力带动分工体系创造价值，并合理分配价值，才能维系合作体系的持续发展，即共赢。

合理分配价值，是指价值链组织者掌握着价格制定权，有责任依靠价值分配规则维系产业生态。价值分配是通过价格体系实现的，从零部件到用户的各级交付价格都体现了价值在各个合作者（包括用户）之间的分配。没有共赢的理念，任何企业都无法持久。人们常有"赢家通吃"的思想，认为谁成为价值链组织者，谁就掌握了价格制定权，也就有了价值分配的话语权，就可以为自己谋取最大利益。但过度谋私利，必然破坏合作生态，最终破坏的是整个产业链的生态基础。创造价值的能力或者来自掌控技术和资源，或者来自掌控顾客。小米没有核心技术能力，但创建了顾客平台，掌控了顾客，进而"挟顾客以令诸侯"，成为价值链的组织者。

互联网时代才真正开启了中国的市场经济时代，因为互联网消除了信息不对称，使市场透明化，企业要想成功，必须按照市场经济的游戏规则去办事，按照市场营销的思维逻辑去开发产品和市场，必须要对消费者有敬畏之心。企业只有静下心来仔细研究消费者未被满足的需求，并筹集资源通过技术创新和模式创新，开发出令消费者难以抗拒的好产品、好服务，才能真正赢得消费者的信赖。产品定位是具有盈利前景的新产品的前提与基础，产品定位是产品产生永恒价值的源泉，产品定位必须以客户需求为前提，一个行业应该用该行业给消费者提供的核心价值来定义，一个企业应该用该企业给消费者提供的核心价值来定义。当消费者对行业所定义的核心价值的需求减少时，行业就会萎缩，成为夕阳行业。如果给予全新的定义，完全有可能成为新的朝阳产业。越来越多的行业面临着需求危机和生存危机，这是行业给消费者提供价值的危机。每一次对产品重新定义后，就会赋予其市场价值。

小米手机的成功，说明了全新行业的价值定义必须基于消费者的沟通与体验，集成客户的信息和知识是前提条件，这是 CRM 管理体系集成与分享的核心。小米手机建立了与客户实现认同的保障机制，企业的战略定位、发展愿景、核心价值观和愿景，更多是从思想层面为小米与客户建立认同提供了保障。这种战略层面与核心价值观层面的保障还不足以为企业集成与分享管理体系的全面执行提供支撑，企业更要在执行层面落实到每一个岗位、每一名员工，战略与执行两手都要抓，"两手都要硬"，建立集成与分享体系的全面执行机制，在利益均衡的前提下促进企业与客户认同的实现。

小米在客户关系管理领域为集成与分享体系的全面执行提供了制度保障。这种制度保障包括多个方面：开发流程、产品定位、营销渠道，还包括员工行为准则、宣传体系，但其核心是激励制度，而且这种激励制度必须包括正反两个方面，即正向激励和负向激励，简而言之，要有奖有罚。

第五节　流程重置

流程管理强调企业运营的客户导向机制，为企业与客户建立命运共同体提供内部管理机制保障。流程管理是企业内部资源配置的管理方式，是一种制度约束。企业的管理过程就是资源的投入产出过程，企业管理者的工作就是改革、管理、创新 3 个核心内容，改革理顺体制机制，管理提升组织效率，创新打造核心竞争力。企业的战略与规划不论如何宏伟，战略目标和战略措施只有落实到流程上，才能真正得到执行。建立规范、高效的业务流程与管理流程是企业提高管理水平的必然要求，通过流程重置实现资源的集成与高效利用。同时，流程重置本身也是集成与分享原理的一个应用过程管理，信息化发展要求业务流程将整个应用系统整合进业务流程、管理流程，充分发挥流程管理的桥梁、管道、调度作用，将各类应用系统紧密结合，不能再仅限于各项任务在内部人员中流转。流程是业务运作的载体和支撑，企业各种管理体系的协调运行最终要落实到一套业务流程上，通过流程实现对各种管理体系的集成。以流程为核心，利用信息技术实现企业应用集成解决方案，满足管理和业务对系统融合的要求，快速、低成本地实现企业管理应用集成。

流程再造管理

1990 年，美国麻省理工学院（MIT）的迈克·哈默（Michael Hammer）教授和全球著名管理顾问公司董事长詹姆斯·钱皮（James Champy）提出了业务流程再造（BPR）的概念，即围绕市场需求，对企业的业务流程做根本性的思考和彻底重建，力求在成本、质量、服务和速度等关键竞争领域取得显著绩效改善，通过重新规划流程实现资源的优化配置，最大限度地适应以顾客、竞争、变化为特征的企业经营环境的挑战。

在企业管理实践中，我们一般将企业流程分为业务流程和管理流程，业务流程是面向外部用户和市场的经营生产流程，是以市场为导向、以用户为中心的流程体系；管理流程是面向内部管理，支撑业务流程运行的管理运行流程，体现效率与效益。企业再造，就是充分利用信息技术成果，以业务流程为中心，重新设计企业的经营、管理及运作方式，在新的市场和竞争环境下，改造原来的业务流程，适应未来企业生存与发展要求。

资源集成论就是克服劳动分工论对现代企业管理的不适应性，打破劳动分工局限而推行不同资源有机组织的集成理论。资源集成必须从市场需求出发，运用集成的方法和手段，优化资源配置，构建适应市场需求重置业务流程的理论。现代企业开展生产经营的管理理论基础就是资源集成论。企业资源集成以市场需求为前提，综合运用各种先进的管理理论、方法和技术，通过创造性的思维活动，以及构建各种功能相互匹配、整体功能倍增与高度协调的体系，实现企业目标所需各种资源的有效配置，这种集源集成理论的实现基础就是业务流程，管理流程理念提供了企业运行从以企业为中心向以顾客为中心转变的现实路径。

1974 年，美国约瑟夫·哈林顿（Joseph Harrington）博士首次提出了计算机/现代集成制造（CIM）理论，即企业从市场分析、产品设计、加工制造、运作管理到售后服务的全部生产经营活动是一个不可分割的整体，要紧密连接、统一考虑。因此，要实现企业内外部资源的一体化配置和管理职能的集成化，必须打破部门壁垒，建立协同共赢的流程性组织，利用现代制造技术、信息技术和相关支持手段，对企业流程进行系统设计、优化和改造，实现企业在效益、速度、服务、质量、成本方面的巨大改善和快速进步。流程再造实现了企业运作能力的巨大提升。

提高企业客户响应能力。流程管理理念的确立和业务流程的再造，使企业建立了与以客户中心的业务运作模式相匹配的一整套流程运作体系，企业集成资源的范围越来越大，加快了企业对客户需求的响应速度，企业对外界变化的适应性就越来越强。企业通过业务流程将人员、物料、设备、资金和信息等资源有机地集成在一起，尽量让每一个行业完成流程中的运作环节，提高运作效率，使决策点靠近需要决策的地方，缩短管理半径，积极响应顾客需求，提高顾客满意度。

提高企业价值创造能力。流程再造首先将企业内部的运作活动区分为创造价值的作业活动和不创造价值的作业活动，在确保流程运作效率和质量的前提下，流程优化的原则就是尽量减少不必要的非增值作业环节，提高关键增值环节的作业质量，减少浪费，降低成本。流程再造与优化，实现了对企业内部分散资源的系统、科学配置和利用，提高了资源的使用价值，降低了因资源有限和浪费给企业带来的经营约束。提高企业价值创造能力，促进企业运作效率的提高，解决了企业内部有限资源与外部无限需求变化的矛盾。

流程重置中的集成与分享

企业流程重置与再造的直接结果就是新形成的企业管理体系基于ERP系统。企业建立 ERP 系统一般要经历 3 个步骤：首先建立企业的信息管理系统，支持大量原始数据的查询、汇总，奠定数据和信息基础；其次提高客户订单、在库物料、产品构成的线下线上管理能力；最后形成以计算机为核心的闭环管理系统，使企业的人、财、物、供、产、销能够全面结合、全面受控、实时反馈、动态协调，实现以销定产、以产求供，降低成本的总目标。企业建立 ERP 系统为集成与分享提供了最直接的技术手段，使企业的整个流程、全部机构和所有人员都处于信息的联通和控制之下，真正实现了人、财、物的无缝对接，奠定了企业集成与分享的物质基础。企业 ERP 系统的建立，提高了企业的生产效率和员工知识集成与分享的效率，使企业树立了集成与分享的企业文化，奠定了企业集成与分享的认同基础。技术手段的装配和更新使企业能够建立技术和结果的良性循环，在分享集成结果的同时，生产出更多的集成标的，真正使企业的流程执行落实到位。

流程执行保证了企业战略规划的落地执行，业务流程是资源集成理论实践的基础。企业运作是一个整体系统，因此要从整体上审视企业的流程框架体系和业务流程管理，企业流程框架体系与业务流程管理集中体现在管理思想、管理方法、研究对象、支持技术等方面的集成特性（见图 5 - 15）。

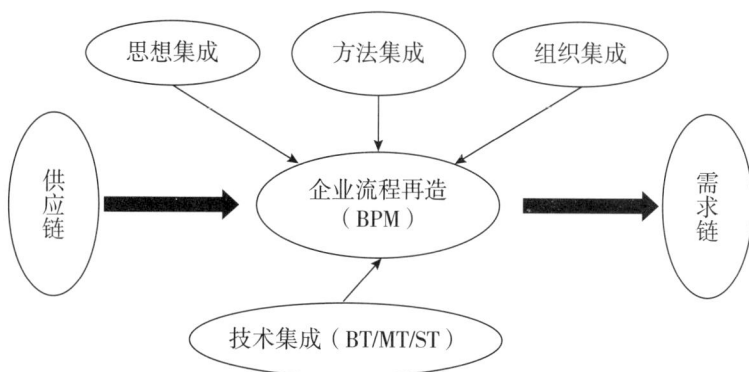

图 5 - 15　业务流程再造管理的集成内容

思想集成

业务流程管理是诸多管理思想的集成。企业经营管理是一个系统工程，企业必须把客户和公司的不同需求进行集成和平衡，设计出双方都满意的方案，从而形成清晰的战略导向，在战略明晰的基础上，构建战略执行保障体系，流程是战略执行落地的核心枢纽。流程再造使企业组织从以职能管理为中心向以企业自身为中心转变，职能管理强调不断细化分工，追求单一作业以提高效率，组织机构官僚化，协调机制不健全，难以适应现代快速变化的市场需求。业务流程重组使组织生态发生变化，企业运作流程以顾客为中心，利用信息手段协调分散与集中的矛盾，包容多元文化，建立面向顾客与供应商集成的企业流程体系，注重整体效率提升。业务流程再造以资源集成论为指导，汲取了整体资源规划与流程设计的有关管理思想，并集成和应用了权变理论的思想。

方法集成

业务流程管理的方法论基础是系统论，即通过集成各种管理方法，解决业务流程与市场环境相适应的问题。业务流程再造是指企业重新设计流程体系以提高顾客满意度和整体运作效率，流程可以是企业端到端的整体流程或核心流程，也可以是由紧密联系的不同业务活动构成的具体一项业务活动和管理活动的小流程。企业就是依托这些大大小小的流程相互连接、交叉与系统配置，形成企业整体上下贯通、左右协调、高效运转的网络体系。通过集成与相关流程管理方法，形成管理整体流程的系统方法。业务流程再造通过企业要素重组、理顺关系、健全机制等多种集成方法，实现了整体流程优化和企业整体效率的提高。

组织集成

业务流程管理基于产业链与价值链的管理思想，将组织的范围扩大到整个产业链，把跨企业的组织联系纳入流程体系，以满足市场的快速变化，契合了无边界组织理论。无边界组织理论受生命有机体同外界进行物质交换的启发，认为企业及其内部各个单元应像生命有机体一样，必须能够跨越边界界限进行联系与合作，从而使企业"涌现"出远远大于各个部分之和的整体功能。无边界并不是简单地否定边界、取消边界，而是不要让组织边界成为阻碍彼此合作的鸿沟，不能把组织边界绝对化。无边界组织理论促使组织上下层次之间形成贯通性，横向部门形成渗透性，企业之间形成合作及优势互补性。业务流程再造就是面向整个产业链进行科学的资源配置与管理，实现整个产业链的集成管理。业务流程管理将企业的外部资源（如供应商、合作伙伴、销售商，甚至客户等）纳入整个企业流程管理，支持供应链管理体系（Supply Chain Management，SCM）、客户关系管理体系（Customers Relationship Management，CRM）等模式。

技术集成

随着科学技术的快速发展，现代企业实施业务流程管理需要集成信息技术、标杆技术、建模技术、仿真技术等关键技术作为支撑。企业将业务流程管理与 IT 有机结合，大力开展管理创新与技术创新，并上升到资源与流程管理的高度，企业运作效率必然大幅提高。信息技术能够保证 BPM 得以实施，而且基于 IT 的管理系统能够为流程的分析评价、横向集成和纵向压缩提供支持。标杆技术（Benchmarking Technology，BT）是更大范围、更高层次的竞争战略分析技术，通过采用优秀企业的最佳实践经验，创造性地开展流程管理，依据优秀企业业绩指标相应设置企业目标，以获取企业绩效的巨大提高。建模技术（Modeling Technology，MT）用规范化、结构化的形式描述流程各方面特征，使得具有不同背景、不同职责的流程管理人员能够用统一的语言进行交流和合作。仿真技术（Simulation Technology，ST）应用于业务流程管理，是因为业务流程管理直接关系到企业生存与发展，迫切需要对业务流程进行仿真与分析，一方面全面了解和改进企业现有业务流程的症结，另一方面模拟新设计的业务流程，获得数量化的绩效指标，为企业流程管理决策提供依据，从而大幅降低 BPM 的实施风险，提高 BPM 项目实施的成功率。

战略决定流程的价值增值方式，流程决定组织的价值增值方式。流程优化与再造在实施实践中可以分为企业流程规划、流程现状描述、流程问题分析、流程优化或流程再造、流程配套设计 5 步，流程的核心目的就是增值，通过周而复始的高效循环，使企业不断提升价值。

案例研究： 联想流程再造与 ERP 成功实施[①]

1998 年 11 月 9 日，联想集团 ERP 项目正式启动，2000 年 1 月 5 日，ERP 系统正式上线运行，联想集团成功地实施了流程再造与 ERP 顺利上线，为中国企业的流程重置提供了成功案例与标杆经验。

决策

联想集团 ERP 项目实施的最初动机是 1998 年集团京港两个业务平台的整合问题。在 1998 年之前联想集团北京和香港两个平台各自拥有自己的管理信息系统（MIS）并独立运作，分割而治的两个信息

---

① 联想成功实施 ERP. 2002 年 1 月 19 日. http：//www.vsharing.com/k/2002 – 1/A439997. html.

系统导致整个集团的 MIS 难以集成。集团香港和北京两个业务平台所用的核算指标和管理体系不兼容，指标口径也不一致，导致集团在做财务预算和编制财务报表时经常出现问题。1998 年，在编制集团 1999 年的经营预算时，集团财务部门出具的数据根本不能通过集团企划办的审核。即使集团财务部有 100 多人负责财务结算，仍需要 28 天的时间才能完成核算，上个月的经营情况到下一个月才能得到统计数据，管理层无法依据准确数据做出及时决策。联想集团此时的业务已经遍布全国，甚至跨国经营，面临的多语言问题、多币制问题都提上日程。管理信息系统缺少"共同语言"，不能做到资源共享，无法进行产品或地域的获利能力分析，联想非集成化的老 MIS 系统已经无法支撑集团日益庞大的数据处理，老 MIS 系统的集成性和实时性都落后于集团业务发展的需要。因此，实施全国性、集成性和及时性的 MIS 系统势在必行。

联想集团选择 ERP 的原因是不堪重负的 MIS 现状、竞争的压力以及联想的蓝图。联想集团要想进军世界 500 强，必须应用先进的管理思想和管理工具。1998 年 11 月 9 日，联想 ERP 项目正式启动。

实施过程

联想集团 ERP 项目实施过程中聘请了 SAP 公司进行咨询服务。SAP 为了完成这样一个宏大的 ERP 项目，提出了 TEAMSAP 的概念，即由软件供应厂商、咨询顾问公司共同为客户完成系统实施服务，并将德勤公司引进联想 ERP 项目。德勤公司在国际上拥有为众多行业服务的经验和知识积累。德勤拥有很好的 ERP 实施方法论——Fast-track 项目实施方法，其 BPR（业务流程重组）方面的深厚经验可以弥补 SAP 的能力不足；德勤和 SAP 项目组为联想 ERP 项目确立了实施集成的信息系统、实施业务流程重组、引进国外先进的经营管理理念和方法，把联想培养成为国际化的公司，进军世界 500 强这三大战略目标。

实践证明，通过 ERP 项目，联想的信息系统已经达到了集成化。SAP 的强项在于技术，但不具备雄厚的业务基础和业务流程再造经验；德勤的顾问能够对信息系统的一部分做优化和调整，但无力从集团整体上把握，SAP 和德勤的顾问都无法独立完成任务，技术与经验两者都无法兼而有之。

启示

按照"ERP 系统能否把企业所有的资源系统紧密地结合起来，以达到资源利用的协调；通过整合使业务各环节资源的利用效率得到提高"的项目成功实施标准来衡量，联想集团 ERP 项目实施是成功的。联想通过 ERP 整合了业务各环节的资源并提高了效率。ERP 系统正常运营后，联想客户平均交货时间从 11 天缩短到 5.7 天，应收账款周转天数从 23 天降到 15 天，订单人均日处理量从 13 件增加到 314 件，集团结账天数从 30 天降低到 6 天，平均打款时间由 11.7 天缩减到 10.4 天，订单周期由 75 小时缩减到 58 小时，结账天数由 20 天降到 1 天，加班人次从 70 人削减为 7 人，财务报表从 30 天缩短至 12 天。联想集团企业运作成本降低，企业利润大幅增长。

联想通过 ERP 项目培养了一批国内领先的 IT 管理人才，并带动联想实现了由"产品"向"服务"的战略转型。

联想的流程再造与 ERP 项目的成功实施，说明管理技术正在加速并改善集成与分享的效应。管理技术的提高、管理机制的理顺，使企业的集成与分享在速度和质量上均得到提高。管理技术的改善首先使自组织的出现速度、范围和内容都在加快；同时，它降低了集成与分享过程中存在的信息不对称现象，使集成与分享的质量得到提高。管理技术的提高、管理机制的理顺，使 ERP 能够在企业管理中得到更广泛的运用，集成与分享的技术也得以改善，从而使知识集成与分享的速度和质量不断提高。

第六节　供应链

供应链管理是高效沟通、建立多边机制、寻找均衡点、系统发展等集成与分享方法论的具体应用，其已经取得的丰硕成果和显现出来的未来旺盛生命力是集成与分享模型的生命力之所在。未来企业之间的竞争不是单一企业之间的个体竞争，而是供应链中全体企业之间的集体竞争，是集体协作能力的竞争。供应链管理是一种基于"竞争—合作—协作"机制，通过客户、资源、信息、成果的集成与分享，以分布企业集成和分布作业协调为保证的新的企业运作模式。供应链的整合是互联网时代的发展趋势，包括纵向一体化、横向一体化和产业链整合，从而改变上下游企业之间、并行企业之间以及整个体系之间的契约关系，整合的基本方法就是集成与分享原理的应用，实现参与主体利益的共享机制。

市场的不确定性催生了供应链管理

企业管理就是围绕质量、成本和时间（生产周期）3 个核心目标，使企业中的人、财、物和信息等资源结合起来，高质量、低成本、快速及时转换为市场所需要的产品和服务，是一种系统化的指导与控制方法。传统的企业管理模式是稳定的市场环境下的纵向一体化模式，企业为了占有制造资源和直接控制生产过程，不断扩大自身生产经营规模，直接参股到供应商企业，与供应其原材料、半成品或零部件的企业建立一种资本所有和管控关系。随着市场与顾客需求的不断变化，市场竞争日益激烈，纵向一体化的管理模式受到挑战，横向一体化管理模式兴起。横向一体化就是本企业只负责价值链上最核心的产品和市场，只抓关键零部件的生产制造环节，其他环节全部进行外包加工，从而充分利用企业外部市场资源快速响应市场需求。横向一体化模式构建了一条从供应商到制造商再到分销商的企业"链"，将所有的相邻企业依次连接起来，形成一条完整的供应链。马士华将供应链定义为，围绕核心企业，通过对信息流、物流、资金流的控制，从采购原材料开始，到制成中间产品以及最终产品，最后由销售网络把产品送到消费者手中的整个链条，是将供应商、制造商、分销商、零售商、直到最终用户连成一个整体的功能网络。供应链各节点企业同步协调运行，链上所有企业通过协调运行都能获得附加收益。

供应链管理（Supply Chain Management，简称 SCM）是一种集成与分享的管理思想和方法，集成不同企业的资源与信息提高整个供应链的效率，强调企业之间的合作，并共同分享集成所带来的新价值创造。供应链集成并优化供应商、制造商、物流商、分销商、零售商等整个产业服务价值链上所有环节，使生产资料、信息资源快速聚集，以最快的速度，通过加工制造、分销物流环节变成客户需要的产品和服务，通过信息共享、资源共享，在规定的时间和地点到达终端消费者手中。供应链管理通过集成资源、分享资源与信息降低了制造成本、物流成本，按需生产，减少社会库存，使社会资源到优化配置，通过信息网络、生产制造网络、物流配送网络实现了产品生产及销售的有效连接以及商流、物流、资金流的合理流动。供应链管理经历了3个发展阶段，如图5-16所示。

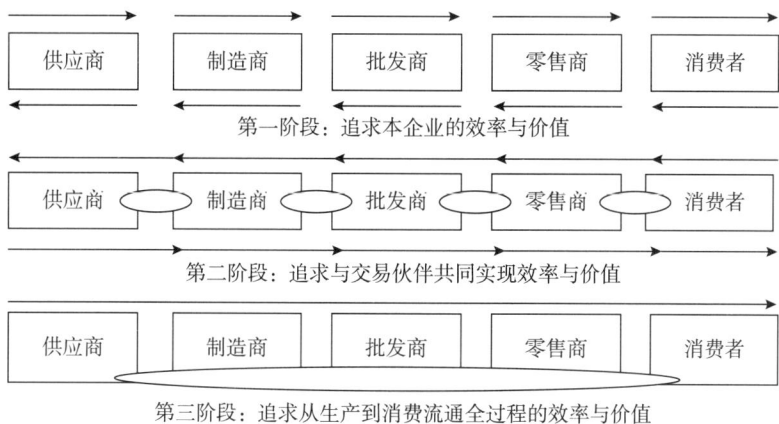

图5-16　供应链管理的3个发展阶段

供应链管理包括供应（Supply）、生产计划（Schedule Plan）、物流（Logistics）、需求（Demand）等4个基本模块，供应链管理通过集成与分享实现了"Everyone working together"，在供应链内将客户需求及时、准确地传递，消除需求信息在供应链传递中的牛鞭效应，用信息替代库存准确兑现承诺。

供应链管理的核心就是集成与分享原理中的价值链接目标。价值链接在经济活动中无处不在，上下游关联的企业与企业之间，企业内部各业务单元之间都存在着价值链接机会。价值链接上的每一项价值活动都会对企业最终能够实现多大的价值造成影响。价值链接的各环节之间相互关联，相互影响，一个环节经营管理的好坏可以影响到其他环节的成本和效益。无论是价值链接还是价值网格化，都会对企业内部以及企业外部的资源进行创造性的整合、重组、融合，在各要素的结合过程中注入创造性思维。企业内外部的关键要素经过主动的优化、选择搭配，相互之间以最合理的结构形式结合在一起，形成一个由适宜要素组成的、相互优势互补、匹配的有机体。价值链接是一个资源集成过程，其效应的发挥与扩散是一个分享过程。价值链接的延伸就是通过上下游的纵向一体化以价值流的时空转换完成集成与分享。作为价值链接典型形态的供应链管理是集成与分享在企业管理中的一种表现形式，是集成与分享的另一种典型语言表达。

在供应链管理中，企业之间相互协同、形成价值链接的结果，一是企业内部经营短板得到改善，提升企业整体的经营水平；二是通过价值链接实现企业整体效用最大化。企业的经营能力是由能力最弱的部分决定，供应链中各企业协同可以通过强势企业的知识流出解决弱势企业的能力不足问题；规模经济和范围经济在此又能使企业整体效用最大化，实现 $1+1>2$ 的效果。

供应链管理中的集成与分享

供应链管理抛弃传统的管理思想，把企业内部资源与业务以及节点企业之间的资源与各种业务看作一个整体，形成集成化的供应链管理体系。通过信息技术、制造技术和现代管理技术的集成与融合，将企业生产经营过程中人、技术、经营管理三要素有机地集成并优化运行。通过对生产经营过程的商流、物流、资金流以及管理过程的信息流和决策过程的决策流进行有效的控制和协调，将企业内部的供应链与企业外部的供应链有机地集成起来进行管理，实现系统整体动态最优目标，以适应在快速变化的市场竞争环境下对生产系统和管理过程提出的快速、高质量、高柔性和低成本的要求。利益共享理念与利益共享机制的协同作用是供应链参与主体利益共享的制度保障，集成与分享原理倡导从理念和制度层面保障各参与主体都能够获得共赢的均衡结果。

集成化供应链管理包括3个基本回路，第一个控制回路，作业回路，是由顾客需求—集成化计划—业务流程重组—面向对象过程控制组成的作业回路；第二个控制回路，由顾客化策略—信息共享—调整适应性—创造性团队组成的策略回路；第三个回路，是在作业回路的每个作业形成各自相应的作业性能评价与提高回路即性能评价回路。供应链管理围绕作业、策略和性能评价3个基本回路展开，形成相互协调的一个运行整体。供应链管理集中体现了集成与分享的管理思想和效果。

供应链管理的3个关键是愿景认同、合作与自我否定、摒弃零和博弈。供应链企业之间必须建立共同愿景，愿景是一个企业对未来的描述，也是一个企业供应链管理战略的根基。愿景是建立在关联企业共同的价值观念和规范准则之上，是共同性和特殊性的统一。愿景是各个企业共有核心价值观集体认同的结果，是基于不同企业现在发展情况对未来供应链整体的诉求和期盼。共同愿景以整个供应链的核心价值观的认定和实现为核心内容，伴之以归属感和依存感等情感。供应链愿景是在平等互利、共享共治的基础上，各个企业意识之间相互强化的结果。愿景是一种集体意识，它是个体企业对集体目标的认定和对实现目标所具有的信念和意识，以及对集体的情感和归属感。

愿景认同需要经历3个互相融合的阶段。第一要合理自觉地了解企业共同的利益；第二要能否定或者抗拒另一群体的利益；第三要准备用集体的手段达成本群体的利益，最终实现目标的升华和利益的固化。愿景的形成既是认同形成的必然结果，它也会通过认同而得到强化，最终体现为集成与分享的最高成果。供应链上各个企业的集体安全是达成合作的出发点。多边机制中的合作并不代表全盘接受，各个企业最终形成的集成方案意味着部分诉求被放弃，甚至被否定。变革首先要刨松自己的土壤，播下创新的种子。供应链的多边合作机制是有运行成本的，有付出才能有回报。利益相关方要有着眼大局的情怀和自我否定精神，为了更大范围的、更有价值的分享，敢于自我否定，接受最终方案的否定，释放更多的有利于大局的资源。

合作不仅意味着接受对方，还意味着开放自己。未来支撑企业发展的着力点是技术、数据和思维，企业要保证在公司范围内实现信息无障碍流动，开放数据库、案例库、制度库。企业要主动应用互联网、移动互联网、智能通信等先进技术手段，搭建知识共享平台，共享隐性知识和显性知识，共享评审过程、案例分析、经验和教训，实现知识"出和入"相统一，交流互动知识所得，答疑解惑，减少内部交流成本，提高工作和运营效率。供应链的多边机制原则优先，在原则之下，个体必须符合集体的规定，选取合适的行动，而不考虑在任何特定事件条件下各方特殊的利益，它不是通过个体间非你即我的争斗实现，而是通过平等性协商来达到自己的目的，它禁止排他性、歧视性、短期性，而倡导开放性、民主性、透明性、可持续性、非强制性和合作性，彻底摒弃零和博弈思维。

多边机制具有普遍的约束力，少数个体无法阻止组织原则，否则会最终失去组织资源这个最大的利益。多边机制的行动具有单向性，一旦行动在机制框架内开始执行，其成本和收益在空间和功能上就会具有确定的扩散范围，实现 $1+1>2$ 的效果，其停止运行就意味着供应链多边机制组织的消亡。

案例研究： 沈阳机床集团的供应链管理创新实践[①]

2011 年 12 月 28 日，在"2011 年度中国自主创新年会"上，沈阳机床集团与中国航天、中国南车、华为技术、海尔电器等行业领军企业同时获誉"中国十大创新型企业"。通过技术创新与供应链管理创新沈阳机床集团在国际科技与产业竞争大格局中，正由机床产业的全面"追赶者"向部分技术领域的"同行者"前行，并在某些关键领域向"领跑者"靠近，成为"中国智造"发展转型的标杆企业。

2011 年 12 月 30 日，继以 OEM（代工生产）方式成功剥离普通机床生产并已形成 30 亿元规模的代工生产普通机床制造产业群基础

---

① 沈阳机床：用颠覆性创新驱动巅峰式跨越. 2012 年 1 月 13 日. http：//roll. sohu. com/20120113/n332041367. shtml.

之上，沈阳机床集团于洪零部件基地正式亮相。这不仅标志着沈阳机床年产值64亿元的数控机床零部件产能也将向外转移，更标志着沈阳机床全面、彻底地启动了企业转型，向着高端、高效、高质产品生产和研发、服务、营销模式转变。2011年沈阳机床集团以180亿元经营规模跃居世界行业首位。沈阳机床"经营规模世界第一"这一具有历史性、节点性意义的成绩，是在异常严峻、严酷的国际国内行业形势下取得的，这枚"金牌"价值非凡。

自2002年开始，我国已经连续9年位居世界机床第一大消费国和第一大进口国，但是在高档机床工具产品领域却严重依赖进口，行业矛盾和压力日益严峻。沈阳机床集团从2002年世界排名第36位到2011年成功登上机床经营规模世界第一的宝座，沈阳机床的创新实现了"中国制造"向"中国智造"的成功升级；实现了生产、技术、研发到产品"全生命周期"营销模式的转变，实现了从单纯制造工厂向综合性世界一流跨国公司转变。沈阳机床正在由单纯制造商向综合解决方案供应商加速转变。

集成创新破解世界级技术难题

世界第一条投入商业运营上海磁悬浮列车线，为上海磁悬浮列车项目提供轨道梁加工生产线，沈阳机床（集团）有限责任公司在实现核心装备国产化方面做出突出贡献。

沈阳机床集团在实践中选择了多项新技术集成方案，如机床采用大截面滑枕式主轴系统，以提高设备精度；采取精密定心轴承支撑、光栅测量闭环控制等措施，实现回转轴高精度、小角度精确分度定位；采用直线导轨、精密齿轮齿条消隙传动、伺服链闭环控制，实现大型动立柱长距离移动的平滑控制和精确定位。由于充分利用了集成技术创新，沈阳机床集团用"小米加步枪"打赢了一场高科技"战争"，走出了一条有中国特色的企业技术创新之路。沈阳机床集团数控机床公司重新定义了"集成创新"的含义："机床的设计制造涉及许多核心技术，目前我们还没有全部掌握。但通过整机设计，有效集成各项核心技术，我们完全可以满足客户和市场的需求。这好比1、2、3……7个音符并不是我们发明的，但我们仍然可以谱写出美妙的乐章。"

创新驱动，在变革中推进革命

面对我国机床"大而不强"的事实，调整结构、加速转变早已迫在眉睫。破解忧困，沈阳机床的做法是立足产品技术创新，打造世界级产品，树立世界级品牌；大力、全面推进体制机制创新，彻底释放生产力，加快建设世界一流企业。高档机床工具产品严重依赖进口从国家发展战略角度是对国防和经济安全的威胁。沈阳机床集团认为改变中高档机床工具产品大量进口的现状，是机床行业义不容辞的责任使命。沈阳机床确立了"既大又强、世界第一"的战略目标，沿着"引进、消化、吸收、创新"的路径，实施集成创新战略，采取自主研发、联合研发、海外并购的形式，大力推进产品转型升级，构建完善的供应链体系，完善普通机床产业体系、开发生产数控机床特别是中高档数控机床，机床供应链能力建设取得了突破性进展。

沈阳机床认为，自主创新不是自我创新，必须建立开放的思维模式，具有全球视野，在全球范围内整合和集成技术与产业资源。2009年，沈阳机床全面建立起数控系统研发、产业、应用的三层体系；

2010年，沈阳机床以自主创新"低成本、国际化"水准的"新五类"产品结束了沈阳机床模仿别人为主的发展阶段，2011年沈阳机床再次推出集中体现"集成与优化、客户化与智能化"特色的25件世界级新品，全方位进军世界中高端机床领域。沈阳机床连续投入超过30亿元资金进行技术研发突破，在世界制造领域获得了高度认可。沈阳机床集团先后与德国博世集团、美国GE等多家世界顶级制造企业建立长期合作关系，沈阳机床又与世界500强企业德国舍弗勒集团正式签署战略合作协议，标志着沈阳机床从产品、技术到服务整体得到了国际高端客户认可，沈阳机床成功嵌入了世界顶级制造产业链条。沈阳机床集团已经形成了以企业为主体、开放式、国际化研发体系"三位一体"的格局，即以沈阳机床为依托筹建的"高档数控机床国家重点实验室"，由沈阳机床集团牵头包括8家企业、6家科研院所组建的"数控机床产业技术创新联盟"，推进机床产品结构的战略性大调整，形成独有、强大、稳定、综合性的市场竞争优势。

沈阳机床"飞阳"数控系统从实验室突破，到走出实验室，再到进入成熟的商业化批量生产，经过两年多的艰苦攻关和完善提高，数控系统软件与硬件通过严格测试，并进行数控车床应用集成测试，具备了大批量应用条件，这标志着中国机床产业将告别"空心化"，从根本上解决了自主创新的核心技术难题。

全球布局，一步跨入世界一流

沈阳机床在"做大做强、世界一流"的战略目标指导下，要实现经营规模世界首位，这仅仅是第一步。目前沈阳机床正积极构筑国际化的生产经营格局、全球化的营销服务体系，向打造世界一流机床制造基地发起冲刺。沈阳机床柏林设计中心已经开始建设，将负责设计开发世界水平的产品，3 年后完成企业全部系列产品的更新与换代；重塑法兰克福营销与服务中心，建立德国设计、沈阳制造、全球销售的新模式；把德国希斯基地建设成为高端重大型产品制造中心、新产品试造中心及高端精密功能部件制造中心，整合全球资源，打造世界一流的大型高端机床基地。最终，将围绕沈阳机床产业发展，形成一个专业化、规模化、国际化、社会化的完整配套体系，支撑沈阳机床做大规模、做强研发、做精集成、做透市场。沈阳机床在国内首家应用了现代信息技术建立的 Call center 系统，开通了 400 个客户服务热线，集中受理并快速响应客户需求；在国内率先建立了 4S 店模式，加紧打造与世界一流公司相匹配的服务体系。2014 年 5 月，为了打破企业传统生产制造模式，沈阳机床开始总部基地建设，将研发、投资、营销、培训及结算等为生产服务的业务从企业中剥离，集运营、研发、营销、培训、中试、金融等六大中心为一体的"基地"，将成为未来企业的"核心中枢"。

通过集成与分享，通过愿景认同、合作机制、摒弃零和博弈的集成与分享方法论，沈阳机床集团将研发、营销、生产、技术资源进行重新配置与管理，打造集成供应链，实现信息、资源的共享，从积累到突破，从优秀到卓越"创新"当仁不让成为沈阳机床成长的关键词。于未来而言，它也将是一个企业、一个地区，甚至一个国家的强大竞争力、长久生命力所在，这就是协同与利益分配的均衡状态。通过建立有效的利益均衡机制，选择合理的盈利方式和利润空间，实现供应链上利益主体之间的博弈平衡，使集成与分享能在利益均衡的框架下有序转换、循环发展，防止出现集成与分享的单向沉淀行为。

第七节　技术创新

技术创新管理体系就是企业通过组织管理，对技术平台、技术要素和重用技术模块（CBB）进行识别、规划、集成、研发和管理，以提高企业技术核心竞争力、减小市场与技术风险，达到产品快速、高质量、低成本上市的目的。技术创新过程就是一个典型的集成与分享管理过程。

深圳华为公司通过连续 10 多年保持营业收入 10% 以上的研发经费投入，增强了公司的技术实力和核心竞争力。现代科学技术迅速发展，企业的技术、产品的生命周期越来越短，更新速度越来越快，技术创新成为企业求生存谋发展的必然要求。面对激烈的市场竞争，谁能够在技术创新、新产品开发方面走在最前面，谁就能够首先占领新市场，并淘汰落后者而成为市场领先者。创新是企业核心竞争力的源泉，是企业发展的原动力，技术创新战略成为决定企业成败的关键因素，技术创新战略主要解决企业技术创新经济活动中带有方向性、全局性和长远性的问题，包括技术创新的基本原则、目标体系和核心技术规划等，宏观层面上主要解决 3 个基本问题，企业要研究开发何种技术，用什么方式进行研究开发，面向市场选择进攻型还是防守型的竞争态势。

开源创新就是依托互联网为创新平台，利用集成与分享原理以独立的个体为创新主体，以多元激励为推动力，以民主化开源社区为组织的开源创新模式。开源创新是对传统创新模式的颠覆。成功的开源创新模式必须在开放条件下实现参与者多元激励的良性互动，通过集成与分享过程，打破封闭式创新活动，使创新过程以及创新成果的开放性在多元化激励之间形成一种积极的正反馈机制，不同的激励彼此之间相互强化，使得所有参与者都可以从开发中获益，反过来进一步推动开源创新的发展。

战略联盟驱动的合作技术创新

熊彼特（Joseph Schumpeter）在《经济发展理论》一书第一次系统地提出技术创新理论，指出生产意味着把我们所能支配的原材料和力量组合起来，把经济发展定义为实现新组合，这种新组合包括 5 种情况：（1）采用一种消费者还不熟悉的新产品或者一种产品的新特性，（2）采用一种新的生产方法，（3）开辟一个新市场，（4）取得原材料或半制品的一种新供应来源，（5）实现任何一种工业的新组织。创新就是使生产要素和生产条件完成一种从未有过的新结合，并将其成功引入生产体系，从而建立起一种新的生产函数（the setting up of a new product in function）。由此，我们可以看出技术创新并不简单地只是某项单纯的技术或工艺发明，而是循环周转道路上不停运转的一种创新机制，不断地将技术发现和发明引入生产体系，并对原有生产体系产生震荡效应，这才是真正的创新。

要成功实现技术创新，面临着人才约束、资源约束、市场约束、时间约束等各种挑战，任何企业以单枪匹马的个体和单一学科领域的力量都无法拥有与竞争对手抗衡的全面技术力量，因此应用集成与分享的管理理念，处于价值形成各环节的个体，通过紧密合作，形成创新联盟，充分利用每一个个体的资源和能力优势，快速实现技术创新的技术成功和商业成功，并共享创新成果，基于战略联盟驱动的合作技术创新成为一种高效的创新模式。战略联盟就是两个或两个以上的企业或跨国公司通过相互合作、共担风险、共享利益的联合行为达到共同的战略目标。企业之间采取战略联盟的形式，由于每一个企业产品特点、所在行业性质、竞争激烈程度、企业目标和自身优劣势等因素的差异，呈现出多样性特征，包括诸如联合技术开发、合作生产与后勤供应、分销协议、合资经营等多种方式。战略联盟的具体方式包括研发协议、合资、特许经营、技术联盟、交叉许可证、OEM 协议、联合销售、相互持股等多种形式。战略联盟具有组织无边界、关系协调化、机动灵活、动作高效的网络组织基本特征，是适合互联网时代的一种合作机制模式。

战略联盟强调的是合作创新战略，通过集成与分享实现创新的效率，这是网络时代的主流创新模式。

技术创新战略的集成与分享

自 20 世纪 60 年代以来，技术创新的发展到目前已经经历了 5 种主流发展模式，分别被定义为第一代到第五代技术创新模式。

第一代技术创新的起点是知识与技术创新，即从科学研究发现科技成果开始，创新过程主要是靠技术进步推动，技术立企模式。创新过程依次经过基础研究、应用研究、实验开发、工程制造、营销、客户服务等顺序过程，最终用新技术成果所创造的产品满足了市场需要。在这种模式中，从技术发明环节到产品设计试制环节，强调企业家精神，企业家要求有特质，具有创新力、洞察力和统帅力（见图 5-17）。

第二代技术创新的起点是市场需求，即从被企业感受到的市场需

| 科学研究 | → | 技术发明 | 企业家精神→ | 设计与试制 | → | 生产制造 | → | 市场开发 | → | 市场营销 |

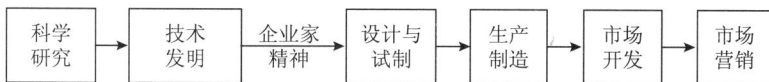

图 5－17　技术推动模式的创新过程

求为起点，创新过程主要依靠市场需求驱动，需求信息反馈到研究开发部门，研制出能满足消费者需要的产品，投入生产满足市场，需求立企模式。在这种模式中，从研究开发环节到投入生产制造环节强调企业家精神（见图 5－18）。

| 市场需求 | → | 设想 | → | 研究开发 | 企业家精神→ | 制造 | → | 市场 |

图 5－18　市场需求拉动模式的创新过程

　　第三代技术创新就是交互作用的创新模式，体现了技术与市场的集成特征，技术创新是技术和市场两个要素交互驱动的结果，技术推动和需求拉动在产品生命周期及创新过程的不同阶段有着不同的作用，科学、技术和市场的结合与集成是技术创新成功的保证。图 5－19 为双重作用模式的创新过程。

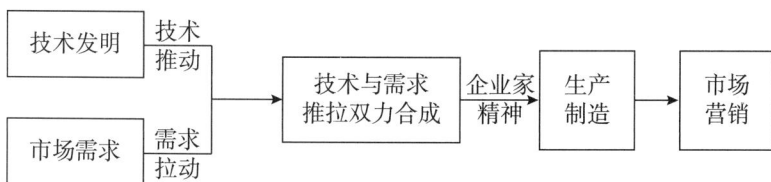

技术发明 —技术推动—、市场需求 —需求拉动— → 技术与需求推拉双力合成 企业家精神→ 生产制造 → 市场营销

图 5－19　双重作用模式的创新过程

　　第四代技术创新进一步引入了集成观和并行工程观，形成了"链环—回路"的创新模式。企业的技术创新过程是多路径、多回路、各环节并行的一个系统过程，各个联合开发组在开发中并行运

作。技术创新过程不再是一个从技术研究开始，经工业研究开发、工程建设和制造过程再到市场营销的顺序循序渐进的过程，而是一个体现集成与分享理念的并行过程。在这种模式中，研究开发（R&D）、原型研制、生产制造、产品销售只是一个逻辑上的技术创新系列，在实践中则要求这些要素并行发展，强调各职能序列间的耦合，强调与上游供应商及先行用户的联系与沟通，通过横向的合作、交流与共享，企业内外主体和资源交互作用，走向综合一体化运行。图5-20为链环—回路创新模式示意图。

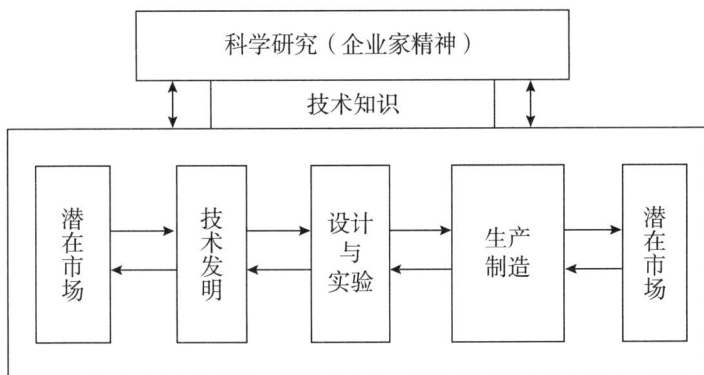

图5-20　链环—回路创新模式

第五代技术创新则提出了系统集成与网络创新模式（SIN），该模式充分利用专家系统和网络、计算机仿真模拟技术，实现系统内外的资源充分集成，实现企业内外部完全一体化并行开发。系统集成网络模型将企业的技术创新作为一个复杂的网络系统，企业与客户、供应商、研究机构以及大学或金融机构等建立密切的战略联盟，形成一个有机的整体。基于全球视野和战略思维，企业开放合作，在全球范围内实现创新资源的优化配置与高度集成，实现动态结盟、组织柔性化和全球协同创新。图5-21为集成与网络创新模式。

外部创新环境

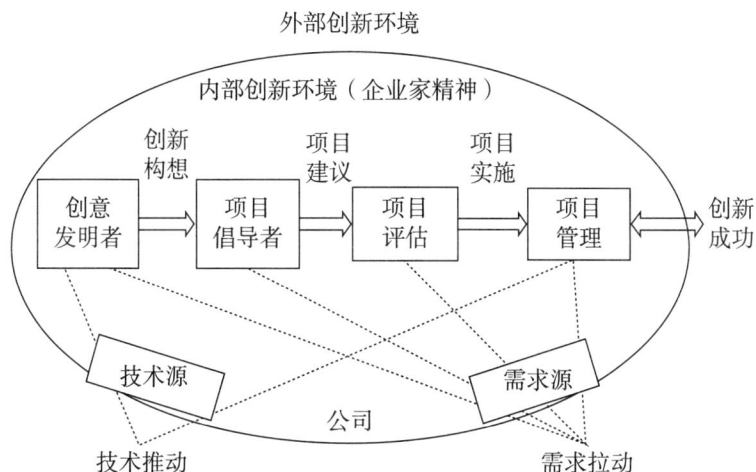

图 5 – 21　集成与网络创新模式

　　创新过程的基本哲学是通过企业家精神将技术能力和市场需要联结起来，实现技术能力与市场需求在创新过程中的匹配。企业家精神的实质是创新，就是对各种资源的集成与重新配置，通过分享创造和传递价值。随着技术的发展和竞争的加剧，企业产品创新的复杂度越来越高，管理集成的重要性也将越来越突出，技术创新模式将更加趋于技术创新过程各环节并行特征，创新资源的高度集成，行为主体的主动协同，技术资源、组织制度与组织文化创造性地整合集成。这种综合系统集成模式就是集成与分享理念的具体实践成果，是企业家精神的具体体现。

　　技术创新过程的成功依赖于集成与分享的弹性治理机制，特别是权变管理、包容与容错机制、自组织性发展机制。技术创新属于能动性因素，不仅属于集成与分享能够自主掌握的因素，而且创新的成败事关两个方面：一是创新的投入多、风险大、面临的不确定因素复杂，创新的失败意味着整个集成与分享全流程的失败；二是创新对既定因素的破局会起较大的作用。技术创新能引导既定因素进入良性循环，集成与分享全局皆活，否则，则全盘皆输。集成与分享的管理应在平衡投入和风险的前提下，在改良式创新和革新式创新之间做好平衡，集成与分享强调有效性就是指其结果要引入创新性的内容，契合新的权变环境的要求。综合考虑权变因素进行弹性管理，通过集成与分享的内循环机制完成制约因素的转化，成功地完成集成与分享。技术创新通过企业集成与分享的最终结果是改变，改变就意味着对原来的否定、批判；技术创新的过程是扬弃的过程，意味着有继承、有放弃、有保留、有调整。技术创新过程同集成与分享原理反映的实质包含鲜明的批判色彩和纠正机制，而不是无原则的平衡、中和。技术创新的改变和扬弃，在收入不确定性的情况下都意味着绝对的成本支出，所以技术创新必须建立容错机制，包括主体容错和客体容错两个方面。首先客体容错机制要预留容错的物质基础，而主体容错则要允许创新主体失败。

案例研究： 华为的技术创新策略[①]

华为公司从最初不起眼的小企业到如今的"中国最具创新力公司"，创新给了华为生命力。华为持续每年提取大于10%的销售收入用于技术研究开发，不断地把最优秀的人才派往市场与服务前线，通过技术领先获得机会窗口利润，又将利润用于研发，带动更多的技术突破和产品创新。回顾华为的发展历程，华为在风风雨雨中走过，但唯一不变的是不断创新的精神。从交换机开始，以研发带动了整个企

---

① 华为的技术创新思维．http://market.c114.net/220/a175746.html.

业的生命力。如果没有创新，要在高科技行业生存下去几乎是不可能的。

华为的发展得益于改革开放，得益于技术创新政策。华为公司从学习模仿开始，既竞争、又合作，竞争压力带来创新动力，合作使创新更加快速有效。华为公司树立了开放合作的理念，不仅向国内竞争对手学习，而且与朗讯、摩托罗拉、IBM、TI 等十几家公司开展合作，在未来芯片设计中结成合作伙伴关系，为构建未来为客户服务的解决方案共同努力。华为认为，作为一个企业，必须建立一个能够共同生存的商业生态圈，其中必须具备两个能够生存下去的要素：客户与货源。首先必须坚持以客户价值观为导向，持续不断地提高客户满意度。其次，企业必须解决货源的低成本、高增值。解决货源的关键，必须有强大的研发能力，能及时、有效地提供新产品。由于 IT 业的技术换代周期越来越短，IT 业每 49 天就刷新一次，技术进步慢的公司，其市场占有率会很快萎缩。

华为的技术创新战略不是全方位的追赶，而是紧紧围绕核心网络技术的进步，投注全部力量，紧紧抓住核心技术中关键的关键，形成自己的核心技术。同时在开放合作的基础上，整合全球技术资源，开展合作研发，建立和参加技术联盟，不断强化自己在核心领域的领先能力。为了提高研发效率，华为公司建立了从客户需求、产品设计到售后服务，一整套集成产品开发的流程及组织体系，加快了对市场的响应速度，缩短了产品开发时间，加强了产品质量控制体系。在硬件设计中，采用先进的设计及仿真工具，加强系统设计、芯片设计、硬件开发过程质量控制体系、测试体系的建设，并在技术共享、模块重用、器件替代等方面加大力度。

华为的创新是独特的，既坚持自主开发，又开展全球合作，集成全球资源与机构，为自己的核心技术领先服务。华为持续提升围绕客户需求进行创新的能力，长期坚持提取不少于销售收入 10% 的研发投入强度，并坚持将研发投入的 10% 用于技术预研，对新技术、新机会、新产业进行持续不断的跟踪与研究。华为已经成功地在 FMC、IMS、WiMAX、IPTV 等新技术和新领域推出了解决方案，主动应对未来网络融合和业务转型趋势，从核心业务与应用层、核心层、承载层、接入层到终端，提供全网端到端的系统解决方案，全面构筑面向未来网络融合的独特优势。为了整合与利用全球技术资源，华为在瑞典斯德哥尔摩、美国达拉斯及硅谷、印度班加罗尔、俄罗斯莫斯科，以及中国的深圳、上海、北京、南京、西安、杭州、成都和武汉等地设立了遍布全球、全国的研发机构，通过跨文化团队合作，实施全球异步研发战略。

华为自始至终以实现客户价值为经营管理理念，围绕客户价值进行不懈的技术创新与管理创新，提升华为公司的核心竞争力。以全球视野，集成各种资源和专利技术，形成自己独特的核心竞争力，充分体现了集成与分享的理念。在互联网时代，只有不断创新，持续提高企业核心竞争力，才能在技术日新月异、竞争日趋激烈的商业环境中生存下去。

华为全球战略的成功主要得益于坚持不懈的技术创新和本地化运营两个方面。作为一家全球化的公司，华为坚持在全球的比较优势下实现资源的最佳配置，结合各地的人才比较优势，做到全球共同创新。华为通过与当地优秀企业合作，进行产业分工合作，将华为全球价值链优势与本地的创新能力充分结合在一起，帮助本地创造发挥出全球优势。坚持在全球的运营中，遵守当地法律法规，合规运营，加强与当地政府、媒体等外部利益相关者的沟通和交流，展现华为是负责任的稳健经营者，是持续创新的信息社会的使能者，是坚持合作共赢的产业贡献者。华为在全球的发展带动了近万亿规模的产业链，间接增加了 200 万就业岗位，信息和通信技术（ICT）投入每增长 20% 就会带动当地国家 GDP 增长 1% 以上。华为充分整合全球的优质资源，打造全球价值链，使这个价值链上每一个节点所产生的价值都能够被全球的客户所分享。

华为的技术创新得益于在全球经营空间中寻求集成与分享原理中的效率与公平原则。2015 年以来，面对 ICT 行业蓬勃发展、4G 建设方兴未艾、5G 技术已经开始导入，云计算、大数据、物联网等技术创新加速，智能终端全面普及，华为公司继续坚持战略聚焦、简化管理，实现有效增长。在全球 31 家联合创新中心、16 家研发中心，广泛分布在瑞典、美国、加拿大、印度、俄罗斯、德国、法国、日本以及中国的北京、深圳、南京、上海等多个城市，结合各地的人才比较优势，做到全球共同创新。虽然市场经济可以为人们提供均等的发展机会和制度环境，但由于在资源禀赋和努力程度上的差异，人们不可能得到同等的发展，总会有一部分人对资源的占有量较多，一部分人较少。在这种情况下，只能通过分享机制，尽量地促进资源在数量、空间和结构上的均衡分布，使得这些资源被更多的人所使用，这体现了公平性，只有这样，全球化经营才有前提条件和现实基础。

华为的技术创新还得益于在企业内部建立"奋斗者为本"的自组织机制。华为注重自组织的发展，培养弹性治理的实施主体。企业的发展目标要设计出能够自我检讨并自我更新的社会系统和实施主体,而不是设计出更好的控制机制。企业应该效仿生物界,通过自发组织,追求共同目标,在混沌中寻找秩序,这样才能适应在不断变化环境下的自我调节。华为公司通过自组织的建立,存在于个人或小团队的隐性知识可以被自由共享并能转化为实际的创新理念,从而在更大范围和更高层面实现隐性知识的集成与分享,并由此引发新一轮的集成与分享行为。要让自组织成为弹性治理的有效主体,企业应寻求扁平化管理。通过扁平化管理,塑造弹性治理的组织环境,才能压缩管理层级,让自组织能够从企业获得足够多的资源和信息,通过扁平化管理让自组织的新知识以更快的速度、更便捷的渠道传播出去。华为公司允许团队自治,建立起利益共享、风险自担的机制。团队自治的核心是使自组织成为一个弹性治理的创新主体。创新主体的动力机制就是利益共享、约束机制就是风险自担,华为的员工持股制度实现了这一目标。通过动力机制和约束机制的双重约束,使自组织成为一个有边界约束的自生主体,成为企业弹性治理的细胞。华为建立的"奋斗者为本"的自组织评价系统和参数,赋予自组织发展的相关标准和参照系,做到有章可循、有法可依。华为在企业运行中给予自组织必要的社会和智力成本支持,并有意保持企业的多样性,既给予培养自组织的土壤,同时也保持自组织发展的基因突变可能性。

第八节 平台战略

集成与分享的实现需要平台,平台商业模式已经深入大众生活诸多领域,如社交网络、电子商务、包裹快递、信用卡、第三方支付、在线游戏、地产开发以及航空陆路交通枢纽，都在应用平台经济思想和平台经济模式。作为一家传统家电生产企业，海尔集团以创客理念建立平台商业模式，促进企业的转型发展。平台商业模式这一革命性趋势，正在不断改变现代人的生活，并在全球商业竞争中扮演重要角色，平台战略必将激发网络效应，成为互联网时代具有统治力和强大盈利能力的商业模式。

平台商业模式通过集成使价值创造最大化，通过分享体现公平，通过效率平衡集成与分享。商业平台的集成过程是指按照设定的目标将资源进行结构、功能、秩序等方面的聚合重组，产生新的资源形态的过程。集成与分享的普惠性体现在，集成的结果并不是独占的、排他的，分享使得资源的占有者和使用者增多，即更多的人能分享成果或者利润。集成与分享的客观效果在于其创造出的各种效应，包括时间效应、空间效应和价值效应，并通过乘数效应和再循环效应使集成与分享结果扩大。分享除了让更多的人享受成果或利润外，还会为每个参与分享的人带来价值，即"分享越多，得到越多"。这种新型分享促进了新的商品和服务的产生，它的价值分配也会在每个参与者身上体现。通过分享，平台上的每个人、每个环节都叠加了一份创造性，促生了创造性系统，实现了平台系统与个体的共同生长。互联网的精神理念是"开放、平等、分享和协作"，互联网给用户提供了一个开放、自由的分享平台，在这个平台上，人们可以更加高效、自由和快速地获取信息和资源。人们在分享经过集成的资源或信息后，可以进一步反馈自己的看法或者体验，分享者可以进一步改进，并获得优化后的信息或者资源，从而实现分享价值的最大化。

基于生态圈的平台商业模式

陈威如认为，平台商业模式是指，链接两个或两个以上的特定群体，为他们提供相互交流与互动的机制，在互动中满足所有相关群体的需求，并巧妙地从中盈利的一种商业模式。平台商业模式的精髓在于，打造一个完善的、成长潜能巨大的"生态圈"，而非仅仅提供简单的渠道或中介服务，关键是通过互动产生增值。平台通过提供完善的"交易规则"与"互动环境"，使平台上的不同群体相互吸引，且在壮大自己的同时，牵引着其他方一起成长。

平台商业模式的基本架构可以分为双边模式与三边模式两大类。双边模式的基本架构是，平台作为整个交易服务的中心，是一个可以包容多边市场的生态圈，边代表群体，双边群体通过平台联系在一起（见图5-22）。比如，淘宝网的"买家"与"卖家"，前程无忧的"招聘方"与"求职者"，都是典型的双边模式。

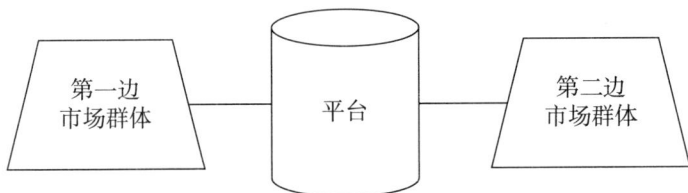

图5-22 双边模式平台基本架构

在双边模式壮大的过程中再增加一边群体，便产生一个以3个边为平台生态圈的核心单位，这3个群体以循环的方式彼此吸引，缺一不可，否则商业模式将无法成立。典型的三边模式就是内容产业平台，如媒体。报纸以时事为内容，吸引读者，再以读者吸引广告商；

电视台以节目吸引观众，再以观众的收视率吸引广告商，这样就形成了"内容—使用者—广告"三边模式打造而成的平台生态圈（见图5-23）。

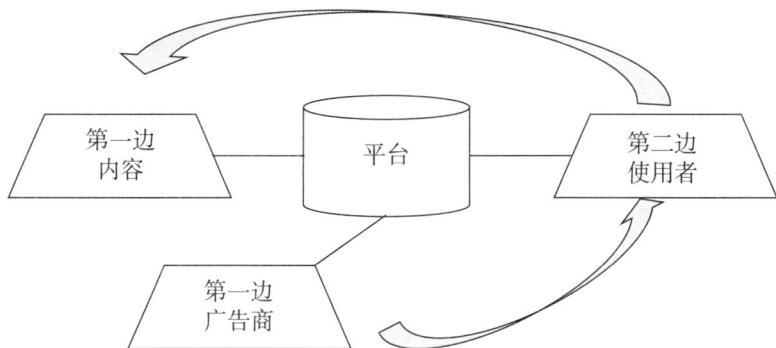

图5-23 内容产业的平台三边模式基本架构

平台商业模式的核心就是建立足以激发同边网络效应与跨边网络效应的功能机制，增强平台上用户使用的意愿与满足感，进而推动盈利。利用这个平台，企业可以用最低的成本来捕捉消费需求和市场动向，继而开发出有潜力的产品或服务；消费者也能通过平台，找到适合自己的产品或服务。

平台商业模式中的集成与分享

平台商业模式具有颠覆以往商业模式的能力，推翻产业架构，改变社会行为，释放革命性创新威力。平台商业模式的精髓就是打造一个完善的且具有强大成长潜能的"生态圈"，通过集成与分享模式有效激励多方群体之间的互动，提供完善的"交易规则"与"互动环境"，在一方壮大的同时，牵引着其他方一起成长。

哈耶特在《平台》中指出了构建和培育平台的三大好处：平台

提供知名度；平台提供放大效应；平台提供链接，通过链接实现集成与分享。网络经济时代用户至上的思想强调用户在创新活动中的参与和互动。创新需要与用户密切联系，需要用户参与并相互交流。平台通过集成与分享模式，将企业的产品开发环境与市场用户信息相互匹配、集中、分享。

在集成与分享的理念下，平台企业通过集成，将众多分散的信息聚集到平台，实现信息集聚效应；或者将实体集聚，使产业链上下游关联方汇集到一起，形成集群，实现共赢发展格局。总之，通过资源和信息的聚集，平台企业不断延伸和扩张产业链，通过不断的集成与分享过程，带动周边产业，产生商业流、信息流、物流、人流和现金流的大进大出，并形成辐射效应，促进相关产业发展，提升产业竞争力，增强实体经济的活力。平台型企业将在不断扩张中变革和重塑现代经济的微观基础。

第一，平台型企业强大的核心资源集成与整合能力是建立长期竞争优势的源泉。平台型企业必须具有核心资源整合构建能力，并让其他竞争者在短期内很难达到或者无法复制，这是平台型企业立身之本。谷歌拥有全球领先的搜索技术和最大的信息库，并不断创新保持全球搜索的领先优势，这是谷歌公司成功的核心资源能力；脸谱网的成功源于打造了全球用户数最多的社交网站以及在数据收集和分析方面的核心优势；百度的成功源于拥有中文搜索技术的绝对领先优势和全球最大的中文信息资源库；腾讯的成功源于打造了QQ核心应用，并不断强化用户黏性和忠诚度，积累庞大的用户群；淘宝的成功源于拥有支付宝电子支付的核心能力，这一能力是决定电子商务效率和对用户吸引力的重要因素。

第二，创新的盈利模式决定了平台型企业的生命力。能够建立平台吸引客户只是第一步，平台型企业必须找到有效的盈利模式将自身具备的核心资源能力转变成企业的营业收入和利润，找到这个盈利路径比建立平台更为重要。苹果、谷歌、脸谱、腾讯、淘宝等平台型企业，尽管在业务领域和功能上存在较大差异，但都有着各自独特的盈利模式。苹果应用商店的盈利模式是"应用内收费＋内置广告"；谷歌是典型的广告盈利模式，广告业务收入占总营业收入的95％以上；脸谱采用的是"广告＋互联网增值服务＋应用分成"的盈利模式；腾讯实行"广告＋增值服务"的盈利模式；淘宝的盈利主要来自广告、增值服务收入以及支付宝账户沉淀资金收入；百度的盈利模式是其首创的竞价排名，为百度平台带来90％以上营业收入。创新的盈利模式带给平台丰厚回报，将众多企业打造成最具价值的信息服务企业，为平台型企业发展壮大奠定了坚实的基础。

第三，高效的服务是平台有效运营的关键。平台必须保持吸引力、强化凝聚力，必须高度重视服务战略、策略和具体技术，采取各种措施强化平台的服务支持，推动平台不断成长，提高平台服务能力，增强平台吸引力。没有相关的必要服务支持，平台将陷入低水平的无序发展状态，脱离良性循环发展的轨道。这些必要的服务支持包括审核、评价、监督管理、网络安全等。苹果应用商店和脸谱网制定了科学严谨的评价体系，对应用的质量进行准确评估，重视应用软件质量，对进入平台的第三方应用质量严格把关，制定清晰且易于遵守的标准，创建"应用详情"网页并作为应用登录平台的要求。百度、腾讯分别对其开发的应用平台或即时通信软件上的应用质量严格把关，只有成熟、口碑好的应用才能进入平台。用户是平台的重要参与者，平台价值实现的基础和保障就是拥有一批海量用户群体。在平台创立初期，以免费为手段吸引大量用户加入是平台发展的关键。腾讯、百度和阿里巴巴通过免费的平台为用户提供服务，吸引了足够多的人气和流量之后，再逐步推出盈利业务。百度、谷歌等互联网搜索服务提供商在免费提供用户搜索服务的同时，让用户潜移默化地成为广告的接受者，从而创造了广告盈利模式。随着平台的发展，持续地将以用户为中心的理念贯彻到产品设计和服务提供中，致力于提供良好的用户体验，培育用户的黏性和忠诚度，留住用户，成为平台长期发展的要素。谷歌公司坚持"卖广告不卖搜索结果"的基本原则，对搜索结果采取自然排序，不进行人工干预，力求客观公正，为用户提供可靠高效的搜索体验；苹果提供独有的 iTunes 管理软件，提高 iOS 设备用户从应用商店搜索和下载应用程序的效率。脸谱网、腾讯等沟通平台更是将用户需求作为价值创造的核心，通过不断丰富产品线，满足用户变化的需求。

集成整合能力成为平台企业构建开放共赢生态系统的重要力量。平台企业要积极开展价值链合作，吸引众多的第三方合作者为平台提供应用，强化平台的服务功能。只要能够吸引顾客和众多合作者，合作伙伴或第三方开发者就有充足的力量为平台提供创新应用，满足用户多样化的应用程序需求，围绕平台发挥各自优势，并各取所需、互利共赢，形成良性循环的生态体系。平台商业模式完整地诠释了集成与分享的管理内涵。

平台的目标仍然是创新协同与价值链接。平台模式通过对资源进行合理与科学的配置建立价值链接，通过降低协同代价实现组织的共同目标。无论是组织内部的集成与分享，还是组织与组织之间的集成与分享，协同都是成本最低的方法。组织内部人员在资源、知识和观点上的集成与分享，都能通过协同机制最快、最高效地完成；组织与组织之间在资源交易、技术传递和资金流转的过程中，协同也是成本最低的交易和转移形式。

平台商业模式通过制度实现集成与分享的约束。平台商业模式关系到平台双方或者三方以及平台自身的利益，集成与分享的制度体系就是基于群体利益形成的，因此无论是集成还是分享，制度规范限制了一定条件下平台选择的灵活性，当这种灵活性需要调整时，就需要做出制度的转换，把平台的利益导向一个具象的行动集。制度只有在针对不确定性做出持续的应对反应时才有意义，制度结构的改变使激励结构变化成为必然，使企业的绩效发生趋势变化。为了实现制度转换，首先要搭建合理的架构，在集成与分享的原则下，形成制衡、约束、激励的联动体系。其次，制度要不断地进行动态梳理，使之完善，保持与平台商业模式的最佳适应性。制度的转换促进平台商业模式调整合作行为，改变合作行为的收益和效率，如契约的执行度、激发创新愿望、获取知识的能动性。制度是集成与分享的约束力所在，是平台商业模式的根基所在。

案例研究： 海尔集团的网络战略转型[①]

中国海尔集团经过 30 年的努力，已经发展成为拥有 7 万名员工的全球化集团公司。2013 年，海尔集团全球营业额达 1 803 亿元，利

---

① 海尔的新征程：网络化转型 拥抱互联网时代．2013 年 9 月 27 日．http：//news. xinhuanet. com/tech/2013 –09/27/c_ 125456219. htm.

润总额达 108 亿元。据消费市场权威调查机构欧睿国际（Euromonitor）的数据，2013 年海尔品牌全球零售量份额为 9.7%，连续五年蝉联全球白色家电第一品牌。海尔致力于成为全球消费者喜爱的本土品牌，多年来一直践行本土化研发、制造和营销的海外市场战略并取得了很好的成绩。目前，海尔在全球有 24 个工业园，5 个研发中心、66 个贸易公司，全球用户遍布 100 多个国家和地区。

互联网时代的到来颠覆了传统经济的发展模式，为企业带来新的挑战和机遇。在董事局主席兼 CEO 张瑞敏的领导下，2013 年海尔进入网络化战略阶段（见图 5 - 24）。

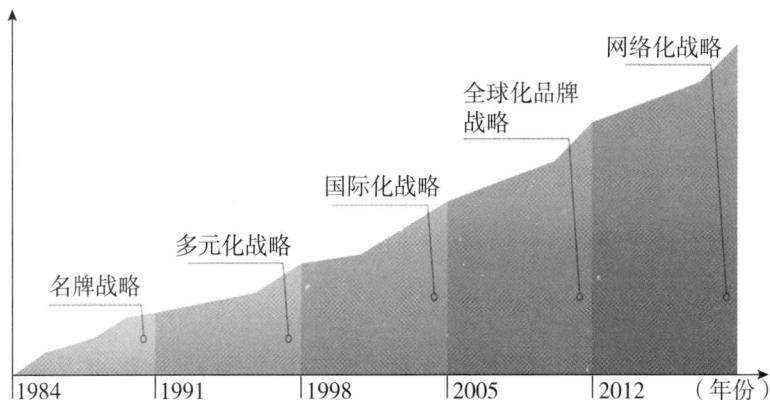

图 5 - 24　中国海尔集团的战略发展历程

面对网络时代的挑战，中国海尔集团提出了向平台商业模式转型的探索，并从全球化品牌战略转向网络化战略。海尔认为，在网络经济时代，企业发展的原动力并不是规模和范围，而是平台，海尔探索的互联网时代创造顾客的商业模式就是"人单合一双赢"模式。海尔集团将平台定义为快速汇集资源的生态圈，用最快的速度把各种资源汇集到一起满足用户互联网时代的个性化需求。互联网时代，营销碎片化，企业传统的"生产—库存—销售"运营模式已经不能满足用户个性化的需求，必须从"以企业为中心卖产品"的运营理念转变为"以用户为中心卖服务"的运营理念，即用户驱动的"即需即供"模式。海尔集团认为，互联网带来全球经济一体化，并从2008年开始实施国际化战略，2012年开始实施全球化品牌战略。国际化和全球化之间是逻辑递进关系。"国际化"是以企业自身的资源去创造国际品牌，而"全球化"是将全球的资源为我所用，创造本土化主流品牌，两者有本质的不同，全球化品牌战略的核心是海尔集团整合全球的研发、制造、营销资源，创全球化品牌。网络化战略的基础和运行则体现在网络化上，市场和企业更多地呈现出网络化特征。在海尔看来，网络化企业发展战略的实施路径主要体现在3个方面：企业无边界、管理无领导、供应链无尺度。

海尔坚持网络化的发展战略，开拓创新，通过建立人单合一双赢的自主经营体模式，对内，打造节点闭环的动态网状组织，对外，构筑开放的平台，成为全球白色家电行业领先者和规则制定者，全流程用户体验驱动的虚实网融合领先者，创造了互联网时代的世界级品牌。通过构筑开放的运营平台，海尔最大程度、最大范围地集成各类资源，最大程度、最大范围地实现资源共享，以最快的速度满足用户的个性化需求。海尔以破坏性创新推进智慧化家电，致力于成为全球家电的引领者。以全球五大研发中心为资源接口，与全球一流供应商、研究机构、著名大学建立战略合作，形成了由上百万名科学家和工程师组成的创新生态圈。以交互平台和配送平台推进平台型商业生态网，通过打造营销网、虚网、物流网和服务网四网融合的竞争力，海尔正在为用户提供"24小时按约送达、送装一体"的最佳体验。

海尔平台商业模式在战略、组织上的探索完美地诠释了集成与分享的理念。海尔通过人单合一双赢模式使组织充满激情与创造力,让员工在为用户创造价值的同时实现自身的价值。其组织架构从"正三角"颠覆为"倒三角",并进一步扁平化为以自主经营体为基本创新单元的动态网状组织,组织中的每个节点受用户驱动而非领导驱动,通过开放地连接外部资源来满足用户需求(见图 5 – 25)。在这一模式的指导下,海尔集团战略推进的主题颠覆为"企业平台化、员工创客化、用户个性化":企业平台化对应企业的互联网思维,即企业无边界;员工创客化对应员工的价值体现,员工成为自主创业的创新者;用户个性化对应企业的互联网宗旨,即创造用户全流程最佳体验。集成与分享管理模式是网络时代平台商业模式的管理核心。

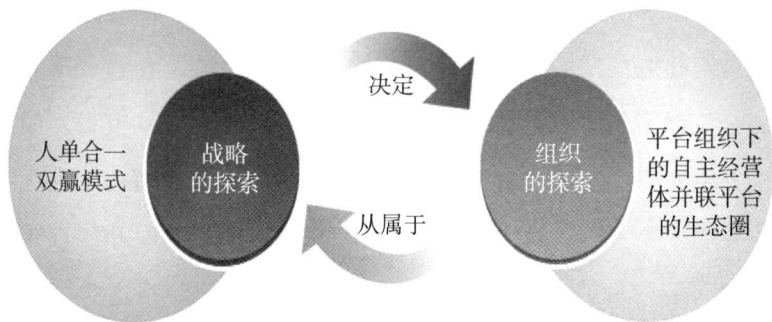

图 5 –25　海尔集团的平台商业模式创新

海尔集团张瑞敏不断强调企业即人,海尔之道即创新之道,就是要打造产生一流人才的机制和平台,通过集成与分享资源,持续不断地为客户创造价值,进而形成人单合一的双赢文化。海尔以"没有成功的企业，只有时代的企业"为主流观念，致力于打造基业长青的百年企业，海尔集团的转型方向就是实现"企业平台化、员工创客化、用户个性化"，实施适合互联网时代的平台战略。

海尔集团的网络战略，就是要使整个集团成为商业平台，通过集成与分享模式实现管理变革，员工成为创客，实现独立创业，客户通过参与实现个性化需求的满足，整合体系成为一个命运共同体。

案例研究：重庆猪八戒网的数据海洋与钻井平台商业模式[①]

2006 年，朱明跃用 500 元注册成立猪八戒网站，一个服务的交易平台。截至 2015 年年底，经过 8 年的发展，作为平台一边的卖家已经聚合了 1 000 万左右拥有各种专业技能的服务商，这里面绝大部分是个人，也有一小部分是机构。随着平台的发展，越来越多的个人服务商通过这个平台获得了稳定的生意和收入，逐渐从个人发展为一个团队，并且随着互联网的渗透力和影响力越来越大，卖家这个群体的人数还在不断壮大。作为交易平台另一边的买家已经聚合了 300 万之众，其中主要是一些中小微企业。8 年积累的数据库和客户库，是非常重要的一个资源。猪八戒作为一个交易平台，就是负责把有需求的中小微企业和有专业技能的卖家连接起来。平台的第一道属性就是连接属性，怎样能把双方很好地连接匹配起来，是一个平台的本分。平台的连接属性决定了它的商业模式相对比较简单，既然能够建立起

---

① 猪八戒网的平台商业模式实践 . 2015 年 4 月 16 日 . http：//blog. sina. com. cn/s/blog_ 14738459f0102vnlw. html.

一个双边交易的连接，我们就可以从交易当中获取佣金。同时，有很多的卖家希望在这个连接当中获得更多的展示机会和更多的客户，他们可能还需要通过支付广告费或者会员费的方式来达到这个目的。因此，项目成交佣金、会员费和广告费就为猪八戒网这个交易平台提供了最主要的盈利模式。

对于猪八戒网这样一个针对服务项目的交易平台来说，连接买卖双方的确能够创造价值，并在这个基础上获得佣金、会员费和广告费，但是平台价值创造没有止步于此。猪八戒网的创始人朱明跃研究后认为，猪八戒网更重要的价值应该在于通过 8 年发展积累的海量中小微企业用户、数以千万计有专业技能的服务商和庞大的原创作品库，这些才是猪八戒网最重要的资源。能否利用交易平台沉淀下来的这些资源，为平台和用户双方创造更多的价值呢？经过一系列的探索和研究之后，猪八戒网于 2014 年成立了一个商标注册服务团队，为这个平台海量的中小微企业提供商标注册服务，结果仅仅用了半年的时间，就成为国家商标总局平均单日注册量最高的公司，在知识产权和商标注册领域，猪八戒网的业务目标要比经营了 20 年左右的传统商标注册公司大 20 倍以上。获得该成绩的核心就在于猪八戒网集成了平台这么多年所积聚的海量中小微企业这个重要资源。更进一步讲，一家企业在平台上做完标志设计以后，还需要继续为它创造什么价值？沿着从商标设计到知识产权服务再到商标注册服务这一条产业链的延伸方向，猪八戒网考虑到企业可能还需要印刷服务、制造服务或者这条产业链上的其他服务。于是，猪八戒网逐一把其他要素整合进来，彻底把这个链条上的各个产业连接起来，形成了"数据海洋与钻井平台"的商业模式。

　　这个商业模式集中体现了集成与分享原理的应用价值。猪八戒网通过原始的服务项目交易，获得了海量的用户数据和作品数据。随着交易规模越来越大，数据海洋变得更大。在这个数据海洋上，公司陆续开通一个又一个的钻井平台挖掘和创造价值。数据海洋与钻井平台这种商业模式，仅强调平台作为一个双边市场的连接，强调连接属性从而获得佣金、会员费和广告费，是对平台价值的一种严重低估。在平台所体现的价值里，连接买卖双方只是最基础的，而平台上积累的海量数据和用户流量才是它最大的价值，接下来最重要的事情是怎样把这个数据海洋进一步扩大，通过降低佣金、会员费、广告费的方式使服务交易规模变得越来越大，这个数据海洋将会变得越来越广阔，在这个海洋里，开通钻井平台，每开通一个钻出来的可能都是石油或者黄金。

　　交易平台的两大属性，一个是连接，另一个就是数据资源。交易平台提供这些基础设施的能力和积累的数据资源才是最大的价值。价值的挖掘，必须通过集成与分享的理念来实现，为了实现客户价值最大化，把能使企业运行的内外各要素整合起来，形成一个完整的、高效率的、具有独特核心竞争力的运行系统，并通过最优实现形式满足客户需求、实现客户价值，同时使系统达成持续盈利的整体解决方案。自2015年以来，猪八戒陆续成立了八戒知识产权、八戒金融、八戒工程等，这些钻井平台给猪八戒网带来了巨额的收入。仅一年时间，八戒知识产权就成为中国最大的商标注册代理公司，现在每个工作日在国家商标总局的代理量超过1 000件，是传统商标行业的20倍，而仅从这口井里冒出来的营业收入，远远超过了猪八戒网过去的佣金收入。2015年，猪八戒网获得了超过2.5亿的营业收入，2016

年仅仅知识产权这口井，猪八戒网对外的预算报告是 7.8 亿。

2015 年猪八戒网获得 26 亿融资，估值超百亿。10 年时间，从 500 元到上百亿，猪八戒网利用集成与分享原理，通过海量数据为用户提供延伸服务，其所实践的"数据海洋＋钻井平台"的商业模式是关键。

平台商业模式成功的关键是要实现公平与效率的。效率最优是资源配置最为有效的一种理想状态。集成与分享的一个重要目标是提高系统效率，并不以追求效率为唯一目的。在实现整合增效的同时，集成可以兼顾各方面的要求和利益诉求。分享强调的是共同构建价值，能更好地兼顾效率与公平之间的关系，契合了社会主义市场经济所要求的社会公平与普惠式的发展关系，与实现可持续发展的基本要求相一致：经济与社会系统并不以追求最优效率为唯一目标，而是要在效率、公平、环境保护、资源可持续等方面做出选择和平衡。

第九节　风险控制

广东合俊玩具公司的破产说明了风险控制的必要性和紧迫性，而要实现高效的风险管控，必须要对企业风险信息进行集成与分享，风险信息的透明和有序传播，是风险管理的核心。企业经营过程中风险无处不在，必须对风险保持清醒的认识，建立与企业风险状况相适应的内部控制体系，从而远离危机，稳步发展，摆脱失败的命运。企业风险管理是企业为了确保未来战略目标实现的可靠性，试图利用各种资源、手段和工具将企业经营发展过程中面临的各类不确定因素产生的结果控制在预期可接受范围内，使所有的经营风险可控，确保和促进组织的整体利益实现。

风险来源于不确定性，投资风险来源于投资价值的波动。信息的缺乏与不足是不确定性产生的原因。因此，信息的集成与分享是风险管理的关键环节。在一个信息有效的市场，投资工具的价格能够反映所有可获得的信息。

COSO 的风险管理框架

企业风险管理（ERM）框架是美国反虚假财务报告委员会下属的发起人委员会（COSO）在内部控制框架的基础上，于 2004 年 9 月提出的企业风险管理的整合概念。全面风险管理被定义为："企业风险管理是一个过程，它由一个主体的董事会、管理当局和其他人员实施，应用于战略制订并贯穿企业，旨在识别可能会影响主体的潜在事项，管理风险以使其在该主体的风险容量之内，并为主体目标的实现提供合理保证。"根据这个定义，企业风险管理是一个持续在企业运行的过程，贯穿企业，在各个层级和单元应用，由组织中各个层级的人员负责实施，旨在识别一旦发生将会影响企业主体的潜在风险事项，并把风险控制在风险容量之内，向企业的管理当局和董事会提供合理保证，风险管理力求实现一个或多个不同类型但相互交叉的目标。风险管理目标具有集成性特征。

风险管理模型中的集成与分享

COSO 于 2004 年 9 月发布了《企业风险整合框架》，系统地为现代企业包括董事会、管理层、执行部门和其他员工在内的管理当局提供了一个以内部控制为基础的具有指导意义的风险思维框架和管理逻辑框架，这两个框架可以运用于企业战略管理、运营管理多个层面，在组织的各层次、流程的各环节实施风险管理过程，识别风险水平，建立关键控制点，为企业实现战略目标、经营目标、报告目标、合规目标四大目标提供了有效的保证。该风险管理框架把风险管理体系分为目标体系、要素体系、管理范围3个维度，整个风险管理框架就是一个目标体系、要素体系、管理范围的集成与统一，体现了集成与分享的管理理念。朱小黄从中国建设银行的风险管理体系实践中总结出，风险管控能力建设主要包括体制机制改革、工具技术创新和风险管理文化重塑3个抓手。

COSO 的全面风险管理一般被称为风险管理的八要素模型，即为了实现风险管理的目标，主要从8个要素出发，完成风险管理流程的循环过程。

企业风险管理目标是一个多目标集成的目标体系。企业风险管理框架力求实现企业4种类型目标的集成与统一。第一个是战略目标，企业的风险管理必须能够保证企业战略目标的实现，不能偏离公司的战略方向，企业的战略目标是与企业使命相关联并支撑其使命的高层次目标，促进企业实现战略。第二个是经营目标，企业风险管理必须能够保证公司年度经营计划和全面预算的完成，保证企业资产安全，经营活动追求效率和效果，保证高效率地利用其资源，实现利润目标。第三个是报告目标，风险管理和企业内控体系必须保证企业财富报告的可靠性，保证财务报告及相关信息的真实性。第四个是合规目标，在企业生产经营过程中，遵守法律法规和制度要求是必要的基础，企业的一切经营管理活动要符合适用的法律和法规。风险管理目标体系就是对各类目标诉求的集成，通过这种集成使企业风险管理能够合理地保证管理当局和起监督作用的董事会及时了解企业朝着实现目标前进的程度，能够满足企业所有者、监管者、企业员工及其他利益相关者的基本要求。

企业风险管理的基本框架也被称为八要素体系，即对风险管理框架 8 个管理要素的集成与整合（见图 5 – 26）。

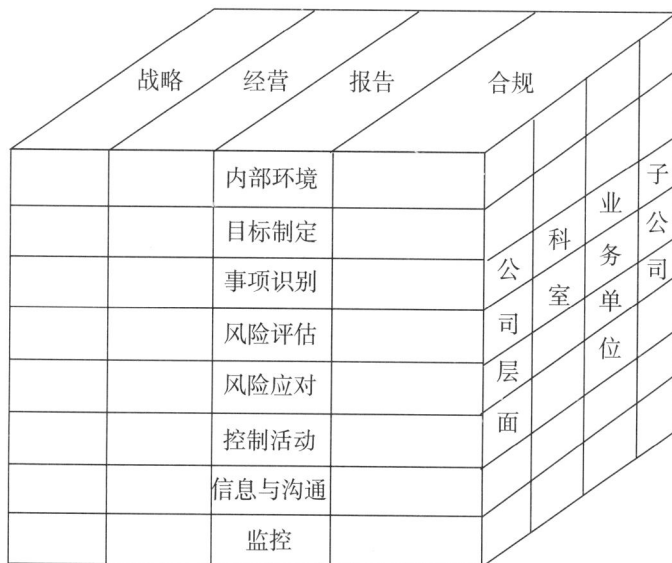

图 5 – 26　COSO 的全面风险管理模型

内部环境

内部环境是企业风险管理所有要素的基础，提供风险管理的基本政策和程序。内部环境定义了企业的经营环境和组织基调，为企业人员如何认识和对待风险设定了基础。内部环境包括风险管理理念和风险容量、风险偏好、董事会、诚信和道德价值观、能力承诺、组织结构、权利和责任的分配以及人力资源政策等基本要素。董事会有责任为提供合适的风险管理基础而营造合适的内部环境。

目标设定

董事会确定企业的长远发展目标后，管理层负责分解和落实并据此配置企业资源，保证目标的实现。董事会在确立目标时，必须考虑企业的风险偏好和风险策略，董事会更多地关注在战略目标制定过程中和检验评估管理层对经营目标达成过程中可能存在的风险。管理层则主要关注在经营目标实现过程中的风险因素。企业必须先有目标体系，包括战略、经营、报告和合规四大目标，管理当局才能识别影响目标实现的潜在事项，并确保管理当局采取适当的程序去设定目标，确保所选定的目标支持和契合该企业的使命与愿景，并且与它所能承受的风险容量相符。

事项识别

事项识别就是管理层对影响企业成功实施战略、达成目标的所有潜在事项进行分析和判断。不论是有正面影响的机遇事件，还是有负面影响的风险事件，都要进行识别，区分风险和机会，并将机会与风险反馈到管理当局后续的风险管理流程。影响目标实现的内部事件包括采购、生产、销售、会计、人力资源等，外部事件包括国家政策、法律法规、自然灾害、战争、恐怖事件等，事项识别是一个企业需要全员参加的工作任务。

风险评估

企业管理当局通过考虑风险的可能性和影响对其加以分析，评估内部或外部潜在事项发生风险的可能性，以及对达成企业战略目标、经营目标的影响，并以此作为决定如何进行管理的依据。风险评估应立足于固有风险和剩余风险，对于发生可能性很高并且潜在影响很大的风险需要投入精力予以关注。

风险应对

风险对策是管理当局为了把风险控制在企业的风险承受力和容忍度之内而采取的包括规避、减轻、分担、接受风险等在内的一系列行动计划与管理策略。管理当局选择风险应对措施必须用全局观或风险组合观来考虑风险，制定的风险管理对策应符合风险容忍度和成本效益原则。因为资源的有限性、未来的内在不确定性以及所有活动的固有限制，一定水平的剩余风险总是存在的，要把剩余风险控制在风险容量之内。

控制活动

企业管理当局制定和执行政策与程序以确保风险应对措施得到有效实施，控制活动通常包括预防控制、检查控制、计算机控制以及管理层控制，控制活动贯穿企业的所有层级和所有活动，包括批准、授权、审核、调整、经营业绩评价、资产安全以及职责分离等。控制活动依据流程管理必须被执行。

信息与沟通

企业所有层面都需要信息来评估风险，管理当局需要建立一个信息系统来确认、捕捉、处理、分析和报告相关信息，并将相关信息恰当地提供给职工以确保他们能够履行职责。信息是沟通的基础，高级管理层与董事会之间的沟通对于风险管理来说极为重要。

监控

企业风险是动态变化的，风险管理会随着时间的不同而有所改变，因此要对企业风险管理进行全面监控，必要时加以修正。监控可以通过持续的管理活动、单独评价、缺陷报告三者结合完成。

企业风险管理的各个要素通过企业风险管理流程实现了集成与共享，建立了各类信息的集成与分享。风险管理的基本流程包括风险识别、风险估测、风险评价、风险控制和风险管理效果评价等环节（见图 5 - 27）。企业风险管理的每一个参与主体都为其利益相关者提供价值，所有参与主体都面临不确定性，管理当局所面临的挑战就是在为增加利益相关者价值的同时，要确定承受多大的不确定性。当管理当局通过制定战略和目标，力求实现增长和报酬目标以及相关的风险之间的最优平衡，并且在追求所有主体的目标的过程中高效率和有效地调配资源时，价值得以最大化。

风险管理流程贯穿企业组织的各个层面，从董事会高层领导者到业务一线操作者，每一名成员都是风险管理的主体，也是风险管理的对象，风险管理体系集成了整个组织的资源和要素，并通过信息与沟通构建一个体系化的风险管理体系。有效地对各种风险进行管理，有

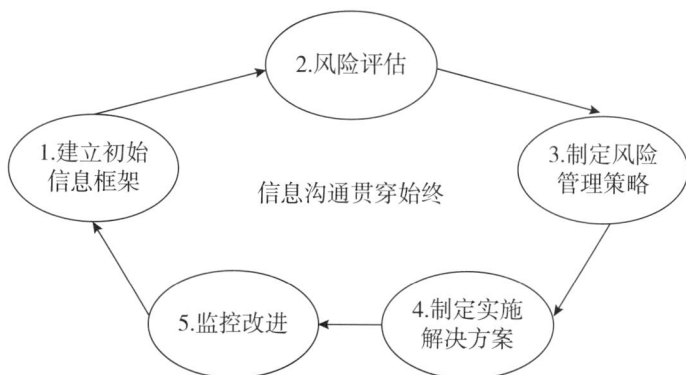

图 5 - 27　风险管理过程的信息集成环节

利于企业做出正确的决策，有利于保护企业资产的安全和完整，有利于实现企业的经营活动目标，避免企业资产流失、竞争失败、经营中断、法律诉讼、商业欺诈、商业损失和决策失误等具有破坏力的负面结果出现。

风险管理基本流程实现了企业风险管理体系各要素的集成与分享。2006 年，中国国务院国资委发布的《中央企业全面风险管理指引》明确提出了从风险管理信息收集到风险管理监控改进的闭环流程。风险管理体系作为企业风险管理的静态"硬件基础设施"，与作为企业风险管理动态"软件操作系统"的风险管理基本流程结合与集成，推动企业风险管理工作顺利开展。

在风险管理体系的运营实践中，集成与分享原理的决策制衡机制和信息与沟通对于风险的识别和风险防范非常关键。决策制衡是均衡的顶层调节机制，通过决策的制衡来保证资源的平均分配，实现均衡的动态调整。制衡制度是一种权力的制约和平衡制度；制衡的根本目的是实现最优配置过程，制衡并不能保证结果的平衡；制衡的结果因为禀赋的不同而不同。制衡机制由内部制衡机制和外部制衡机制共同构成，内部制衡机制主要包括员工间的制衡机制和部门间的制衡机制。企业员工间的制衡机制是指通过组织成员之间的合作与制衡来实现所有组织成员间的权利与义务的平衡，以防止企业员工利用信息不对称和监管末梢所带来的"现官不如现管"的信息优势来损害其他员工和企业的利益；而部门间的制衡机制则是指通过不同部门的流程安排和有效运行来实现信息不对称条件下所有者与经营者权利与义务的平衡。外部制衡机制主要包括市场制衡机制、法规强制性制约机制和社会文化制衡机制。在企业里，这种制衡的目的是既要确保经营者有职有权，又要确保股东及其他利益相关者利益最大化，并防止出现股东过度干预和经营者内部人控制问题。决策制衡机制主要是指组织内部的制衡机制，即对利益主体中的成员和管理层予以制衡，关键在于实现企业内部的权力划分、责任利益统一，以及相互制衡、相互依赖的组织结构安排。治理结构的分权制衡横向体现为决策与执行的分离，这种横向制衡的前提是纵向的分权制衡，即授权委托和被授权委托之间的分权制衡。其中，制衡的核心目的是警惕"绝对权力"的产生。如果在企业组织中存在缺少监督的"绝对权力"，"一把手"不但决策、经营、管理一把抓，同时还负责监督、统管一切，那么不但不能形成均衡点，不能实现集成与分享，"绝对权力"还会给组织带来更大的危害，如腐败和权力寻租。因此，要制造均衡点，组织内部和外部必须实现决策机制的制衡。

信息与沟通机制非常关键。首先，企业能够及时准确地收集、传递与内部控制相关的信息，确保信息在企业内部、企业与外部之间进行有效沟通，是实施风险管理与内部控制的重要条件。信息与沟通机制的建立包括信息质量、沟通制度、信息系统、反舞弊机制4个基本方面。信息是企业各类业务事项属性的标识，是确保企业经营管理活动顺利开展的基础。为了保证企业内信息质量的基础，企业日常生产经营必须及时收集各种内部信息和外部信息，对其进行合理筛选、核对、整合。企业通过经营管理资料、调查报告、财务会计资料、专项信息、内部刊物、办公网络等渠道获取内部信息；通过客户来往、供应商合作、行业协会组织、社会中介机构、业务往来企业、市场调查、来信来访、网络媒体以及有关监管部门等渠道获取外部信息。信息的价值只有通过有效的传递和使用才能体现，因此必须建立沟通制度，企业建立信息沟通制度，就是将内部控制的相关信息在企业内部各管理层级、责任部门、业务环节之间，以及企业与外部客户、供应商、投资者、债权人、中介机构和监管部门之间进行沟通和反馈。及时发现问题，及时报告并加以解决。重要信息要有高效渠道及时传递给董事会、监事会和经理层。首先，企业要建立信息系统，利用信息技术实现信息的集成与共享，充分发挥信息技术在信息沟通的作用。其次企业要对信息系统的开发和维护、访问与变更、数据输入与输出、文件存储与保管、网络安全等方面进行控制，保证信息系统安全稳定运行。最后，企业应当建立反舞弊机制，坚持惩防并举、重在预防的原则，明确反舞弊工作的重点领域，关键环节和有关机构在反舞弊工作中的职责权限，规范舞弊案件的举报、调查、处理、报告和补救程序。

案例研究：　合俊玩具集团的风险管理[①]

成立于 1996 年的合俊集团是国内大型规模的定点玩具生产商，

---

① 合俊集团倒闭风波 . http：// www. timedg. com/zhuanti/hjdb/.

是世界五大玩具品牌中美泰、孩子宝以及斯平玛斯特（Spin Master）3个品牌的制造商，2006年9月在香港联交所成功上市，2007年销售额超过9.5亿港元。2008年金融危机爆发，合俊的经营境况急剧恶化，收入下降。2008年10月，这家在玩具界举足轻重的大型公司成为中国企业实体受金融危机影响出现倒闭第一案。

导致合俊集团陷入危机的因素包括金融危机、商业模式和盲目多元化，最后导致资金链断裂。合俊集团的风险管理失效源于风险信息不集中，没有形成完整的风险应对措施。

没有核心竞争力的商业模式是危机的根源

2008年全球金融危机爆发后，整个玩具行业的上下游供应链进入恶性循环，生产成本持续上涨，塑料成本上升20%，最低工资上调12%及人民币升值7%等因素，导致合俊集团的资金链断裂。通过分析合俊集团的发展动态我们发现，金融危机只是压倒合俊集团的最后一根稻草，合俊集团本身的商业模式没有核心竞争力，盈利模式存在着巨大的风险。作为一个玩具贴牌生产企业，主要靠欧美的订单，合俊集团没有自己的专利技术，在生产中不重视生产研发的投入，没有自主品牌，在市场中拼的就是低成本，市场一旦发生变化，企业便失去了生存基础。

盲目多元化造成资金"失血"严重

合俊集团早在2007年6月就已经认识到过分依赖加工出口的危险。2007年9月，合俊集团开始计划进入矿业投资，并以约3亿元的价格收购了拥有福建省大安银矿的福建天成矿业48.96%的股权。合俊集团付给天成矿业收购资金 2.69 亿元后，直接导致玩具业务资金链出现问题。让合俊集团始料未及的是，收购的银矿没有拿到开采许可证，无法给公司带来预期收益，对天成矿业的巨额投入，合俊根本无法收回成本，跨行业的资本运作令其陷入资金崩溃的泥沼。

随着合俊集团资金越来越紧张，为缓解压力，合俊卖掉了清远的工厂和一块地皮，为了维持公司的日常运营，合俊开始向银行贷款，合俊集团 2008 年上半年并没能拿到新贷款。收购矿业资金是合俊玩具用于"过冬"的"粮食"。没有了"粮食"，合俊最终没能挨过制造业遭遇的"冬天"。

内部管理失控导致成本上升

合俊集团企业内部管理混乱，内控失效。2008 年 6 月，合俊集团在樟木头的厂房遭受水灾，存货遭受损失，显然是对自然灾害风险评估、应对不足。内部管理失控导致成本上升，物料管理也很松散，公司物品经常被盗，原料当废品卖，生产没有质量监控，返工甚至报废的情况经常发生。对自身的负债能力预计过高，导致债务风险巨大。2008 年 6 月底，合俊集团的资产负债率达到 71.8%，大大超过了企业安全经营的警戒线，集团总资产 8.35 亿元，总负债 5.32 亿元，其中流动负债 5.3 亿元，导致巨大债务危机。

风险管理体系的建设及运行一定是闭环管理过程，而在这个过程中实现信息和资源的集成与分享是关键的一环。合俊集团风险失控就是没有形成集成的信息系统，信息不能有效共享，风险管理没有形成闭环，导致敞口失控。决策制衡和信息与沟通系统的缺乏是合俊玩具集团风险管理失败的关键原因。企业内部和外部的决策制衡机制必须具有动态性，处于不平衡向平衡转移的过程中。民营企业的决策机制必须实事求是，根据企业所处环境的风险大小、内生需求而定。以决策机制而言，当环境的不确定性较大，风险加大需要提高效率时，宜采取集中制，强调集成；但当环境的确定性大、系统风险小，需要追求公平时，则宜采取民主制，强调分享。

第六章　专题分析报告

　　管理是一种实践，是一种系统的实践。从应用的角度来看，集成与分享原理的价值所在，不仅在某一个管理环节、管理方面上，而且在管理活动的体系性、完整性上，正是这种全面的建设过程，使集成与分享原理越发显现出特有的魅力。

第一节　"一带一路"中的集成与分享

在错综复杂的新时代国际背景下，2013年9月和10月，中国政府提出了建设"丝绸之路经济带"和"21世纪海上丝绸之路"的战略构想，即"一带一路"。

"一带一路"借用古代丝绸之路的历史符号，以和平发展和经济合作为目标指引，联合沿线国家共同打造政治互信、经济融合、文化包容的利益共同体、命运共同体和责任共同体。"一带一路"贯穿亚欧非大陆，一头是活跃的东亚经济圈，一头是发达的欧洲经济圈，中间广大腹地国家的经济发展潜力巨大。"丝绸之路经济带"重点畅通中国经中亚、俄罗斯至欧洲（波罗的海）；中国经中亚、西亚至波斯湾、地中海；中国至东南亚、南亚、印度洋。"21世纪海上丝绸之路"重点方向是从中国沿海港口过南海到印度洋，延伸至欧洲；从中国沿海港口过南海到南太平洋。根据"一带一路"走向，陆上依托国际大通道，以沿线中心城市为支撑，以重点经贸产业园区为合作平台，共同打造新亚欧大陆桥、中蒙俄、中国—中亚—西亚、中国—中南半岛等国际经济合作走廊；海上以重点港口为节点，共同建设通畅安全高效的运输大通道。

"一带一路"战略构想在设计愿景上集中体现了集成与分享的理念。

"一带一路"的内在逻辑：集成与分享

沿线各国必须走共同发展的路子

"一带一路"的提出有着深刻的时代背景和国际背景。在当前这个历史节点，世界经济复苏势头仍然脆弱，全球贸易和投资低迷，大宗商品价格持续波动，引发国际金融危机的深层次矛盾远未解决。一些国家的政策内顾倾向加重，保护主义抬头，"逆全球化"思潮暗流涌动。地缘政治因素错综复杂，传统和非传统安全风险相互交织，恐怖主义、传染性疾病、气候变化等全球性挑战更加凸显。对"一带一路"所覆盖的广大腹地国家而言，发展问题尤为突出。而在当今国际格局中，"一带一路"沿线国家的发展不仅是国别问题，更是国际问题。

首先，在经济领域，这些国家普遍处于经济转型升级的关键阶段，迫切需要进一步激发自身发展活力。但在经济全球化背景下，国际贸易、跨国投资和国际金融迅速发展，国际分工和专业化生产加速推进，世界各国都身处全球供应链、产业链、价值链之中，成为无法割裂的整体。国与国之间的经济依存关系空前紧密，利益共生不断深化。一国的经济发展绝不可能脱离国际环境。

其次，在政治和安全领域，世界和平与发展面临的挑战越来越具有全局性、综合性和长远性，没有哪一国能够独善其身，也没有哪一国可以包打天下，各国需要同舟共济、携手共进。特别是在安全领域，当前国际安全形势出现许多新特点和新变化，传统安全问题与非传统安全问题交织出现，中东、亚太、欧洲三大地缘政治板块新旧矛盾交织，特别是中东乱局险象环生，秩序重建举步维艰。安全问题涉及的主权国家众多，任何国家都无法独自面对和解决，国际合作实为必然之举。

全球化进程的加速以及错综复杂的国际格局，促使各国、各经济体之间存在一荣俱荣、一损俱损的相互依存关系。对于广大的亚欧非发展中国家而言，考虑发展问题更不应脱离这一基础、仅凭一国之力，而应该在跨国合作、区域发展的大趋势中寻找答案。

"一带一路"正是顺应这一历史潮流而提出的共同发展之路。沿线各国对于加深与他国合作、借助外力促进自身发展早有强烈诉求，但一直缺乏明确的纲领路线以及有效的推动和组织安排。而"一带一路"恰好契合了这种普遍性的内在需求，并将其清晰、完整地表达出来。可以说，"一带一路"的提出，引领了沿线国家的共同诉求。"一带一路"虽由中国主导，却代表了沿线各国的共同追求。它不仅是经济上的共同发展战略，更具有世界安全内涵，对于打击和遏制极端势力，维护"二战"后的政治格局具有积极意义。

"一带一路"是"和而不同"的发展之路

对中国而言，"一带一路"具有更重要的战略意义。在经济上，中国开始步入中等偏上收入国家行列，发展过程中出现很多阶段性新特征和新挑战，面临着部分行业产能过剩、内生动力不足、经济增速放缓等诸多严峻问题。这些问题的解决需要一种新的开放战略，一种新的对外模式，一个大的国际格局。中国改革开放的成就充分证明，对外开放是推动我国经济社会发展的重要动力。随着我国经济总量跃居世界第二，随着我国经济发展进入新常态，我们要保持经济持续健康发展，就必须树立全球视野，更加自觉地统筹国内国际两个大局，全面谋划全方位对外开放大战略，以更加积极主动的姿态走向世界。"一带一路"正是通过"走出去"解决国内发展问题的大格局的战略构想，对我国经济持续发展将起到关键作用。

解决产能过剩问题，把我国巨大的产品制造能力与"一带一路"沿途发展中国家的巨大市场需求联系起来，这无疑是实现共赢的最好途径。当前中国急需的各类矿产资源，如油气、天然橡胶、黑色金属矿、有色金属矿等主要通过沿海海路进入中国。如果把"一带一路"建设好，新增的有效的陆路资源通道将成为我国经济发展战略安全的重要保证。与中国情形不同，沿途国家需要大量的轻工业品、家电、机电、高铁建设等高端装备，而这些正是中国的强项。

在投资方面，"一带一路"战略将加快中国外汇储备走出去的步伐，沿线国家将从中国投资中受益。未来中国的对外金融资产将从对外储蓄、投资金融产品向对外输出资本、投资实体经济转变，成为国际投资大国。

对于中国的区域发展不均问题，"一带一路"无疑有利于把中国广阔的中西部地区由过去的"内陆腹地"变成"开放重地"，全方位推进国内各省区的互联互通以及与沿途国家和地区的相互合作，推进产业的承接和转移，促使我国经济结构不断调整和升级，缩小东部和中西部的差距。

在政治与安全领域，"一带一路"对中国的意义更加凸显。中国在国际上正发挥着越来越大的大国号召力和影响力，但也承受着越来越大的压力和挑战，例如美国重返亚太所带来的战略困局、中国与周边国家的外交争端等。在西部，暴力恐怖势力、民族分裂势力、宗教极端势力仍然活动频繁，如果我们不能确保西部地区的安全稳定，势必有"后院起火"之忧。"一带一路"不仅在于解决国内经济问题，更在于推动沿线国家的经济发展、社会稳定，提升中国与沿线各国的国际关系，为中国的发展创造良好的外部安全环境和政治格局。

尽管"一带一路"由中国倡导，对中国的发展有重大的战略意义，但是"一带一路"绝不是中国的资本扩张和地缘政治扩张，而是沿线各国共赢、多赢的战略选择。

本质上，"一带一路"建设是通过提高有效供给来催生新的需求，实现世界经济再平衡。特别是在当前世界经济持续低迷的情况下，如果能够使中国在顺周期下形成的巨大产能和建设能力得到消化，支持沿线国家推进工业化、现代化，提高基础设施水平，则必将有利于稳定当前世界经济形势。

"一带一路"无疑带有深刻的中国印记，但这种印记并非中国强加于其他国家和地区的大国意志，相反，"一带一路"是中国"和而不同"价值观的体现，是中国发展道路和平展示的自然路径。

2008年国际金融危机发生后，人们回忆起卡尔·波兰尼在《大转型》一书中的警示："那个自我调节的自由市场乌托邦是不可能持久的，否则迟早要摧毁社会的人与自然之本质，必然摧毁人类并将我们的环境化为荒漠"。全世界再一次面临这样一个严峻的课题：如何驾驭全球资本主义的风险与破坏性，控制其两极分化的倾向，让市场与社会、市场与文化、市场与环境间的共生共存规则得以建立。

自 1978 年改革开放以来，中国实现了罕见的快速经济增长，最大范围的工业化和贫困人口转化。如此的增长速度、地理范围、容纳体量和发展轨迹，将不容置疑地载入史册。中国为世界提供了一个更宽广的思考空间和选择样本。中国发展模式的国际化借鉴意义在于，如何在社会公正、可持续发展以及自由市场竞争效率之间取得平衡。中国的和平崛起，不仅是要恢复中国经济在世界经济中的份额，也承担着维护世界和平与发育发展的责任和义务。2008 年国际金融危机后，全球生产力和财富的再分配，推动全球范围治理结构和意识形态的明显分化，国际秩序进入一个长期的重组时期，一定程度的失序难以避免。"一带一路"为世界贸易的重心向历史常态回归，经济重心从太平洋向欧亚大陆和环印度洋回归，和平展示中国的成功经验，丰富国际公共治理模式提供了最为自然和可能的路径。

要实现共同发展，必须依靠集成与分享

在知识管理、组织管理、社会治理等领域，集成与分享理念模型都有着广泛的适用性。在世界和平与发展这一宏大主题中，集成与分享理念更有其深刻的内涵。共同发展是"一带一路"的宗旨，而集成与分享是实现共同发展的必由之路。因此可以说，集成与分享是"一带一路"战略的重要内在逻辑。

集成是依据人的理性而实现的系统优化和整合。集成就是要实现要素间主动的优化、选择和搭配，使相互之间以最合理的结构形式结合在一起，形成一个由适宜要素组成的、优势互补匹配的有机整体。因此，集成是主动寻优的过程。

国际的共同发展不可能离开集成。优势互补、形成合力是共同发

展的题中之意，而这正是集成的核心内容。实际上，共同发展的落脚点正是各种要素的集成，例如国际贸易带来的生产资源和市场的集成、跨国投资带来的资金和技术的集成等。在一国看来，这种国际交往是互换，是取长补短；但从整个区域合作共同体的角度来看，恰恰是成员国和地区之间的要素集成。

在集成与分享的理念模型中，分享是指在任何系统的科学发展中，在组成、功能、机制、制度以及文化配置上，对共有、共存、共同的主动追求以及享受、享用、享有的现实期待，并运用控制、规范等手段去处理这方面的管理问题。分享是一种独特的生产关系，其本质在于实现人与人之间、人与物之间、物与物之间的接近零边际成本的社会利益。

共同发展追求的正是对发展成果的"分享"。如果只有要素的集成而无成果上的共享，形成的就是一些国家凭借优势地位盘剥另一些国家的局面，这违背了公平公正的基本原则，也不可能形成良性持久的国际秩序。"一带一路"建设追求共同发展，以分享发展成果为落脚点。在"共建原则"的表述中，这一含义得到了明确详尽的体现。例如，"让共建成果惠及更广泛的区域""加强不同文明之间的对话，求同存异、兼容并蓄、和平共处、共生共荣""兼顾各方利益和关切，寻求利益契合点和合作最大公约数"。

"一带一路"既追求发展资源的集成，更追求对发展成果的分享。集成与分享是"一带一路"的重要精神内核。"一带一路"归根到底是要通过国际交流与合作，打造有机集成平台，实现要素的充分融合，消除要素间的壁垒，减少要素流的摩擦，消除要素间各种形态的孤岛，集成和优化各方资源，为更充分分享提供可能，并实现分享价值的最大化。

区域合作中的集成与分享大有可为

一方面，"一带一路"的战略构想覆盖了 40 多个国家，总人口约 44 亿，约占全球总人口的 63%；经济总量超过 20 万亿美元，约占全球经济总量的 29%，是全球最主要的能源和战略资源供应基地。这意味着"一带一路"拥有巨大的资源、市场、资金等分散要素，具备巨大的集成基础体量，这为集成与分享提供了广阔的空间。

另一方面，沿线国家大多数为发展中国家，甚至是贫穷国家，都亟待发展。尽管这些国家大多拥有丰沛的自然资源与人力资源，但普遍面临资金、人才、技术与基础建设不足、市场规模过小、治理能力不佳等问题。而在这些方面，中国具有很大的优势。中国和这些国家的要素呈现出很强的互补性，如果双方的优势能够实现有效的结合，就可以释放出巨大的生产力。随着全球化和信息化的加速发展，过去那些偏僻贫穷的、被认为无法与发达国家竞争的地方，例如非洲、南美以及"一带一路"所经亚洲腹地等所谓"空旷区"，正在被全面卷入世界经济增长大潮。信息化革命等新科技的发展正在改变世界经济增长模式，世界经济的地理布局将发生巨大变化。我们可以想象，一旦"一带一路"所途经区域被盘活，这些地区就会在时间和成本方面凸显其新优势。"一带一路"建设将创造牵引世界经济增长繁荣的新物流模式、贸易模式和发展平台。沿途会形成发达的城镇和人口中心、经济活动中心，这些地方沉睡的丰富资源将得到全面、合理的开发，从而深刻改变全球地缘经济依赖沿海地区这样一个传统结构。

现行的国际规则基本上由发达国家掌握话语权，国际体系等级化依然明显，发展中国家发言权严重不足，甚至成为利益受损方。"一带一路"这一新的合作格局传承了团结互信、平等互利、包容互鉴、合作共赢等古丝绸之路精神，顺应和平、发展、合作、共赢的 21 世纪时代潮流。它所蕴含的国际要素集成、发展成果共享的理念正符合广大沿线国家的期盼，契合沿线国家的共同需求，为沿线国家优势互补、开放发展开启了新的机遇之窗。可以说，不管在经济领域还是在其他方面，"一带一路"建设中的集成与分享具有现实的必要性和可以预见的美好前景。

"一带一路" 的核心内容： 建立集成机制

"大集成"的挑战

集成不是简单地把两个或者多个要素组合在一起，而是将原来没有联系或者联系不紧密的要素，通过特定的方法、途径、机制，组成有一定功能的、紧密联系的新系统。因此，集成属于综合与优化的范畴，是高度复杂的系统工程。在企业组织、知识管理等范围相对较窄的领域，如何实现有效的集成已是非常困难的课题。在"一带一路"这一宏大战略构想中，如何实现有效集成更是一个前所未有的艰巨挑战。

首要原因在于集成要素的广度、深度和复杂程度。资源、能源、市场、资金、技术等要素不均匀地分散于沿线各个国家和地区，如何发现这些要素并主动寻找匹配的集成对象本身就是一项浩大的工程。

最为艰巨的挑战还在于国际集成的特殊性。与一个企业组织、一个国家或地区所面对的集成课题不同，国家之间的集成有一个重要的特性：缺少具有掌控力的主体。一个企业的管理层、一个国家或地区的政府对所辖领域的资源一般拥有较为强大的掌控力，能够自主地调配各个要素，促成集成效应的产生。而国际集成缺少这样的主体，各个参与方之间是平等的关系，不存在一个超级政府。而且，各个国家和地区有着不同的政治体制、法律制度、文化习俗，更有着不同的利益诉求，因此，这里的集成不仅仅是一个科学性、技术性问题，还带有复杂的政治文化背景，需要综合考虑多重因素，在复杂的博弈中寻找集成的空间。

具体到"一带一路"构想，集成面临的最大挑战是如何在既有的国际秩序、不同的利益诉求、复杂的地区格局中清除障碍，寻找到可行有效的集成途径。在"一带一路"中，应体现的是各国政治上的相互平等与相互尊重、各种经济体之间的互补互利互惠，不应有势力范围之争、主导权之争，没有凌驾于他国之上的特殊利益。因此，"一带一路"中的集成，不是集中、控制、依附，而是"融合"。这种平等基础上的融合要比统一控制下的集成困难得多。

"五通"——智慧的集成

面对挑战，中国政府创造性地提出了极具智慧的集成路径——"五通"。在《推动共建丝绸之路经济带和21世纪海上丝绸之路的愿景与行动》中，我们提出，"一带一路"建设以政策沟通、设施联通、贸易畅通、资金融通、民心相通（简称"五通"）为主要内容。从某种意义上说，"五通"是极具政治智慧和气度胸襟的"大集成"。

连接是集成的现实基础。事物的连接是集成与分享的原因，只有相互连接，要素的交换和传递才会成为可能，集成与分享才有了现实的基础。而只要发生连接，主体之间就必然会发生要素的交流和沟通，集成与分享就成为顺其自然的事情。

"五通"正是国际连接的关键点。"五通"首先强调政策沟通，加强政府间合作，积极构建多层次政府间宏观政策沟通交流机制。这是首要层次的"观念上"的连接，只有达成观念上的共识，才能深化利益融合，促进政治互信，创造集成的前提。在物理的连接方面，我们提出"设施联通"，推动沿线国家加强基础设施建设规划、技术标准体系的对接，共同推进国际骨干通道建设，逐步形成连接亚洲各次区域以及亚欧非的基础设施网络。在市场、资金、技术等领域，连接取决于"贸易畅通""资金融通"的程度。所以，必须着力研究解决投资贸易便利化问题，消除投资和贸易壁垒，构建区域内和各国良好的营商环境，积极同沿线国家和地区共同商建自由贸易区，激发释放合作潜力。

对于跨国的集成而言，文化隔阂是一个需要正视的难题。没有文化的相互理解、信任和融通，物质上的集成就是无源之水、无本之木，在深度、广度上都将受到严重限制。因此，"文化集成"至关重要。"五通"特别提出民心相通，倡议传承和弘扬丝绸之路友好合作精神，广泛开展文化交流、学术往来、人才交流合作、媒体合作、青年和妇女交往、志愿者服务等，为深化双多边合作奠定坚实的文化根基和民意基础。

"五通"不仅成为集成的一般前提，而且还化解了国际集成所面临的特殊挑战，即在平等基础上实现融合，而非在统一控制力下完成集中。"五通"是一种开放型合作新模式，突出包容性，不寻求紧密型区域合作组织，不设立高端目标，不搞关税同盟，不排斥任何区域外经济合作，不打破既定制度安排，更多的是利用贸易、交通、投资、人文等领域的灵活务实合作。我们不仅突出经贸交流和金融合作等方面，而且把人文交流放在重要位置，突出文明融合，强调"国之交在于民相亲"的理念，为开展区域合作奠定了坚实的民意基础与社会基础。从中我们可以看出，"一带一路"战略不针对任何第三方，不搞排他性制度设计，不谋求地区事务的主导权和经营势力范围。我们不是借"一带一路"开启一个中国主导国际规则的新时代，也不是要恢复古代封建帝国的模式，而是建立平等互利的国际新秩序。"五通"的集成策略符合中国国情，也符合沿途国家发展现状，它排除了阻碍连接和集成的不利因素，有利于促进沿途国家扬长避短，各自发挥优势，实现互利共赢。

大集成呼唤协调机制

把具有差异的集成要素集合在一起，必然会在集成要素之间、集成要素与集成系统之间产生矛盾，这些矛盾是客观存在且难以避免的，进而对集成系统提出协调和控制的要求。理论上，协调和控制的方法通常有 3 种：一是进行充分的交流和沟通，消除集成要素之间以及集成要素与集成系统之间的矛盾和冲突。二是进行集成要素的合并，组成新的集成单元，减少集成单元的关系数，进而降低协调成本。三是成立跨集成单元界面的组织，或任命不同集成单元的领导，协调集成单元之间的矛盾。

"一带一路"建设是建立在开放性、包容性和多元性基础上的大集成，集成要素之间、集成要素与系统之间的矛盾也许会更为突出。

我们难以用合并形成新集成单元的方法解决矛盾，跨集成单元的组成也不现实。因此，合理高效的协调机制是解决集成矛盾的最主要手段。举例而言，要实现"一带一路"的道路畅通，就必须促进国际通关、换装、多式联运有机衔接，逐步形成兼容规范的运输规则，实现国际运输便利化，而这依赖于建立统一的全程运输协调机制。

协调机制的有效性直接关系到集成的效果。"一带一路"沿线国家多，发展水平差异大，利益诉求不同，应尽快建立操作性强的政府间交流机制。因此，"一带一路"战略将政策沟通作为"五通"之首，强调政策沟通是"一带一路"建设的重要保障，呼吁沿线各国就经济发展战略和对策进行充分交流对接，共同制定推进区域合作的规划和措施，协商解决合作中的问题，共同为务实合作及大型项目实施提供政策支持。

协调机制需要保持充分的开放性。因为"一带一路"是开放包容的经济合作倡议，不限国别范围，不是一个实体，有意愿的国家和经济体都可以参与进来，成为"一带一路"的支持者、建设者和受益者。

当前，我国正积极推动与有关国家和地区签署"一带一路"合作谅解备忘录或编制双边合作规划，完善双边工作机制，细化共建"一带一路"的方案和路线图。我们倡导充分发挥上海合作组织（SCO）、中国—东盟"10＋1"、亚太经合组织（APEC）等现有多边合作机制的作用，使更多国家和地区参与"一带一路"建设。与此同时，我们也注重各个交流协调平台的建设，继续发挥沿线各国区域、次区域相关国际论坛，展会以及博鳌亚洲论坛，前海合作论坛等平台的建设性作用。

"一带一路"的目标诉求： 分享发展成果

分享是"一带一路"的最根本原则

中国政府提出了"一带一路"建设的五项共建原则，分别是：恪守联合国宪章的宗旨和原则、坚持开放合作、坚持和谐包容、坚持市场运作、坚持互利共赢。仔细分析可以发现，"分享"是这五项原则的核心内容。我们提出"让共建成果惠及更广泛的区域""求同存异、兼容并蓄、和平共处、共生共荣""坚持互利共赢"等原则，都是基于分享的理念。

中国政府指出，"我们应该坚持共赢精神，在追求本国利益的同时兼顾别国利益，做到惠本国、利天下，推动走出一条大国合作共赢、良性互动的路子"。"一带一路"战略构想秉承的正是这种"和平合作、开放包容、互学互鉴、互利共赢"的丝路精神。"一带一路"的沿线各国，既有发展中国家，也有发达国家，各国国情各异，但国不分大小、强弱、贫富，应一律平等，并在此基础上追求共同发展。"'一带一路'建设要坚持共商、共建、共享原则，积极推进沿线国家发展战略的相互对接。"这一立论中的 3 个"共"字本身就彰显了分享的原则。

"一带一路"对中国具有重要的战略意义，但它不只是中国自身的战略构想，更是沿线各国的共同事业，是沿线国家的共同需求，它不仅是打造中国经济升级版的新引擎，而且将为广大发展中国家振兴经济开辟新前景。它体现的是平等性、包容性、开放性、协商性、建设性，它追求的是共享机遇、共迎挑战、共同发展、共同繁荣、共同进步。可以说，"分享"是"一带一路"的基本思维，是"一带一路"最根本的原则。

分享程度决定合作深度

在集成与分享的关系中，分享是集成的目的。集成的结果并不是独占、排他的，而应该是在系统内给每个参与者带来价值。

分享促进集成。分享使得资源的占有者和使用者增多，使得更多主体参与价值创造。分享能促使集成效应的产生，新的价值分配也会在每个参与者身上体现。分享的程度越深、机制越成熟，就越能使参与主体融入集成与分享的统一体，充分开放资源，又充分获取成果。

"一带一路"建设面临的一大挑战就是构建合理的分享机制，提升沿线各国分享发展成果的程度，只有这样才能使各国充分参与"一带一路"的建设。只有付出没有收获的关系不可能持久，付出与收获不成比例的机制也不可能稳定。可以说，分享程度决定了合作深度，"一带一路"能取得多大的成效，在很大程度上取决于沿线各国和地区分享集成成果的机制。

为增进合作的深度，文化上的分享至关重要。资金、技术、市场等物质领域的分享固然重要，但终究是利益分成，可以被竞争和替代。没有文化上的融通，分享机制就缺乏根基，必然是脆弱和短暂的。只有加强文化上的互通分享才能建立稳固、互信的国际关系，凝聚具有共同根基和价值追求的集成分享体，提升各国的合作意愿和开放度，促进集成与分享的深入。

"命运共同体"是最高程度的分享

在"一带一路"战略构想中，建设命运共同体是重要的框架思路。中国政府倡议，秉持和平合作、开放包容、互学互鉴、互利共赢的理念，全方位推进务实合作，打造政治互信、经济融合、文化包容的利益共同体、命运共同体和责任共同体，其核心是命运共同体的思想。

中国政府多次提及构建人类命运共同体重要思想并提出：各国体量有大小、国力有强弱、发展有先后，但都是国际社会平等一员，都有平等参与地区和国际事务的权利，涉及大家的事情要由各国共同商量来办；必须坚持合作共赢、共同发展，摒弃零和游戏、你输我赢的旧思维，在追求本国利益时兼顾他国合理关切，在谋求本国发展中促进各国共同发展；必须坚持实现共同、综合、合作、可持续的安全，各国人民命运与共、唇齿相依，没有一个国家能实现脱离世界安全的自身安全，也没有建立在其他国家不安全的基础上的安全；必须坚持不同文明兼容并蓄、交流互鉴，促进不同文明、不同发展模式交流对话，在竞争比较中取长补短，在交流互鉴中共同发展。

命运共同体包含了深刻的分享原理。根据分享物性质的不同，我们可以将分享分为 3 种类型：一种是实物分享；一种是知识性精神类产品的分享；一种是权利、义务、责任、风险、利益等的分享。第一种分享体现了个人的修养与习惯；第二种分享体现了团队或行业的文化与价值取向；第三种分享体现了事业运作的机制。"命运共同体"的思维体现的正是第三种分享。各国在共同发展的过程中，分享的不仅是权利、利益，更有义务、责任和风险。"命运共同体"体现了"你中有我、我中有你""同舟共济、权责共担"的分享思维。在命运共同体中，参与者不是可进可退的自由人，而与其他主体形成了共同进退的统一体，共同创造价值，共同分享成果，同时共同承担风险，形成了"一荣俱荣、一损俱损"的连带效应。可以说，命运共同体是最高程度的分享。

高程度的分享必将带来高程度的集成。"命运共同体"的分享理念将推动沿线各国开展更大范围、更高水平、更深层次的区域合作，共同打造开放、包容、均衡、普惠的区域合作架构。

"集成与分享"是共同发展的一种技术化表达。从这个意义上理解，"集成与分享"理念是理解"一带一路"的重要视角。可以说，"一带一路"的核心内容是促成最大程度的集成，其目标诉求是实现分享价值的最大化。"集成与分享"是"一带一路"的重要精神内核。"一带一路"是一个具有大历史视角的国际化重构格局设计，是一个符合平等互惠原则的经济交流机制，是一个尊重文化与宗教多元化的共享平台，是一个具有统筹大多数群体利益能力的合作渠道。

但我们同时应意识到，"一带一路"所构建的是前所未有的"大集成""大分享"，它不是短期的局部的动作，也不是技术层面的行为，而是一个大战略设计。"一带一路"是中国全球价值链的统筹战略，是文化、经济、安全、生态、人文的价值链，不应从一城一池的得失上评估这个战略，而应该从宏观效应上把控和认识这个战略。经济上，"一带一路"不是功利性的而是互利互惠的共享模式；文化上，"一带一路"不是挑战性的而是东方文化和其他文化包容的互动模式；安全上，"一带一路"不是解决周边环境稳定问题而是构建根源安定的安全解决机制；生态上，"一带一路"不是以局部利益定位话语权而是绑定跨地域的关切链接的生存共同体。"谋长远、谋大局、谋根本"才是"一带一路"的视野与高度，也是我们称之为"全球集成与分享战略"的内在原因。

集成与分享式的"一带一路"战略，在特定的历史环境下，必将对世界加强宏观经济政策协调，推进经贸大市场、金融大流通、基础设施大联通、人文大交流，起到富有标识作用、创新意义、务实精神的推动作用。

第二节　赤道原则中的集成与分享

赤道原则的概述

2003 年 6 月，国际金融机构提出了赤道原则（The Equator Principles），其中的"赤道"旨在南北半球间的平衡与协调。赤道原则是一套判定、评估和管理融资项目中潜在环境和社会风险的行业基准。具体来说，赤道原则要求金融机构在尽职调查阶段，对融资项目可能造成的环境及社会影响进行预测和评估，并利用金融杠杆促进该项目在可持续发展方面发挥积极作用。赤道原则是可持续发展的原则之一，也是国际金融机构践行企业社会责任的行动，为金融机构在管理环境与社会风险方面提供了一个可行性的操作指南。

截至 2015 年，全球已有包括荷兰银行、巴克莱银行、花旗银行等在内的来自 34 个国家的 80 家金融机构承诺采纳赤道原则，正式成为赤道银行，项目融资额约占全球项目融资总额的 85%。兴业银行于 2008 年 10 月正式公开承诺采纳赤道原则，是我国第一家赤道银行。

赤道原则与国际通行的强制性监管准则不同，它强调自愿性。采纳赤道原则的金融机构为了践行社会责任，主动执行国际金融行业通用的社会和环境政策、程序和标准。尽管赤道原则只包括环境和社会评估、适用的环境和社会标准、独立监测和报告等 10 条原则，但体系完整，覆盖范围很广，既针对融资项目方也针对项目融资者，既有管理流程规范也有管理标准规范，既有内部行为准则也有外部约束机制，是一套标准化、规范化的绿色金融业务指导体系。

赤道原则的主要内容

根据赤道原则的规定，金融机构一旦采纳该原则，其投融资项目必须履行社会责任，并具有完备的环境管理措施。赤道原则是一套放之四海而皆准的标准，没有地域和项目类别之分，集中适用于融资项目咨询服务、项目融资、项目相关企业贷款、过渡性贷款 4 项金融服务业务。

关于融资项目所造成的社会与环境影响的分类、评估、管理、监控和信息公开，赤道原则都有明确规定，并以此实现对社会与环境风险的管理。赤道原则以国际金融机构的环境和社会筛选准则为指导，以项目潜在影响和风险程度为依据，对各个项目进行分类，其中 A 类项目具有最高级别的环境或社会风险，B 类项目次之，C 类项目的环境或社会风险最小。之后根据项目的分类，开展不同程度的环境和社会评估，提出应对与管理措施。

此外，赤道原则规定，采纳赤道原则的金融机构要对其客户建立环境与社会管理系统，并提交相应的实施计划方案。赤道原则还对第三方独立审查、信息披露、与东道国监管规定衔接、独立项目监测和汇报以及年度实施报告等方面进行了规定，以确保原则实施的公平性与有效性。

赤道原则的实施办法

实施赤道原则在本质上是通过对项目进行谨慎并全面的调查或提供咨询服务，限制不符合赤道原则的项目融资。赤道原则将若干规则作为评判项目可行性的重要参考因素，并对其进行广泛宣传，从而影响项目客户。赤道原则在以下几方面有明确规定：一是对于企业贷款，赤道银行应仅对符合规定的项目或企业提供融资服务；二是对于咨询服务和过渡性贷款，赤道银行应向客户普及赤道原则的相关信息（内容、实施和益处等），建议并协助客户通过采纳赤道原则来获取长期融资。三是对于符合赤道原则的其他金融服务，赤道银行需针对每个项目做出合理决策，并与银行的风险管理政策相一致。此外，在适当的条件下，赤道银行之间应集成与分享环境与社会相关信息，以帮助提升全球范围内项目分类与评估的准确性和公正性。

赤道原则的实践

花旗银行是首批将环境可持续性纳入管理体系的金融机构之一，而赤道原则是环境可持续性中很重要的一部分。为此，花旗银行成立了环境与社会政策评估委员会，该委员会由各部门的相关人员组成，为环境与可持续性问题建言献策。另外，花旗银行还搭建了环境与社会风险管理政策体系，指引商业银行和投资银行业务，做到了无边界全覆盖。在严格执行赤道原则的基础上，花旗银行还构建了更为系统和完整的环境与社会风险管理体系，通过专业人员和政策体系支持，延伸了赤道原则的实施范围和实施标准，为赤道原则未来的发展提供了重要参考。

　　相较于花旗银行，汇丰银行的做法则略有不同。汇丰银行对项目融资和相关企业贷款业务采用赤道原则，并将赤道原则融入统一的信用风险管理政策和流程。这种做法更便于实现赤道原则的初衷，也为其他银行提供了借鉴模式。2013 年，在赤道原则的修订中，就参考了汇丰银行的做法，将赤道原则纳入信用风险管理流程，扩充了其适用范围。

　　作为亚洲首批采纳赤道原则的金融机构之一，日本瑞穗实业银行于 2004 年 10 月编制完成了《瑞穗实业银行赤道原则实施手册》，其中包括内部 38 个行业的实施细则和操作流程，并将其应用于其遍布全球的项目融资和财务咨询活动。2006 年，瑞穗实业银行建立了可持续发展部门，根据赤道原则，对项目融资设立完整的管理流程，审核规定范围内的融资项目，并承担银行内部培训、宣传赤道原则的职责。瑞穗实业银行通过制定规范的工作流程和指标体系、设立专职部门等一系列举措，在项目融资中贯彻赤道原则，提升了赤道原则的执行力。

　　2008 年 10 月 31 日兴业银行正式公开承诺采纳赤道原则，成为全球第 63 家、中国首家"赤道银行"。除了赤道原则的基本规定之外，兴业银行还建立了从决策到执行、制度到流程、能力建设到信息披露等全面的环境与社会风险管理制度体系。如今，绿色环保标准已成为兴业银行项目贷款审批的重要依据。据统计，兴业银行在赤道原则下所支持的项目环境效益显著，预计每年可节约标准煤 2 554 万吨，年减排二氧化碳 7 162 万吨，年减排二氧化硫 10 万吨，年减排化学需氧量 139 万吨，年节水 28 565 万吨。上述节能减排量相当于

716万公顷森林每年所吸收的二氧化碳总量。[①]

此外，尽管没有公开宣布采纳赤道原则，中信银行、交通银行等股份制商业银行已庄重承诺将积极主动履行和承担社会责任，为中国经济、社会与环境的可持续发展做出贡献，这是国内股份制商业银行首次集体绿色宣言。

赤道原则中的集成与分享机制

赤道原则中集成与分享机制的形成

贯彻赤道原则，需要金融机构把社会责任融入商业责任，这意味着金融机构不仅要承担高于自身商业目标的社会义务，还要尽可能履行促进利益相关者生活质量改善和可持续发展的承诺。

赤道原则被金融机构接受，就意味着赤道原则在该金融机构取得了合法性，也意味着赤道原则在金融机构的内化，因此遵守赤道原则成为一种具有内在约束力的规则。为此，除了要把承担社会责任全面植入金融机构的业务制度和管理制度，还需要在金融机构建立相应的集成与分享机制，其核心是建立健全科学、合理的有效集成与分享运行秩序，以及建立健全有效的内部控制体系，以确保该运行秩序的正确运行。

集成与分享机制是使赤道原则在金融机构迅速普及并得以内化的强大机制之一。通过基于赤道原则的集成与分享活动，金融机构与客户之间的沟通成为一种可预测的行为，具有稳定的秩序，并充满相互

---

① 兴业银行. 可持续发展报告（2014）. http：//www.cib.com.cn，2014.

信任。信任形成后，说明赤道原则已得到内化，并将改变金融机构之间、金融机构与客户之间，以及金融机构与社会之间的关系，意味着身份和利益的改变。此时，对赤道原则的遵守将不再是迫于政策和社会的压力，更不是为了满足管理者个人的偏好或市场策略而做出的"权宜之计"，而是与金融机构身份和利益密切相关的经营行为。选择遵守规范是出于对金融机构利益的考量，而这个利益已经将可持续发展纳入其中。当然，在这个过程当中，集成与分享机制可能也会随着金融机构经营环境的变换、管理层的变动，甚至经营失败等做出相应的调整。而且，是否接纳赤道原则，金融机构与利益相关者一定会经历一个激烈的博弈过程，因为金融机构接纳此类社会与环境标准后将对其经营战略与模式、经营风险以及利润等产生较大影响。赤道原则中集成与分享机制的形成要做到以下几点。

首先是"促进认同"。金融机构遵守赤道原则，意味着作为商业主体的机构除了商业利益等追求外，还有环境保护、社会发展等方面的价值目标。多元化的价值和文化需要认同，获得最大限度的认同，等于取得最大限度的一致行动。特别是，采纳赤道原则必将对金融机构原有的经营战略、管理模式、收益风险产生重大影响。因此，金融机构本身、利益相关者及客户对赤道原则的认同尤为重要。只有形成一致的价值判断，才是执行赤道原则的前提条件。

其次是"寻找均衡点"。在具体执行层面，赤道原则与既有运营机制之间不可避免地会有所抵触。实际上，很多管理问题的解决都是寻求均衡的结果，表现出妥协性。金融机构必须在赤道原则内化的过程中，通过对内部授权规则、议事规则、评审规则、表决规则、审批规则、监督规则等机制、流程进行动态重置，使赤道原则与既有规则在贯彻落实过程中取得相对均衡。

最后是"制度转换"。制度是集成与分享的显性化，体现在两个层面：一是制度是集成与分享的保证；二是制度本身是集成与分享的一部分。赤道原则的内化，在形成认同、寻找均衡点之后，最终要表现为金融机构的内部制度，这在本质上属于机构内部制度的转换。制度的转换可以选择渐进式的，也可以选择颠覆式的。制度转换的风险评估不能小视，如何在制度渐进式转换过程中，保持有序平稳、防止对金融机构的经营管理产生负面影响，又不影响转换目标、顺利接入赤道原则，是一项考验管理技术的课题。

赤道原则中集成与分享的主要流程

● 收集、沟通项目信息

赤道原则规定，对受影响社区构成重大不利影响的融资项目，磋商必须确保受影响社区在自由的、实现知情的情况下进行，并必须便于受影响社区知情者的参与。因此，金融机构的环境和社会风险管理专家首先应辨别因融资项目而受到直接或间接影响的关系者；之后，要开始收集各类相关信息，并将这些信息与利益相关者分享，这实际上就是信息的集成与分享过程。在赤道原则下，信息的集成与分享应遵循以下原则：自由性（不受外部威胁、滋扰或操控）、时效性（及时披露信息）、相关性（关联的、便于理解的和容易获得的信息）。

● 项目分类

在收集了项目所有相关信息的基础上，金融机构要根据项目的环境与社会影响，采取预防性或保护性的方法对项目进行分类。目前，赤道原则适用于各行业总投资1 000万美元及以上的新项目融资，以及在规模或范围上可能会对环境或社会造成重大影响或者对现有影响的性质或程度带来重大转变的扩建和改建项目。在分类时，要尽量保持分类原则和标准的统一，尤其是那些很难区分类型的项目，具体操作时要特别谨慎，避免相同或类似项目分类情况不一致的现象。这一分类过程是对前期集成的信息进行处理的过程，而分类的结果又是后续流程的基础，因此也是分享的过程。

- 融资方案设计

提供融资等服务的金融机构应对项目重新开展考察与尽职调查，并聘请专业人士与企业共同编写"项目执行计划"，降低对环境和社会的不利影响。

在此基础上，金融机构应进一步完善其融资方案，提高项目融资的整体质量，并形成良性循环，吸引和鼓励更多的优质项目和企业向金融机构申请服务。

设计融资方案的过程，是一个知识集成与分享的过程，其基础是收集的项目信息、企业的既有知识体系、对项目风险收益的评价、对赤道原则目标的认知等，这些知识无一不是集成的结果。融资方案本身是各个专业团队分享这些知识所得出的产物，同时是集成各个知识的结果。

- 项目执行与动态调整

在项目的执行和实施阶段，金融机构仍要对项目进行密切关注，采取持续跟踪监测手段，并在充分集合各类信息的基础上，及时与利益相关者进行沟通和分享。在项目执行过程中的沟通、反馈、调整、再沟通，实际上就是集成与分享的动态过程，体现"过程动态循环"的理念。

• 后评价

项目结束后，金融机构应对项目整个过程的实际情况与预计情况进行比较分析，找出实际情况与预测情况偏离的程度，总结项目成功与失败的原因，并将总结的经验教训反馈到将来的项目中，作为参考和借鉴，从而达到提高项目投融资决策水平、管理水平和投融资效益的目的。

在实施投融资项目后评价时，要有畅通、快捷的信息流集成与分享机制。

后评价的过程是对项目调查、分类、方案设计、执行、调整等全过程的客观的、体系化的信息集成，其目的是给后续项目提供经验和教训，从这个意义上说，后评价又是分享的起点。

赤道原则中集成与分享的意义

有利于收集环境和社会风险信息

贷款项目的周期一般较长，金融机构需要对项目的环境和社会风险进行持续和长期的监控，防止因各种风险而影响融资方的还款能力。这种跨度长达几十年的风险监控的代价是巨大的，而集成与分享机制的建立能够以较低的时间和金钱成本获取更多的有关环境和社会风险防范信息。项目利益相关者对项目本身的关注度较高，获得了大量与项目环境和社会风险预测及规避相关的各类信息。通过集成与分享活动，促使项目利益相关者充分共享信息，有助于打破信息不对称的壁垒。在获得相关信息之后，利益相关者能够协助审核、评估贷款项目的环境和社会风险，并提出他们的意见和看法。

有利于利益相关者达成共识

在项目实施的漫长过程中，如果项目对环境和社会造成了危害，并损害了利益相关者的权益，通过集成与分享机制，利益相关者可以主动知会项目风险管理者，与其进行沟通，从而使项目的环境和社会风险管理专家及时获得信息，进而及时消除或削弱对环境和社会造成的不良影响，达成共识，避免由于环境和社会风险而妨碍项目的执行。

随着公民个人意识和民间非政府团体地位的提升，由于项目利益相关者的强烈抵制和反对而引发的金融风险屡见不鲜，甚至成为项目融资环境中最大的社会风险之一。因此，为了规避该类风险，赤道原则特别强调集成与分享机制的建立。

如果项目公司和金融机构一意孤行，忽视沟通与交流，不尊重项目利益相关者的监督和意见，就有可能引发各种矛盾，甚至导致激烈抗议行为的发生，最终影响项目的实施，给金融机构带来经济和声誉损失。

有利于推动可持续发展

推进和谐经济，实现人、自然和社会可持续发展已成为全人类共同的重大课题。金融机构在资源配置方面起着至关重要的作用。鉴于赤道原则采用了严格的评审标准与流程，采纳赤道原则后，金融机构便可以通过信息集成和一系列标准，找出那些效益好、能耗低、环境和社会风险能够得到控制的项目或企业，对其进行金融服务支持，从而将资源分享给那些能够促进绿色发展的项目或企业。随着经济一体化和金融全球化程度的加深，赤道原则在保护环境和自然资源等方面的科学性和合理性得到了印证，在推动可持续发展方面发挥着不可替代的作用。

有利于金融机构履行社会责任

不同于一般企业，金融机构掌控着利益传导机制，其决策与行动具有很强的杠杆效应。一方面，通过采纳赤道原则并建立相应的集成与分享机制，能够使金融机构的经营与运行更具有可持续性，有利于构建金融和谐并践行社会责任；另一方面，借助杠杆和利益传导机制，金融机构能够在更为广泛的层面影响其他企业的行为和责任。因此，与其认为赤道原则是金融机构规避环境与社会风险的行业准则，不如认为它是金融机构践行社会责任的最佳行业惯例。

赤道原则对我国金融机构的启示

赤道原则为我国金融机构未来履行环境与社会责任带来以下几点启示。

第一，商业价值和社会价值不再是相对割裂的，世界的潮流是跨界与融合，是在更大范围的集成与分享。金融机构应该打破既有的经营边界、责任边界，在更宏观的层面参与社会各种要素的利益和权利分享。因此，金融机构采纳赤道原则是大势所趋，应该用开放和积极的态度去面对、适应和发展赤道原则的规定。从赤道原则的实践经验可以看出，赤道原则不仅不会阻碍金融机构的发展，反而会是践行社会责任并在更高层面实现企业自身商业价值的一种积极探索。随着我国金融机构陆续"走出去",采纳赤道原则,将有利于推进我国金融机构与国际大型金融机构的合作,更好地实现我国金融机构的国际化。从监管层面讲,通过积极推进赤道原则理念与方法,有利于完善相应的监管标准,强化监督与管理,发挥赤道原则在我国可持续发展中的积极作用。

第二,赤道原则的实施需要有利的经济背景和操作环境。根据我国目前的现实状况,金融机构和融资客户完全适应并接受赤道原则还有很长的路要走。因此,在我国经济和社会现状的大背景下,做好赤道原则的"本土化"是较为明智的做法。在金融机构内部,应该将现有的管理机制与赤道原则和基本理念进行嫁接,在保证金融机构运营效率的基础上,最大限度地履行社会和环境责任;在金融机构外部,监管者也需要修改和建立监管机制,在促进金融机构健康发展的前提下,确保赤道原则的实施。在这一过程中,促进最大程度的认同、寻找最优的均衡点、实现制度转换等都是我们必须坚持的方法论。

第三,我国金融机构需要建立更为科学、合理的风险管理机制,以保证赤道原则的有效性。赤道原则作为一个风险管理框架指导,需要先进的风险管理体系才能确保实施。因此,只有借助集成与分享活动,建立科学、独立的风险管理文化,实现风险管理技术的先进性和实用性,达到风险管理的标准化、流程化和精细化,才有可能符合赤道原则的相关规定。金融机构应将可持续发展理念渗透到风险管理的全流程,利用环境风险等信息的集成与分享机制,并结合金融机构自身的特点,不断地探索促进我国可持续发展的新路径。

第三节　一家信托公司的集成与分享

中信信托有限责任公司（简称"中信信托"）是中信集团旗下主营信托业务、由中国银行业监督管理委员会监管的全国性非银行金融机构。在 2002 年，公司管理资产只有 85.05 亿元，利润仅 0.27 亿元，综合行业排名近第 30 名；而到 2015 年年末，公司资产管理规模达 13 862 亿元，净利润超过 30 亿元，是国内同业中资产管理规模最大、综合经营实力最强的信托公司。目前，公司业务已涵盖信托贷款、信托投资、私募基金、资产证券化、股权信托、合格境内机构投资者资产（QDII）、产业投资基金、企业年金等多种形式，涉及金融产品市场、矿产资源开发、基础设施建设、环境保护、民生工程、房地产行业、加工制造业等多个领域。从 2007 年至今，在资产管理规模这一最具指示意义的关键指标上，中信信托已连续 9 年位居信托行业首位。因为突出的综合实力，公司被连续推举为中国信托业协会会长单位。

中信信托的高速发展，在很大程度上得益于对集成与分享理念的成功应用。在长期的经营管理实践中，中信信托构建了一整套集成与分享机制，为实现持续、健康、快速发展提供了重要原动力。下面以中信信托近年来的经营管理实践为样本，分析企业集成与分享机制的发生过程和作用机理。

中信信托的集成与分享理念

中信信托集成与分享机制的构建有其深刻的文化基础。近年来，中信信托不断推进企业文化建设，逐步形成具有自身特色的包括信托哲学、目标愿景、发展使命、核心经营理念、管理原则、经营策略等多个方面的企业文化体系，而贯穿整个企业文化体系的便是集成与分享理念。

中信信托企业文化体系的精髓是"双无"理念，即"无边界服务、无障碍运行"的核心经营理念。"双无"不是简单的"无"的概念，这一核心价值理念蕴含的意义有：一是揭示行业特征，明确信托具有整合不同领域资源的功能和作用，信托业务横跨资本市场、货币市场、实业投资，因此信托公司应当而且可以在完善和活跃资本市场、缓解资金结构矛盾、促进资产有效流动、提高资源配置效率方面发挥信托机构独具特色的作用；二是揭示行业前景，明确信托业具有广阔的市场拓展空间和发展机会，信托的经营范围可以和人类的想象力相媲美；三是揭示核心价值，创造性和想象力是公司的动力，创新是信托业发展的灵魂和主线；四是揭示管理原则，明确实现可持续发展的管理目标，一定要统筹兼顾市场、产品、运营和风险等各方面因素；五是揭示运行规则，企业组织是一个有机整体，要主动消除运行中的各种障碍，对外以创新引导无边界，对内以协同引导无障碍。"双无"理念基于信托业的广阔前景、跨边界优势及信托功能的特殊价值，要求对外创造性打破边界破解难题，对内包容性消除障碍同心协力，协同合作不断创新，以个性化综合金融服务满足多元化市场需求。

这些内在含义，与集成与分享理念有着深度的契合。整合资源、统筹要素、实现有机组合、推动创新发展，正是"集成"的要求；而对内消除障碍、对外"无边界服务"、满足多元化市场需求则是"分享"的体现。

基于"双无"理念，中信信托提出了"致力于成为企业综合金融解决方案的提供商和多元金融功能的集成者"的发展目标，进一步明确将"集成"作为一种企业战略。中信信托认为，金融分业经营和分业监管虽然有利于金融风险的管控，但也使得很多金融创新受到了限制，很多价值链因此被切断，金融机构基本处于同质化竞争阶段。信托公司是唯一跨越诸多要素市场的金融机构，具有广泛的投资领域和多样的投资手段。这一先天优势将弥补金融分业经营的局限，将被切断的价值链连接起来，通过高效灵活的创新手段，整合不同领域的资源，为客户提供综合性一站式的金融解决方案，满足客户多元化和个性化的金融需求。

在中信信托的业务认知中，这一理念得到更为深刻的表述。《中信信托企业文化手册》中写道："我们所认知和提倡的信托，不仅要集成多种金融功能，更重要的是集成知识、智慧、关系，这里的关系是指事物之间内在必然的联系，以及各类资源之间的通道。"

中信信托在强调"集成"的同时，将"分享"提升到极为重要的位置，作为公司发展的愿景。公司提出了"金融普惠、资本民享"的经营原则，强调作为金融领域的实践者，有责任和义务通过制度创新和服务创新，解决信息不对称、资源配置不平衡所积累的矛盾和问题，让更多的、不同利益的群体特别是普通民众利用信托这一特殊的制度设计，获得普惠。在内部，公司强调"人"的根本性作用，强调"人是公司最宝贵的财富",提出"全员文化",让公司员工分享公司的各类资源,为公司员工提供各种学习成长的平台。

集成与分享的对象是知识。对于知识,中信信托给予了最高的重视。公司文化理念提出,"知识性和谐是我们安身立命的根本""创造力和想象力是公司的力量之源",公司的发展目标是"国内领先、综合优势明显、核心竞争力持续的智慧型信托公司",同样强调知识、智慧的作用。

中信信托在遵循行业规律、立足公司实际的基础上,将"集成与分享"理念内化成具有公司特色的企业文化。正是由于坚持了以"集成与分享"为内核的一系列经营理念,中信信托从容地面对复杂的市场变化,前瞻性地调整业务方向,延伸业务领域,创新业务模式,在理念和方向上始终保持着高位、领先的态势。

管理机制中的集成与分享

中信信托不仅将"集成与分享"理念内化为自己的企业文化,而且将其固化为一系列内部管理机制,使集成与分享在企业管理活动中切实发生作用。其中,最具典型意义的是"陪审团"机制、全面风险管理体系及"举手制"。

"陪审团"机制

作为主营信托业务的金融机构,业务审查是风险控制的核心环节,直接关系到公司的业务成败和经营成果。在这一关键节点上,中信信托采用了"信托业务审查委员会"机制。因该项机制充分吸纳专门审查团队外的员工参与项目评审,因此又被形象地称为"陪审团"机制。"陪审团"机制充分集合了公司内外部评审资源，集聚叠加了各类智慧、知识与经验，同时兼具开放性、示范性，使公司全员全面分享评审过程中的智力资源，是"集合与分享"理念的实践范本。

● 集成性

为保障项目评审的质量与效率，信托业务审查委员会确立了一系列规则，实现对各类评审资源的有效集成。

首先，在组织结构上，每次评审会议的人员均应由委员会秘书、业务主办团队、业务审查团队、评审委员组成。委员会秘书的主要职责为受理上会申请、初步审查材料的完备性和规范性、组织安排评审会议及其他各项日常管理工作。业务主办团队是项目发起人，在会上进行陈述、说明、论证、回答提问与质询。业务审查团队由公司风险管理及合规管理部门员工组成，负责审查参评项目材料的完备性和规范性，帮助业务主办团队完善项目的各项交易安排、规范报审材料，指导主办团队做好上会准备。评审委员由具有业务实践经验的业务审查团队以外的员工担任，来自前中后台各个部门，负责审查项目、行使投票权。此外，委员会秘书可根据委员会主任及业务审查团队意见，邀请公司董事、高级管理层、监管机构代表、律师、评估师、审计师、有经验的人士以及熟悉相关市场的人士参加会议，共同论证项目的可行性。

其次，在评审规则上，"陪审团"机制通过流程设计使各方充分表达意见，实现"知识流"的自由流动与有效汇集。在评审会议上，业务审查团队主审人协同业务主办团队向陪审团客观陈述业务的基本逻辑、核心特点、优势及劣势、定量定性分析判断。主审人重点提示应关注的主要问题、风险及公司同类业务可比条件等。业务主办团队根据主审人的提示进行解释或明确相应观点，进一步论证业务的可行性。特邀人士（如有）陈述观点及建议。委员进行提问、质询，并表达意见及建议。委员进行现场闭门讨论，讨论后以匿名方式当场投票表决，得票数达到或超过2/3的，认定陪审团表决结果同意，否则为不同意。

最后，在保障机制上，"陪审团"机制设计了若干规则，确保评审委员正确履职、保障评审质量。经公司特定程序审查合格的评审委员列入"评审委员名单库"。在每次评审会前，委员会秘书通过"附回避安排的抽签制"与"邀请制"相结合的方式，从评审委员名单库中选取委员，组成陪审团。所谓"附回避安排的抽签制"是指首先将与评审项目有利益关联的评审委员排除在候选名单外，然后再从候选名单中抽签产生评审委员；所谓"邀请制"是指委员会秘书根据项目类型、特点定向邀请熟悉该类项目的委员参加。此外，陪审团组成情况对业务部门实施"会前匿名"制度，严禁业务主办部门在评审会前打探委员人选，规定参评项目的评审委员应避免在评审会前就项目评审事宜与业务主办部门接触，若在审阅项目时产生疑问，可直接与风险合规主审团队主审人进行沟通。这些措施避免了业务部门在评审会前对评审委员意见进行干扰，使评审会成为评审委员独立、真实观点集中表达和碰撞的场合，保障了所集成的"知识流"的正向性。

● 分享性

在实践中，中信信托不仅将信托业务审查委员会作为一项评审机制，更将其作为教育课堂、公共的知识库，让公司全员分享评审会上的信息、智慧、经验、教训等智力资源。

与通常的闭门评审不同，中信信托的业务评审会向公司全体员工开放。如同法院审判一样，业务评审在引入"陪审团"的同时，也引入"旁听制度"。任何公司员工都可以旁听评审过程。为保障异地部门的"旁听权"，评审会甚至通过视频会议系统向申请旁听的异地部门进行"现场直播"。

为保障旁听过程的有序性，公司设计了旁听规则。首先，列席（旁听）评审会，需提前进行预约报名。外地分部如有视频会议需求，以部门为单位提前报名并附人员名单，并明确一名会议管理员。会议管理员负责分会场的人员组织、纪律和项目信息管理工作。会议期间，旁听人员禁止私下讨论和喧哗，如有问题或疑问，应举手示意。评审会鼓励列席人员在提问环节积极提问、发表意见。旁听人员应遵守旁听纪律，否则将被暂停列席申请。开放的业务评审会成为工作学习化的典型范式。评审会上的互动答疑、剖析讲解、意见碰撞使评审会成为鲜活的案例分析会。

在旁听制的基础上，公司实行了"评审公开课"制度，定期选取具有较高学习价值的典型信托项目安排公开旁听，事先公布项目具体信息，事后请旁听人员撰写心得体会和意见建议，信托业务审查委员会定期进行整理总结，提炼有利于提高项目审查水平和公开课效果的措施。

陪审团制度设计的核心是"建立多边机制"，而这正是集合与分享原理的重要方法论。"陪审团"机制使风险管理、合规管理、财务管理、审计评估等专业化人才能够克服"分工式"屏蔽，聚集到一个平台，实现知识在系统各个节点之间通畅的集成与分享。"陪审团"机制的建立,实现了信息自由和数据开放,代表着知识的开放和流动,代表着权力的开放和流动。同时,它实现了组织内部的包容性,建立了充满信任的组织关系。

通过集成与分享机制,中信信托的业务审查委员会成为集聚叠加智慧、知识和经验的载体,保障了业务评审流程的科学性、有效性,同时具有教育示范性,使公司全员分享了集成的智力资源。图 6 - 1为中信信托"陪审团"机制的集成与分享示意图。

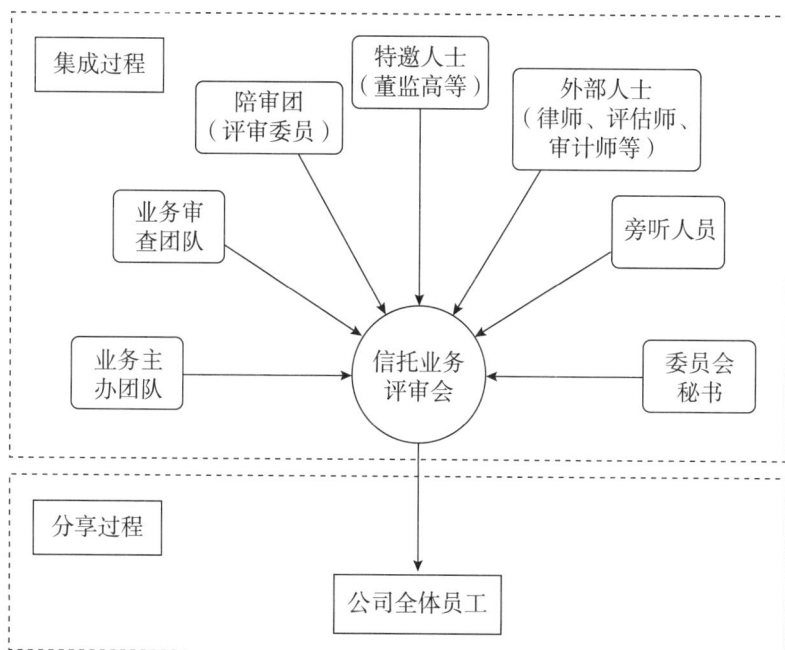

图 6 - 1 "陪审团"机制的集成与分享过程

全面风险管理体系

如果说"陪审团"机制以开放式会议的形式集中体现了集成与

分享理念，那么全面风险管理体系则是在更大范围内，以流程、制度、节点控制等综合形式实践了集成与分享理念。

风险管理是系统性工程，与公司经营的业务、组织框架、公司治理、内部控制、信息化、人力管理、企业文化等各个方面息息相关。风险存在于各个环节、各个流程当中，因此公司强调风险管理的"全覆盖""全过程"。所谓"全覆盖"，是指风险管理面向所有业务活动，覆盖一项业务的事前调查、事中审查、事后检查；所谓"全过程"，是指风险管理应涵盖一项业务的全部过程，包括业务受理、尽职调查、交易结构设计、审核审批、信息报告与披露、产品销售、执行交易、过程管理、终止清算兑付、风险处置等。风险管理的系统性决定了风险管理必然是一项高度集成化的活动；而风险管理的"全覆盖""全过程"又要求风险管理必须是全员性工作，由全员共同实施，其效果好坏取决于全员风险管理共识度的高低，这就要求风险管理过程必须具有高度的分享性。

为了实现风险管理过程的集成与分享，中信信托在实践中逐步建立起具有自身特色的全面风险管理体系。中信信托全面风险管理体系涵盖战略层面、管理层面、保障层面、基础层面，由风险管理环境、风险管理战略、风险管理流程、风险管理组织、风险管理策略、风险管理业务流程、风险管理信息沟通与报告、风险管理绩效考核、风险管理制度组成。其中，风险管理机制的复合性集中体现了集成理念，而风险管理机制的开放性又是集成后分享的成果。

- 集成性

在中信信托，风险管理并不单纯依靠"风险管理部"这一传统意义上的风险管理部门。相反，风险管理机制具有高度复合性，由多个部门、多层防线、多种交叉机制共同发挥作用，全面集成风险管理资源。

在风险管理组织上，公司设置了四道防线。

第一道防线由业务部门搭建，承担一线风险管理职责。业务主办部门按照公司风险管理制度与业务操作流程开展信托业务、固有业务和中间业务，在尽职调查、产品设计、资金募集、贷后投后管理、信息披露、终止清算等整个业务过程中对信用风险、市场风险、操作风险、法律政策风险等主要业务风险进行管理。

第二道防线由风险管理部、合规管理部、计划财务部、信托财务部等中后台部门搭建。中后台部门通过业务方案审核、过程监测、账务管理、证照及档案管理等方式，对其工作范围内的各项风险进行管理，同时对业务主办部门负责的风险管理进行平行监控，监督各项风险管理措施的落实。

第三道防线由稽核审计部搭建。稽核审计部负责对公司业务运行过程与结果进行独立的审计检查与监督，对公司风险管理运行过程和结果进行监督与评价，并向公司高管层及审计与风险管理委员会汇报。

第四道防线由党委和纪检监察委员会搭建。党委负责公司党风廉政与道德建设，对道德风险防范进行全面领导。纪检监察委员会协助党委组织落实党风廉政建设和道德风险防范工作，负责"三重一大"决策监督、廉洁从业效能监察、腐败迹象监测等。

公司以制度形式明确了四道防线中各个部门（委员会）的基本风险管理职责和具体风险管理任务。例如，业务主办部门的基本风险管理职责为：作为公司风险管理的第一道防线，业务部门是业务的具体实施部门，是业务风险管理的第一责任人，负责管理职责范围内的业务风险管理。具体风险管理任务包括：客户维护及业务拓展、产品设计与研发、业务过程管理等，每项具体职责都有清晰的描述。

在流程设计上，公司建立了多项机制，确保风险管理资源的综合性与协同性。

在业务审查方面，公司建立了"初审制、主审制、陪审制"相结合的业务审查机制。以业务总监管理责任制为核心，落实业务前台的"初审制"，即由业务总监组织所辖部门对申报业务进行初步审查；以主审人责任制为核心，落实风险合规部审查环节的"主审制"，即由风险合规人员负责对项目商业可行性、合规性等要素进行全面审查；以评审会委员责任制为核心，落实评审会环节的"陪审制"，发挥好公司智力资源在业务决策中的价值贡献作用，即上文所述的"陪审制"。

在过程管理与风险监测方面，公司采取"组合式"工作机制。部分主动管理类项目的过程管理任务主要由审查该业务的主审团队负责，其他项目的过程管理与风险监测任务由风险管理部相应专职人员负责。

在风险综合管理方面，公司推动"智库化"。充分利用风险管理部业务信息数据优势，在满足公司内部管理及外部监管的常规信息统计、报告职能以外，加强研究、研发、总结、创新等公司"智库"功能建设。

在风险项目处置管理方面，公司采取"双轨制"工作机制。合规管理部风险资产处置人员同时也是主审团队的成员，既从事风险资产处置工作，也从事业务审查工作，在具体项目上实现了业务审查、风险监测、风险处置"一条线贯通"的管控模式。

这些组织和流程安排，有效集成了公司的各类风险管理资源，将人、财、物、技术、信息等资源都纳为风险管理的要素，实现集成的"综合性"；逐层递进的防线设计、按照业务逻辑展开的流程设计完成了对各个要素的结构性组合，实现优势互补、聚合放大、功能倍增。

• 分享性

风险管理是信托公司的核心竞争力，业务方案和风险管理方法其实是公司的商业秘密。但是，基于集成与分享理念，公司将商业秘密置于高度透明状态，蕴含着公司对每个员工的充分信任。可以说，经验总结与信息分享是中信信托全面风险管理的显著特点。全面风险管理体系通过多种开放式设计，使风险管理资源得以在公司内部充分分享，从而实现对自身的不断修正与完善。

一方面，公司业务处在不断变化之中，业务部门都在多路单兵突进，常有业务新意。风险管理在与所有业务实践的长期对话中，将一个业务部门在一项业务中研究总结的做法推广到其他部门的同类业务上，自觉成为业务经验的总结和分享中枢。许多后来成为风险管理"标准配置"的措施正是这种分享的成果。例如，在信政合作融资类业务中，公司坚持将信托产品"属地化销售"作为开展业务的前提条件，向地方政府、平台公司及银行提出在其所辖区域内的最低销售比例，同时要求地方政府、平台公司的关联企业和密切关系人认购信托计划中间级受益权，即"关联人认购"。这些举措对强化地方政府及平台公司的履约信用起到重要作用，而这些措施最开始源于某个业务部门的探索与实践。此外，作为一项分享机制，公司还确立了"业务指引"这一制度形式。所谓业务指引，就是公司在广泛研究既有案例、吸取业务经验的基础上进行提炼、总结，并传达给公司全员的指引性文件，例如《信政合作融资业务风险管理指引》《业务尽职调查与可行性分析指引》等。

另一方面，公司通过专项分享措施，将集成成果向全员进行公示。一是常年举办"全员风险管理培训"。有关主讲人对多个有代表性的项目案例进行了深入的剖析，以"现身说法""自揭疮疤"的方式，让受众得到生动的案例教学。二是制定《全面风险管理专业手册》。公司根据信托公司运行的监管体系、信托业的实践经验和发展趋势、中信信托的经营特色和业务特点、金融机构的风险管理实践及全面风险管理理论，制定了详尽的风险管理手册，系统描述了公司的风险管理环境、战略、流程、组织、策略等，还对主要业务风险及管理措施进行了整理论述。《全面风险管理专业手册》是行业的首创，有力推进了风险管理的标准化和规范化。三是编写《风险管理文集》。2012～2013 年，公司启动了风险管理文集征文活动。前中后台部门踊跃投稿上百篇，大家各抒己见，或畅谈对公司风险管理理念的认识，或探讨某项业务或领域中蕴含的风险及应对措施，或进行案例分享、总结从具体项目中获得的经验和教训，其中不乏精彩之作。《风险管理文集》达到了"凝聚智慧、传递知识、启发思考"的初衷，起到了分享效果。

"全面风险管理"体系集中体现了"推进知识管理"这一方法论。中信信托的全面风险管理，充分调动了组织全体成员的积极性、创造性，使全民自觉地、有目的地参与对于风险管理这一主题的知识管理；它对风险管理知识进行采集、分类、编码、存储，实现知识有序化；它对组织知识进行维护、传播、交流，促进知识移转，发挥知识应用价值；它促进员工工作理念的发散和不同心智模式的碰撞，实现知识的 $1+1>2$。

"举手制"

中信信托的人力资本管理范式同样是"集成与分享"理念的实践样本。

信托业务横跨资本市场、货币市场、实业投资，只有不断创新，才能打破各种边界约束，把边界约束中的潜在价值释放出来，把被主观切断的原本相互联系的价值链挖掘出来，而这一切依赖于具有能动性、创造性的"人"。因此，人不应仅仅被视为一个企业的消费成本，而是企业实现战略目标的制胜利器，即人力资本。多年来，中信信托将人力资本发展视为公司核心战略之一，对知识和智慧高度重视和尊重，推崇并鼓励高附加值的人力产出。这就要求，人必须是"综合性"的人，是有着复合能力结构、集成多种智力资源的人。

为此，公司提出学习型、知识型、智慧型"三型"组织建设的战略，坚持以能力建设为导向，以岗位职级和任职资格体系为基础，使用与组织开发相结合，采用多种方式，为职工提供广阔的职业舞台和成长机会，提升人力资本的"集成性"。图 6－2 为"三型"组织战略示意图。

在中信信托的人力资本管理机制中，最能体现"分享性"的是"举手制"。所谓举手制，是指任何员工基于业务发展前景的预期、本人的资源禀赋和综合能力，都可以向公司总经理办公会"举手"，申请成立新的业务发展部门。公司设立"举手制评审委员会"，设定了举手条件、评审流程。通过委员会"答辩"的申请人可成立举手

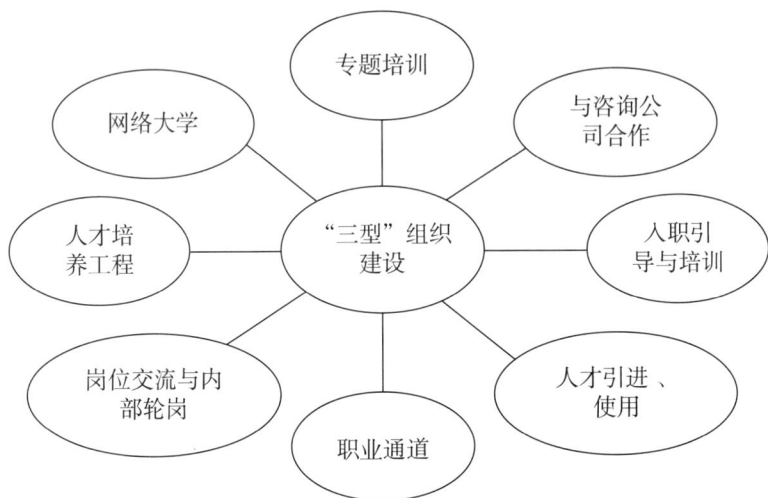

图 6 - 2   "三型"组织战略示意图

制团队，并在一定期限内接受考察。通过考察期考核的"举手制"部门可通过公司决策流程确立为正式部门，"举手制"员工可得到正式聘任。自 2008 年以来公司共有十几个部门相继举手成立，发展态势良好，其中多个部门已经转为正式部门，并成为业务拓展、业务创新的中坚力量。

"举手制"的本质是让有充分价值创造力的员工能够分享公司现有的组织功能、机制、制度、文化及各类业务发展资源。如果说全面风险管理体现的是"全员性"分享，那么"举手制"则是"筛选式"的分享。这种开放式、分享性的用人机制充分体现了透明、高效的特征，打破了年龄和资历等客观条件的束缚，为青年职工搭建了施展个人才华和实现自己抱负的职业平台。分享式的用人机制让有价值创造力的人分享到了公司的公共资源，同时让贡献者分享了企业的经营成果，有利于凝聚和保有优秀人才，符合公司和股东的利益。

"举手制"应用了"构建生存状态"的方法论，成功推动了"选择性成长"。首先，举手制是人性化管理的集中表现。它突破了刻板的组织角色分配方式，使个人在组织中得到人性化对待，获得成就感、归属感、使命感；"举手"如果通过评审，对举手人是一种巨大的正向激励，大大提升了内在驱动力；公司对举手制人员实行"容错机制"，给予足够的考察期，容忍其一定范围内的过错，推动其自我检讨、自我提升；举手制的推行使企业组织内部避免了"阶层化"，使组织全员都有机会获取、调集资源，形成了集成与分享型的资源"非管理"模式。

业务模式中的集成与分享

"集成与分享"理念不仅在中信信托的内部管理机制中得到应用，而且成为业务发展的重要指导理论。"集成与分享"理念通过与信托业务特性的有机结合，成功创新了多种业务模式。这其中具有典型示范意义的是土地流转信托、消费信托、保险金信托及政府与社会资本合作（PPP）等。

土地流转信托

所谓土地流转信托，是指委托人（土地承包经营权人）在一定期限内将土地承包经营权信托给受托人，受托人在坚持土地集体所有和保障农民权利的前提下，按照土地使用权市场化的需求，通过规范的程序，以土地出租等方式将土地经营权在一定期限内依法、有偿转让给其他主体从事农业开发经营。

当前，由于农业生产成本较高、农业比较效益低下、农民进城务工增多等原因，土地利用率低的现象在全国范围内普遍存在，危及粮食生产安全，造成社会紧缺的耕地资源闲置浪费等后果，同时不利于城镇化进程的顺利推进。国内对农村土地流转具有迫切需求。

2013年10月，中信信托与安徽省宿州市埇桥区政府合作，成立国内第一支土地流转信托计划——"中信农村土地承包经营权集合信托计划1301期"。该信托计划的基本结构如下：宿州市埇桥区政府作为委托人，以其受托管理的朱仙庄镇两个村570余户5 400亩农业用地的承包经营权设立信托，期限12年；中信信托作为受托人将土地对外出租给从事农业生产经营的农业公司或种粮大户等，由承租人运用现代化农业技术与集约化经营提升土地整体经济产出；信托计划以获取地租形式实现信托收益，并通过信托受益人埇桥区政府的再分配，最终让信托土地的原始承包经营农户享受土地运营增值。条件成熟时，公司可在该信托项下增发资金信托受益权，募集资金进行信托土地的农业基础设施建设。安徽宿州土地流转信托的交易结构如图6-3所示。

此后，中信信托不断推广土地流转信托模式，并因地制宜，根据各地情况调整、创新土地信托的模式。图6-4是中信信托在吉林市公主岭开展的土地流转集合信托计划。

中信信托的土地流转信托业务运用"集成与分享"的理念，成功开创了农村土地承包经营权有序流转的规范模式。

一方面，土地流转信托集成了土地、金融、科技、现代农业服务等多重要素，展现出如下特性。

"隔离作用"——信托结构本身具有法律赋予的隔离作用，使农村土地承包经营权、资金、农业服务等各要素从原先的主体独立出来，纳入信托计划，构成集成的基础。

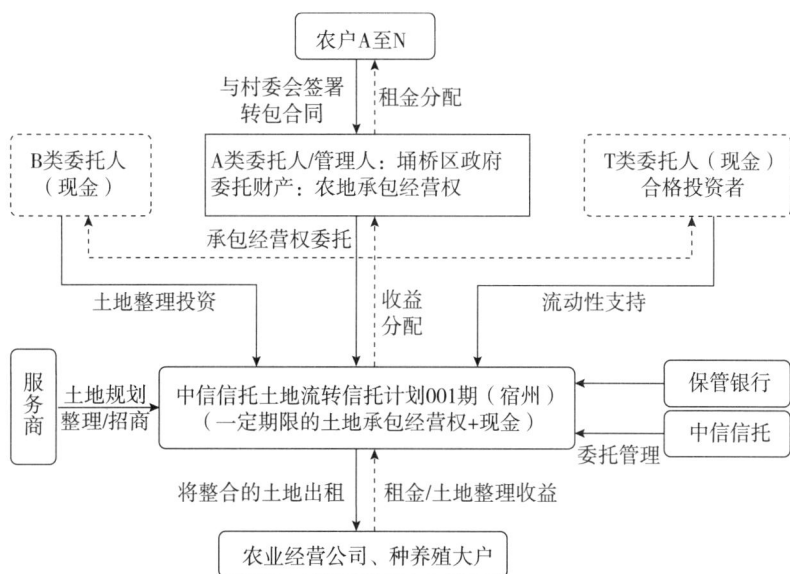

图 6-3 安徽宿州土地流转信托的交易结构

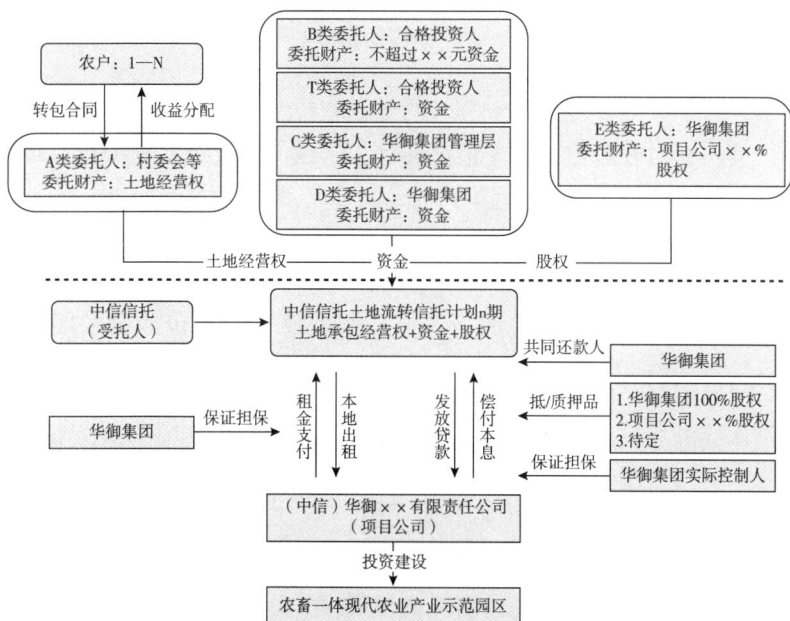

图 6-4 吉林市公主岭土地流转集合信托计划

"导入金融元素"——信托机构为农业导入金融元素，使土地经营权的流转更加具有资本属性，实现市场化有效的增值。

"向土地注入知识"——通过信托搭建的平台，引入专业的农业服务商，解决农民知识占有量低的问题和信息不对称问题，合理、有效地开发和利用土地资源。

"综合服务"——信托具有多领域服务的优势，不仅提供金融支持，还能够对接农业产业方、投资方、消费方等，避免信息、技术、资源等不对称，利于打通产业链，实现农业产业整合、升级。

另一方面，土地流转信托建立了公平、合理的分享机制，使各参与方获得了各自权益，充分体现了分享性。

首先，对农民而言，信托结构提供了有保障的收入来源，同时避免农民直接面对农业市场，规避了因自然灾害、市场变化引起的农业损失。此外，土地流转信托将不可移动的土地变成了可自由携带的受益权凭证，对农民的自由流动具有重要作用。

其次，对政府而言，土地流转信托实现了对土地的规模化、集约化经营，为发展现代农业奠定了基础。同时，它有利于农村劳动力的解放、城镇化建设的开展，对平衡城乡二元结构有重要意义。

最后，对农业产业方而言，信托制度使土地承包经营权隔离出来，自己不必直接面对农民，对土地的长期使用有了稳固的基础；信托结构同时提供了金融机构信用，并可能获得融资安排；信托平台提供了综合信息服务，利于农业开发。

这种集合与分享机制客观上实现了各个参与方之间权利与义务的平衡，创造了一个稳固的、多赢的发展模式。土地流转信托中各方的权利、义务和责任见表6-1。

表 6 - 1　土地流转信托中各方的权利、义务和责任

	权利	义务	责任
农户	基本收益＋超额收益	将土地承包经营权以信托方式转让	监督土地使用情况
政府	代表农户获取信托收益	土地承包经营权归集后统一委托给中信信托管理	监督土地使用情况；向农户分配收益；调节农户内部纠纷
中信信托	集中统一管理受托土地，并视情况进行土地整理和农业设施投资	将土地出租给专业公司；募集信托资金用于土地整理及基础设施建设；提供流动性支持	平衡各方利益；引入知识与资本
农业产业公司	使用农地	缴付地租	推进农业现代化

　　土地流转信托实现了集成与分享，为解决农村农业发展问题提供了一条路，并体现出诸多优势，被赋予极大的社会意义。众多机构认为，对于实现农业的规模化、专业化、集约化经营，促进传统农业向现代农业转型；对于促进农民向二、三产业转移，实现多形式就业、多渠道增收；对于促进农村土地资源资本化，广泛吸引城市资本、企业资本、金融资本流向农村，加速形成多元、长期的农业投入机制；对于实现城乡、工农统筹发展，加快建设社会主义新农村和城镇化；对于将"僵化"的土地变成可携带的财富、解放农村生产力等众多课题，土地流转信托都具有重要意义。

消费信托

　　消费信托是指信托公司接受消费者的委托，通过甄选消费产品，向产业方进行集中采购，同时利用沉淀资金集中投资获得超额收益，

并通过对产品运营和资金运用的监管，保护消费者权益，实现消费权益增值的一种信托模式。与传统项目不同，消费信托的功能不是获取资金增值，而是帮助消费者优选商家和服务机构，借助集中采购获取价格优惠，借助沉淀资金运用收益弥补产品运营成本，分担消费者的消费成本，从而让消费者获得高性价比的消费权益，并监管预付资金的使用，最终使受益人在有保障的前提下获取性价比高的优质消费服务。消费信托首次将信托受益权的内容从资金收益扩展至消费权益，革新了信托服务的模式。消费信托运作流程如图 6-5 所示。

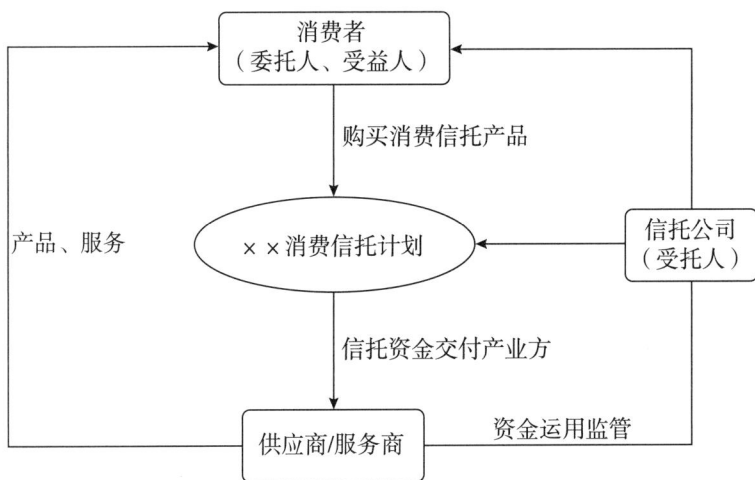

图 6-5　消费信托示意图

2013 年年末，中信信托探索开发了国内第一单"消费信托"——"中信·消费信托嘉丽泽健康度假产品系列信托项目"。认购该信托产品的投资者可以获取享受"嘉丽泽国际健康岛"所提供的旅游度假、高尔夫、马术等休闲娱乐服务。嘉丽泽国际健康岛是集医疗、养老、旅游、地产等于一体的综合产业园项目。此后，中信信托不断拓宽消费信托应用领域，并推出"中信宝"平台，通过后台的大数据分析和处理，匹配客户的消费需求，旨在为消费者提供更为完善便利的消费服务。目前，中信信托的消费信托产品已覆盖旅游、珠宝、酒店、医疗、影院、通信等多个领域。例如"中信和信居家养老消费信托"，客户可享受服务权益及理财收益双收益，既可购买成都居家养老产品，一年内获得低于市场价的四川晚霞居家养老服务、中颐信健康管理服务等居家养老服务，又可以获得本金返还及部分现金收益。在文化投资领域，中信信托携手百度金融、中影股份及德恒律所联合推出"百发有戏"电影大众消费互联网服务平台，探索"消费众筹＋电影＋信托"的全新互联网金融商业模式。"百发有戏"将电影《黄金时代》及其周边产品的消费权益纳入信托范围，消费者通过参与"百发有戏"平台的预售或团购获得电影票、影院卡等实物、服务或媒体内容形式的消费权益。

"集成与分享"是消费信托的核心理念。在消费信托中，一端是众多的消费者，形成类似于"团购"的规模效应，集合起大量购买力，形成较为强大的谈判能力；另一端则是产品的供应商或服务的提供商，同时接收大量订单，获取预付款，形成规模化经营，降低经营成本，为消费增值打下基础。消费信托模式打通了产业方、金融方、消费方，集成了消费商品、资金以及消费保障服务，同时使各方从消费信托平台获取超额收益。

对产业方而言，与信托公司合作，客观上引入了金融信用，为自身及产品增信；通过金融机构销售自身产品开拓了全新的销售渠道，提供了广阔的发展空间；通过消费信托提前确定未来产品需求状况，实现以销定采；预付款实现了资金提前回笼，降低了供应链的资金压力。

对消费者而言，消费信托的集中采购模式大幅降低了产品购买价格，获取了超额消费权益；消费者直接面对品牌商，脱离多层中间商；信托公司的监管使消费资金有了安全保障；沉淀资金的金融运作产生了额外理财收益；金融机构的介入促进了消费升级，享受到更为全面综合的消费体验。

消费信托利用集成与分享理念成功打通了从生产到消费的产业链条，构建了一种资源集成、成本共担、互利共赢的全新商业模式。

保险金信托

2014 年，中信信托与信诚人寿保险有限公司合作推出了国内首款保险金信托产品。所谓保险金信托，是指投保人在签订保险合同的同时，将其在保险合同下的权益（主要是保险理赔金）设立信托，一旦发生保险理赔，信托公司将按照投保人事先对保险理赔金的处分和分配意志，长期且高效地管理这笔资金，实现对投保人意志的延续和忠实履行。保险金信托的运作流程如图 6-6 所示。

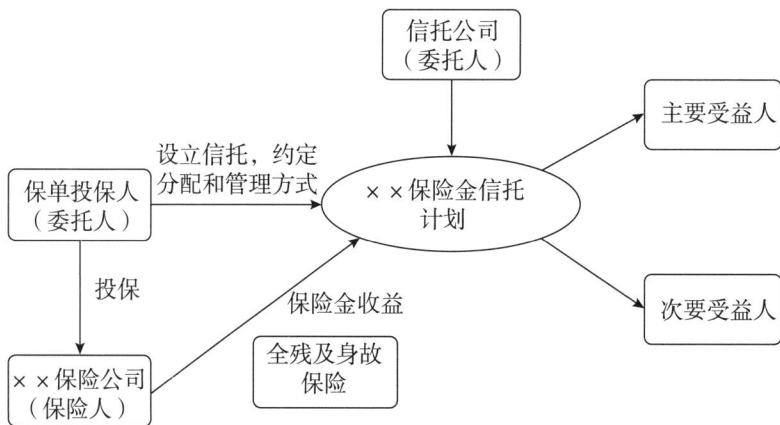

图 6-6 保险金信托示意图

中信信托的首单保险金信托对接的是信诚"托富未来"终身寿险产品。该产品定位为高净值人群，凡是累计保额在 800 万元以上的群体，可以自主选择是否通过信托计划来安排保险理赔金。如果选择加入信托，一旦被保险人身故，保险金将由信托公司打理，信托公司将根据被保险人生前书面协议对保险金进行投资、管理、分配，按照被保险人的意愿进行财富传承。

统计数据显示，随着私人财富的增长，近年来我国频频出现上千万元的大额保单。2013 年至今，北京、深圳甚至产生多张保额超亿元的巨额单。传统保单到期后，保险公司将一次性将保险金给付受益人，而受益人如何使用、能否按投保人意愿使用巨额保险金不受任何监督管理。

保险金信托第一次在消费终端产品层面，实现了保险服务和信托服务的创新融合。在发生理赔之前，项目是以财产权信托的方式托管在信托公司，一旦发生理赔，财产权信托会转换为资金信托，信托公司将根据当初签订的信托协议，履行受托义务。根据客户的意愿，为客户量身定制信托资金用途，比如用于子女的教育、购房、购车等。图 6-7 为保险金信托用途示例。

保险金信托集合了多种功能。首先，它具有一般的保险服务作用，产生保险收益。其次，它将保险金隔离出来，单独管理，起到了资产保护的作用。再次，保险金信托具有资金信托的功能，可以实现财产保值增值。最后，它还兼具事务管理功能，按照委托人意愿，管理处分信托资产，使委托人意志得以实现。

保险金信托的分享性则表现在：首先，它满足了委托人的意愿，实现了财富的灵活传承；其次，它具有家族信托所起到的长期关怀、

受益人1：儿子（主要受益人，10岁左右）	受益人2：妹妹（次要受益人，10多岁）
受益份额：保额的80%（400万元） 分配安排： ·每季度支付基本生活费1万元 ·从12岁开始每年发放1万元，至26岁为止 ·从初中至博士，每一阶段进行学费支持，每一阶段进行毕业奖励 ·结婚满10年、20年时予以20万元、50万元奖励，离婚时予以10万元补助 ·生育一胎、二胎时予以10万元、20万元奖励	受益份额：保额的20%（100万元） 分配安排： ·每季度支付基本生活费8 000元 ·从15岁开始每年发放1万元，至23岁为止 ·从大学至博士，每一阶段进行学费支持 ·从大学至博士，每一阶段进行毕业奖励 ·离婚时予以10万元补助

图6-7　保险金信托用途示例

防挥霍、资产集中管理等功能，使受益人获得充分的保护；最后，保险金信托可以将按照继承法无法获得委托人遗产但委托人有照顾意愿的人列入受益人范围，共同分享信托财产。

PPP

PPP是英文"Public-Private Partnership"的缩写，即政府与社会资本合作模式，是指在基础设施及公共服务领域政府引入社会资本共同参与建设的业务模式。一般而言，在PPP项目中，社会资本承担设计、建设、运营、维护基础设施的大部分工作，政府部门则负责基础设施及公共服务价格和质量监管，以保证公共利益最大化。从本质上看，PPP模式是政府向社会资本购买服务，即政府采取竞争性方式择优选择具有投资和管理能力的社会资本，双方按照平等协商原则订立合同，共同推进基础设施建设。

2015年，中信信托设立了国内首个信托PPP项目——"中信·唐山世园会PPP项目"，该项目总规模6.08亿元，期限15年，投向唐山世界园艺博览会基础设施建设，在业内产生了巨大影响。此后公司在多地开展了 PPP 业务，并引领了信托行业参与 PPP 项目的潮流。图 6-8 展示的是信托公司参与 PPP 项目的典型交易结构。

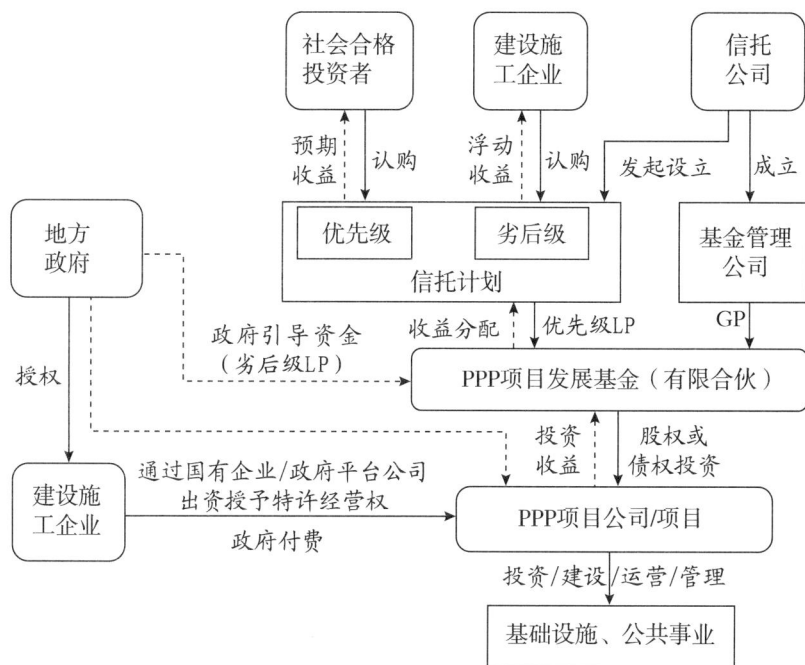

图 6-8　信托公司参与 PPP 项目的典型交易结构

从机制原理看，PPP 模式的机制设计充分发挥了政府部门和社会资本的各自优势，集成了各方面的优质资源，提高了公共服务的供给质量和效率。一是资源整合、优势互补。将社会投资者、建设施工企业、金融机构和政府绑定在一个平台之上，集成了充足的建设资金、高效的商业管理方法、稳健的风险管理、特定领域的专才和经验以及严格的质量监管、价格管控等，产生了提升基础设施质量、降低成本、扩大公益的良好效果。二是风险分担。按照"风险由最适宜管理的一方承担"的原则分配项目风险，让双方承担各自擅长控制的风险，社会资本一般承担设计、施工、融资、运营、财务等风险，最大限度地激发社会资本方的活力和创造力，政府部门一般承担政策、法律、需求等风险，而不可抗力等风险由双方共担。三是收益共享。PPP项目以运营补贴、项目本身商业开发收益、让渡经营收费权、投入存量资产等方式向社会资本支付对价，保证其获得合理收益；而政府通过竞争性谈判引入资质最好、价格最低且能共担风险的合作伙伴，并对公共服务服务质量和价格进行全生命周期监管，拥有价格调整、信息要求、限制或强制行为等规制权力，最终以最小的代价实现了最大的公众利益。

PPP模式的总体思路是，政府、企业基于某个项目而形成以"多赢"为理念的相互合作形式，使得项目的参与各方重新整合，组成行动联盟，协调各方的不同目标，使参与各方可以达到与预期单独行动相比更为有利的结果。共同行动、利益共享、风险分担是其最主要的特征。

PPP模式充分体现了集成与分享机制的重要功能，它用未来收益交换建设资金，以项目股权换取商业效率，用机制倒逼政府能力提升，用多元化分散风险，用框架保障控制，最终集成政府和社会资本的各自优势资源，共同推进基础设施建设并合理共享建设成果。

土地信托、消费信托、保险金信托、PPP等创新业务模式，是中信信托运用集成与分享原理创造出来的成功商业模式，其共同本质是，信托公司通过搭建完整的信托平台，整合各类资源，吸附众多产业方、投资客户，实现对多种要素、多种资源、多种功能的有机集成，同时设定公平、合理的分配机制，使各个参与方获得匹配的利益。其采用的主要方法论是"制造均衡点",通过创造利益平衡机制,使平台上的各个主体能够有效博弈,促进资源流动,实现组织效益最大化。实践证明,运用"集成与分享"理念设计的信托模式,可以使参与方实现利益捆绑、资源共享、专业分工,最终实现共赢。

　　这些创新业务模式,同时是中信信托在内部管理机制上充分运用集成与分享原理的成果。上文已经论述,由于集成管理突出强调人的主体行为,而集成管理的主体行为又突出表现为管理者以一种创造性的思维方式和创新性的管理方法,将组织内外资源进行有机整合和重构,从而产生集成前无法达到的效果。因此,"集成与分享"理念的应用既是优化内部管理的有效举措,又是推动创新的重要动力。

致　谢

感谢厉以宁先生，本书编辑之际他欣然接受邀请作序，这对我今后的研究工作是极大的鼓励。

感谢于鸿君先生，他提倡研究的课题要贴近社会经济实践，研究的理论功底要扎实，对本报告的结构、原理的形成给予很多具体的指导。

感谢蒲坚先生，他以对知识、人生的睿智理解，对市场的敏感性，为本报告原理的形成、实践案例的剖析提出很多完善性意见。

感谢车耳先生，正是在他的鼓励和支持下，我走进中国国际经济咨询公司博士后工作站并完成研究工作。

感谢徐光磊先生，本书第四章是在我们俩合作的《信托化：组织的制高点和命脉》有关章节的基础上改编而成的。

感谢高静波博士、尹隆博士、董禹博士、周萍博士、翁两民博士为本书所提供的帮助。

感谢北京大学光华管理学院、中信信托有限责任公司和中国国际经济咨询公司，三家机构都具有深厚的历史传承和荣誉，在三家机构的学习和工作经历，丰富了我的人生感受和思想境界，并留下难以忘怀的回忆。

感谢家人对我研究工作的理解，这两年多的学习与研究虽艰苦，但我特别希望我的下一代能够感悟并将这种精神传承下去：任何时候都不要放弃对知识的热爱和追求。

2016 年 12 月 8 日于北京

参考文献

中文文献

1. 阿肖克·贾夏帕拉. 知识管理: 一种集成方法 [M]. 北京: 中国人民大学出版社, 2013.

2. 爱德华·威尔逊. 知识大融通 [M]. 北京: 中信出版社, 2016: 209 – 210.

3. 艾芳菊. 基于实例推理系统中的权重分析 [J]. 计算机应用, 1997, 25 (5): 1022 – 1025.

4. 安小米等. 知识管理方法与技术 [M]. 南京: 南京大学出版社, 2012.

5. B·盖伊·彼得斯. 政府未来的治理模式 [M]. 北京: 中国人民大学出版社, 2014: 76 – 94.

6. 白庆华, 何玉琳. CIMS 中的系统集成和信息集成 [M]. 北京: 北京电子工业出版社, 1997.

7. 彼得·F·德鲁克. 德鲁克文集 (第一卷) 个人的管理 [M]. 上海: 上海财经大学出版社, 2006: 33.

8. 伯特兰·罗素. 权力论——新社会分析 [M]. 北京: 商务印书馆, 1991.

9. 布莱恩·罗伯逊. 重新定义管理: 合弄制改变世界 [M]. 北京: 中信出版社, 2015: 3 – 17.

10. 蔡剑. 协同创新论 [M]. 北京: 北京大学出版社, 2012: 109.

11. 蔡自兴, 徐光佑. 人工智能及其应用 (2 版) [M]. 北京: 清华大学出版社, 1996.

12. 曹磊等. Uber 开启 "共享经济" 时代 [M]. 北京: 机械工业出版社, 2015: 14 – 35.

13. 陈佳贵. 现代企业管理理论与实践的新发展 ［M］. 北京：经济管理出版社，1998.

14. 陈威如，王诗一. 平台转型：企业再创巅峰的自我革命 ［M］. 北京：中信出版社，2016：133 – 134.

15. 陈威如，余卓轩. 平台战略 ［M］. 北京：中信出版社，2013.

16. 陈伟. 创新管理 ［M］. 北京：科学出版社，1998：52 – 63.

17. 陈永刚. 略论马歇尔的均衡价格论 ［J］. 赤峰学院学报：汉文哲学社会科学版，2000（6）：13 – 16.

18. 成思危. 复杂科学与管理—复杂系统理论探索 ［M］. 北京：民主与建设出版社，1999：1 – 15.

19. 成思危. 论软科学研究中的综合集成方法 ［J］. 中国软科学，1997（3）：68 – 71.

20. 戴汝为. 智能系统的综合集成 ［M］. 杭州：浙江科技出版社，1995.

21. 戴汝为，操龙兵. Internet——一个开发的复杂巨系统 ［J］. 中国科学 E 辑：技术科学，2002（4）.

22. 戴汝为，操龙兵. 综合集成研讨厅的研制 ［J］. 管理科学学报，2002（3）：10 – 16.

23. 德内拉·梅多斯，乔根·兰德斯，丹尼斯·梅多斯. 增长的极限 ［M］. 北京：机械工业出版社，2013：3.

24. 邓华波，舒彪，郭爱斌. 知识管理体系及其在系统集成环境中的集成 ［J］. 计算机集成制造系统，2007，9（13）：1738 – 1749.

25. 董福壮，罗伟其. 信息集成技术及其发展 ［J］. 暨南大学学报（自然科学版），2001（5）：74 – 80.

26. 恩斯特·卡西尔. 人论 ［M］. 北京：光明日报出版社，2009.

27. 范冬萍，张华夏. 突现理论：历史与前沿——复杂性科学与哲学的考察 ［J］. 自然辩证法研究，2005（6）：5 – 10.

28. 方红星，王宏. 企业风险管理——整合框架 ［M］. 大连：东北财经大学出版社，2007.

29. 费奇，余明晖. 信息系统集成的现状与未来 ［J］. 系统工程理论与实践，2001（3）：75 – 78.

30. 傅家骥等. 面对知识创新的挑战，该抓什么 ［J］. 中国软科学，1998（7）.

31. 高展，张惠侨，熊泗洲．系统集成与现代企业［J］．机械设计与研究，1999（2）：35.

32. 龚建桥等．科技企业集成管理研究论纲［J］．科研管理，1996（3）．

33. 顾基发，张玲玲．知识管理［M］．北京：科学出版社，2009：200－201.

34. 郭亮，于渤，郝生宾．动态视角下的企业技术集成能力内涵及构成研究［J］．工业技术经济，2012（5）：11－18.

35. 海峰．集成管理［M］．北京：经济管理出版社，2003：20.

36. 海峰等．基于知识创造的企业组织集成模式［J］．科技进步与对策，1999（6）．

37. 海峰．管理集成的基本范畴［J］．系统辨证学学报，2000（4）．

38. 海峰，李必强等．集成论的基本范畴［J］．中国软科学，2001（1）．

39. 韩家彬，于鸿君．农村公共管理服务变化影响农户收入吗：基于中国健康与养老调查数据的经验分析［J］．人口与发展，2014（5）：61－68.

40. 韩家彬，张震，于鸿君．非均衡发展战略与中国城乡收入差距的关系：来自省级面板数据的经验分析［J］．统计与信息论坛，2011（12）：54－58

41. 韩家彬，陈文新，于鸿君．经济权利视角下我国城乡收入差距的成因［J］．社会科学家，2010（3）：48－51.

42. 黑格尔．精神现象学［M］．北京：商务印书馆，1979.

43. 黄杰，熊江陵，李必强．集成的内涵与特征初探［J］．科学学与科学技术管理，2003（7）：20－22.

44. 黄顺基，苏越，黄展骥．逻辑与知识创新［M］．北京：中国人民大学出版社，2002.

45. 黄欣荣．复杂性科学方法论研究［M］．重庆：重庆大学出版社，2006：175－187.

46. 杰里米·里夫金．同理心文明：在危机四伏的世界中建立全球意识［M］．北京：中信出版社，2015.

47. 卡尔·马克思．资本论［M］．北京：人民日报出版社，2006.

48. 柯林武德．历史的观念［M］．北京：商务印书馆，1998.

49. 肯特·戈尔茨坦．机体论［M］．杭州：浙江教育出版社，2001.

50. 蓝虹．论赤道原则中的利益相关者互动机制［J］．中南财经政法大学学报，2011（03）：74－79.

51. 老子．道德经［M］．西安：三秦出版社，2002.

52. 李宝山，刘志伟．集成管理［M］．北京：中国人民大学出版社，1998：34－35.

53. 李必强．企业集成系统和企业管理集成研究［D］．武汉理工大学博士学位论文，2003.

54. 李必强．管理集成探讨［J］．中国管理科学，1999（增）.

55. 理查德·道金斯．自私的基因［M］．长春：吉林人民出版社，1998.

56. 李翀．马克思劳动价值论与马歇尔均衡价格论的比较和思考均衡价格论的比较和思考——评近年发生的对马克思劳动价值论的批评［J］．马克思主义研究，2000（3）：46－51.

57. 李丽君．赤道原则对我国绿色金融建设的启示［J］．管理现代化，2015（06）：118－120.

58. 李士勇，田新华．非线性科学与复杂性科学［M］．黑龙江：哈尔滨工业大学出版社，2005.

59. 李文博．企业集成创新系统的深层耦合机理及其复杂性涌现［J］．科技进步与对策，2009（5）：73－76.

60. 厉以宁．超越市场与超越政府［M］．北京：经济出版社，1999.

61. 厉以宁．创新驱动经济转型［J］．中国流通经济，2014（1）：4－8.

62. 厉以宁．发展优势的创造［J］．当代财经，2013（1）：5－7.

63. 厉以宁．关于中国企业文化的几个问题［J］．北京大学学报（哲学社会科学版），2011（1）：95－99.

64. 厉以宁．企业的社会责任［J］．中国流通经济，2005（7）：4－5.

65. 厉以宁．有创意才能占领产业制高点［J］．创新科技，2013（1）：7.

66. 廖建文．后互联网时代的商业新规则［J］．清华管理评论，2014（3）.

67. 梁嘉弊等．知识社会企业生态的复杂性［J］．决策借鉴，2001（6）.

68. 刘常勇，傅清富，李书政．知识管理能力对新产品开发绩效之影响［J］．中山大学学报，2002，42（5）：119－12.

69. 刘国华，吴博．共享经济2.0［M］．北京：企业管理出版社，2015：7.

70. 刘式达．关于对复杂性的几点认识［M］//中国科学院《复杂性研究》编委会．复杂性研究．北京：科学出版社，1993：70－80.

71. 刘晓敏，檀润华，姚立纲．产品创新概念设计集成过程模型应用研究［J］．机械工程学报，2008，9（44）：154－162．

72. 刘小强．集成论初探［J］．中国软科学，1997（10）．

73. 刘一鸣．蚂蚁金服下的一盘什么好棋？［J］．新金融评论，2016 年 10月 19 日．

74. 刘鹰，项松林，方若乃．阿里巴巴模式：改变游戏规则，在释放草根创新力中成长［M］．北京：中信出版社，2014．

75. 刘玉照，杜言．基于信息集成的信息资源共享［J］．情报杂志，2003（7）：54－55．

76. 刘志云．赤道原则的生成路径——国际金融软法产生的一种典型形式［J］．当代法学，2013（01）：137－144．

77. 罗宾·蔡斯．共享经济：重构未来商业模式［M］．杭州：浙江人民出版社，2015：55－70．

78. 罗仕鉴，朱上上，孙守迁．产品造型设计中的客户知识与设计知识研究［J］．中国机械工程，2004（8）．

79. 迈克尔·哈耶特．平台——自媒体时代用影响力赢取惊人财富［M］．北京：中央编译出版社，2013：7－8．

80. 马斯洛．人性能达到的境界［M］．西安：陕西师范大学出版社，2010．

81. 马化腾，张孝荣，孙怡，蔡雄山．分享经济：供给侧改革的新经济方案［M］．北京：中信出版社，2016：39．

82. 马士华等．供应链管理［M］．北京：机械工业出版社，2000：23．

83. 梅竹．头脑风暴法在团队决策中的思维缺陷及完善对策［J］．商场现代化，2009（593）：72－73．

84. 孟浩．企业创新集成研究［M］．北京：科学技术文献出版社，2011．

85. 孟浩，何建坤，吕春燕．创新集成与集成创新探析［J］．科学学研究，2006（24）：261－266．

86. 潘旭伟，顾新建，仇元福等．面向知识管理的知识建模技术［J］．计算机集成制造系统，2003（7）：517－521．

87. 庞建刚．基于产业链视角的区域循环经济参与主体利益共享机制研究［M］．北京：中国工信出版集团，2015：92．

88. 彭仁贤，韩江波．分享经济理论的演化：纬度、路径和逻辑［J］．江淮论坛，2013（3）：49－55.

89．彭锐，甄朝党．知识管理理论基础探源［J］．云南财贸学院学报，2003（19）：4－8.

90．彭小宝，宋伟．面向创新的知识集成模式研究［J］．科技管理研究，2008（1）：33－35.

91．彭志国．技术集成的实证研究——以 Iansiti 对美日半导体行业的研究为例［J］．中国软科学，2002（12）：94－99.

92．蒲坚．观念的批判［J］．企业研究，2013（12）：15－16.

93．蒲坚．解放土地［M］．北京：中信出版社，2015.

94．蒲坚．人、制度、公有制［J］．北大商业评论，2013（8）：116－121.

95．蒲坚．信托服务实体经济大有可为［J］．红旗文稿，2012（22）：15－17.

96．蒲坚．以人为本：人、知识、生产力的归一性研究［J］．中共中央党校学报，2012（6）：27－29.

97．蒲坚．知识和幸福［J］．冶金企业文化，2014（6）：10－11.

98．沈力等．企业利益相关者利益平衡机制研究［J］．商业研究，2009：11.

99．沈小平，马士华．基于人—机—网络一体化的综合集成管理支持系统研究［J］．系统工程理论与实践，2006（8）.

100．斯蒂芬·德森纳．众筹——互联网融资权威指南［M］．北京：中国人民大学出版社，2015：4.

101．史锦梅．马歇尔均衡价格论辨析——兼谈马克思劳动价值论的科学性［J］．湖北经济学院学报（人文社会科学版），2013（9）：18－19.

102．舒光复．综合集成系统重构及宏观经济研究中的应用［J］．系统工程学报，2001，10（5）：349－353.

103．水藏玺等．流程优化与再造［M］．北京：中国经济出版社，2013：1－3.

104．苏朝晖．客户关系管理：客户关系的建立与维护［M］．北京：清华大学出版社，2007.

105．冯毅雄，谭建荣，张树有，马辉．集成环境下创新产品进化设计技术研究［J］．计算机集成制造系统，2006（1）.

106．唐·帕伯斯，玛莎·罗杰斯．共享经济［M］．浙江：浙江大学出版社，2014：7－9.

107. 唐文献，李莉敏，管瑞良．知识驱动协同创新的产品开发模型［J］．计算机集成制造系统，2005，11（6）：757－761.

108. 唐向清，魏建华．专家系统与专家智能控制［J］．现代制造工程，2008（2）：84－87.

109. 田生彩，方卫宁．面向客户的协同工业设计产品方案评价系统［J］．计算机集成制造系统，2003，37（S1）：65－74.

110. 宛西原，刘飞，尹超．基于客户的大规模定制产品的协同设计研究［J］．计算机集成制造系统，2002，8（12）：936－940.

111. 王娟茹，杨瑾．知识集成能力及其构成因素实证分析［J］．科学学与科学技术管理，2005（11）：97－102.

112. 王思明，汪虹．资源共享方式若干问题的研讨［J］．运筹与管理，1998（9）．

113. 吴剑．中小企业集成能力影响创新绩效的实证［J］．预测，2011（5）：18－21.

114. 吴淑琨，席酉民．公司治理与中国企业改革［M］．北京：机械工业出版社，2001.

115. 熊彼特．经济发展理论［M］．北京：中国画报出版社，2012：68－73.

116. 徐光磊，张继胜．信托化：第三次金融革命——复杂性科学视角下的金融进化［M］．北京：中国金融出版社，2014.

117. 徐玖平，陈建中．群决策理论方法与实现［M］．北京：清华大学出版社，2009.

118. 徐起贺．现代机械产品创新集成化方法研究［J］．农业机械学报，2005（3）：102－105.

119. 徐玖平，陈建中．群决策理论方法与实现［M］．北京：清华大学出版社，2009.

120. 闫红.CB物流企业集团资源共享战略研究［M］．天津：天津大学出版社，2011.

121. 杨洁．协同产品创新中客户知识集成模式及其关键技术研究［D］．重庆：重庆大学博士学位论文．

122. 叶培华，徐宝祥.企业知识生态系统的掏建研究［J］.科学管理研究，2007，25（5）：86－90.

123. 叶培华. 企业知识生态系统的涌现机理研究 [D]. 长春：吉林大学博士学位论文，2008.

124. 野中郁次郎，竹内弘高. 创造知识的企业 [M]. 北京：知识产权出版社，2006：99 - 107.

125. 伊利亚·普里戈金. 确定性的终结：时间、混沌与新自然法则 [M]. 上海：上海科技教育出版社，2009.

126. 于鸿君. 经济学视角下的思维创新：写给未来的商界领袖 [M]. 北京：北京大学出版社，2007.

127. 郁义鸿. 知识管理与组织创新 [M]. 上海：复旦大学出版社，2001.

128. 查然，聂飞榕. 赤道原则的产生、发展与实践 [J]. 金融经济，2008 (16)：108 - 109.

129. 赵宝天，李成标. 基于产品创新的知识集成及其影响因素分析 [J]. 科技创业月刊，2007 (1)：21 - 22.

130. 赵建华，焦晗. 装备制造业企业技术集成能力及其构成因素分析 [J]. 中国软科学，2007 (6)：75 - 80.

131. 张华胜等. 技术创新管理新范式：集成创新 [J]. 中国软科学，2002 (12).

132. 张继胜，徐光磊. 信托化：组织的制高点和命脉——复杂性科学视角下的组织进化 [M]. 北京：中国金融出版社，2015.

133. 张米尔，杨阿猛. 基于技术集成的产品创新和产品衍生研究 [J]. 科研管理，26 (1)：30 - 41.

134. 张维迎. 产权、激励与公司治理 [M]. 北京：经济科学出版社，2005.

135. 张五常. 经济解释 [M]. 北京：商务印书馆，2000.

136. 中共中央马克思恩格斯列宁斯大林著作编译局. 马克思恩格斯（第四卷）[M]. 北京：人民出版社，1997.

137. 周南洋等. 知识经济与企业管理观念更新 [J]. 企业改革与管理，2001 (6).

138. 周晓宏. 技术集成概念、过程与实现形式 [J]. 科研管理，2006 (6)：118 - 124.

139. 朱小黄. 远离冰山 [M]. 北京：中信出版社，2010：99.

英文文献

1. AnilK. Gupta Vijay Govindarajan. Knowledge Management's Social Dimension: Lessons From Nueor Steel [J]. Sloan Management Review, 2000. 42 (1).

2. Ballantyne David. Dialogue and its role in development of relationship specific knowledge [J]. Journal of Business & Industrial Marketing, 2004 (2): 114 – 123.

3. Biemans Wim, Griffin Abbie, Moenaert Rudy. History, participants, and knowledge stock and flows [J]. Journal of Product Innovation Management, 2007 (3): 193 – 213.

4. Bose Ranjit, Sugumaran Vijay. An application of knowledge management technology incustomerrelationship management [J]. Knowledge and Process Management, 2003 (1): 3 – 17.

5. Campbell Alexandra. Creating customer knowledge: Managing customer relationship management programs strategically [J]. Industrial Marketing Management, 2003 (5): 375 – 383.

6. Collis, D. J., Montgomery, C. A., Corporate Strategy [M]. New York: McGraw – Hill Companies, Incorporated, 1998.

7. Daniels. The dynamics of product innovation and firm competences [J]. Strategic Management Journal, 2002 (23): 1095 – 1121.

8. David J Collis. Competing on Resources: Strategy in 1990s [J]. Harvard Business Review, 1995 (7).

9. Demarest M. Understanding knowledge management [J]. Long Range Planning, 1997 (3): 374 – 384.

10. Eric von Hippie. The Sources of Innovation [M]. New York: Oxford University Press, 1988.

11. Franke N, E von Hippel. Satisfying Heterogeneous User Needs via Innovation Toolkits: The Case of Apache Security Software [J]. Research Policy, 2003 (7): 1199 – 1215.

12. Garzás Javier, Piattini Mario. An ontology for understanding and applying object – oriented design knowledge [J]. International Journal of Software Engineering and Knowledge Engineering, 2007 (3): 407 – 421.

13. Garcia M, Annabi H. Customer knowledge management [J]. Journal of Operational Research Society, 2002, 53 (8): 875 – 884.

14. HULL R, ZHOU G. A Framework for Supporting Data Integration Using the Materialized and Virtual Approaches. Proceedings of SiGMOD [C], Montreal, Canada, 1996: 481 – 492.

15. Hori K. Concept space connected to knowledge processing for supporting creative design [J]. Knowledge-Based Systems, 1997 (10): 29 – 35.

16. Storck J, Hill PA. Knowledge Diffusion through "Strategic Communities" [J]. Sloan Management Review, 2000, 41 (2): 65 – 83.

17. Kambil A, Friesen G. , Sundaram A. Co-creation: A new source of value [J]. Outlook Magazine, 1999 (6): 23 – 29.

18. Lettl C, Herstatt C, Gemuenden H G. Users' contributions to radical innovation: Evidence from four cases in the field of medical equipment technology [J]. R&D Management, 2006 (3): 251 – 272.

19. Malonetw, Crowstonk, Leej. Tools for inventing organizations: Toward a handbook of organizational processes [J]. Management Science, 2006 (3): 4452 – 4461.

20. Marwell Gand P Oliver. Social Networks and Collective Action: A Theory of the Critical Mass [J]. American Journal of Sociology, 1988 (94: 3), 502 – 534.

21. McLure – Wasko. M, S. Faraj. Why Should I Share Examining Social Capital and Knowledge Contributionin Electronic Networks of Practice [J]. Management Information Systems Quarterly, 2005 (1).

22. M Garcia Murillo, H Annabi. Customer knowledge management [J]. Journal of the Operational Research Society, 2002 (8): 875 – 880.

23. Michael G M. Five Styles of Customer Knowledge Management and How Smart Companies Use Them To Create Value [J]. European Management Journal, 2002, 20 (5): 459 – 469.

24. Microsoft Corporation. Encarta world English dictionary, North American edition [OL]. 2009. http://encarta. msn. com/dictionary _ 1861621681/integrat-i-on. html.

25. Microsoft Corporation. Encarta world English dictionary, North American edition [OL]. 2009. http://encarta. msn. com/dictionary_ 1861621681/integra-tion. html.

26. MoenaertRudy K, Caeldries Filip, Lievens Annouk. Communication flows in international product innovation teams ［J］. Journal of Product Innovation Management, 2000（5）: 360 – 377.

27. Rainey, H. G., Understanding and Managing Public Organizations, 4th Edition ［M］. San Francisco: Jossey-Bass, 2009.

28. Rashi Glazer. Marketing in Information-Intensive Environment ［J］. Journal of Marketing, 1991（10）.

29. Burgelman R. A., Doz Y. L. The Power of Strategic Integration ［J］. Mit Sloan Management Review, 2001, 42（3）: 28 – 38.

30. StiglitzJ, Public Policy for a Knowledge Economy, January. 27. 1999. ［OL］ www. worldbank. org/html/extdr/extme/jssp012799a. htm.

31. The American Heritage Dictionary of the English Language ［M］. Fourth Edition. Houghton Mifflin Harcourt, 2009.

32. Thomke S H, E von Hippel. Customers as Innovators: A New Way to Create Value ［J］. Harvard Business Review. 2002, 80（4）: 74 – 81.

33. Veryzer R. W. Key factors affecting customer evaluation of discontinuous new products ［J］. Journal of Product Innovation Management, 1998（2）: 136 – 150.